Gewidmet
allen noch unentdeckten Talenten

40081

Buch

Wenige Kinder werden als Genies geboren – aber alle Kinder haben eine Vielzahl von Talenten. Warum werden diese Chancen in unseren Schulen dann so selten gefördert? Sind es die Eltern, die zu überfordert und zu bequem sind, um die Verantwortung für das einzigartige Talent ihres Kindes zu übernehmen? Oder die Lehrer, die die Begeisterung für die Sache verloren haben oder gar nie hatten? Ist es das System Schule insgesamt, das Freude und Leistung verhindert? Das Abschieben der Verantwortung für die Entdeckung und die Förderung der Talente auf den jeweils anderen ist das Krebsgeschwür, das viele junge Menschen langsam auffrisst. Wie viele falsche Weichenstellungen hält ein Kind aus? Wie viele Feinde sind notwendig, um einem begabten Kind das Leben zu verpfuschen?

Andreas Salcher beleuchtet die aktuelle Schuldiskussion aus der Perspektive des talentierten Kindes. Er zeigt auf, dass es darum geht, Verantwortung für das Talent eines Kindes zu übernehmen – ohne Wenn und Aber. Eine kompakte Darstellung der neuesten wissenschaftlichen Erkenntnisse beweist eindrucksvoll, dass die Entdeckung der Begabungen eines Kindes keine Geheimwissenschaft ist. Es bedarf aber Zeit, Zuwendung und Zärtlichkeit, um diese auch zu nutzen.

Autor

Dr. Andreas Salcher, 1960 in Wien geboren, studierte Betriebswirtschaft und absolvierte ein »Executive Program« an der Harvard-Universität. 1987 wurde er zum jüngsten Mitglied des Wiener Landtags gewählt, dem er insgesamt zwölf Jahre angehörte. Er ist Mitbegründer der ersten österreichischen Schule für besonders Begabte und initiierte 2007 das globale Bildungsprojekt »The Curriculum Project – Creating the School of Tomorrow«.

Andreas Salcher

Der talentierte Schüler und seine Feinde

GOLDMANN

FSC

Mix

Produktgruppe aus vorbildlich
bewirtschafteten Wäldern und
anderen kontrollierten Herkünften

Zert.-Nr. SGS-COC-001940
www.fsc.org
© 1996 Forest Stewardship Council

Verlagsgruppe Random House FSC-DEU-0100
Das FSC-zertifizierte Papier *München Super* für dieses Buch
liefert Arctic Paper Mochenwangen GmbH.

1. Auflage
Taschenbuchausgabe Dezember 2010
Wilhelm Goldmann Verlag, München,
in der Verlagsgruppe Random House GmbH
Copyright © 2008 by Ecowin Verlag GmbH, Salzburg
Umschlaggestaltung: UNO Werbeagentur, München
Umschlagidee: www.Kartkys.net
Umschlagfoto: Martin Vukovits
An · Herstellung: Str.
Satz: Uhl + Massopust, Aalen
Druck und Bindung: GGP Media GmbH, Pößneck
Printed in Germany
ISBN: 978-3-442-15655-9

www.goldmann-verlag.de

Inhaltsverzeichnis

Vorwort

1942 wurde ich in die erste Klasse einer kleinen Dorfschule in Niederschlesien eingestuft. Aber selbst wenn wir nicht mitten im 2. Weltkrieg lebten, hätten sich meine Eltern damals nicht besorgt die Frage gestellt, ob sie die richtige Schule für mich ausgesucht haben, ob die Lehrerin meine Talente erkennen und fördern würde und ob sie imstande sei, bei mir Neugierde und Interesse zu wecken. Das war auch in meiner Gymnasialzeit kein Thema. Ich hatte zwar meine Lieblingslehrer und solche, die ich weniger mochte, und ich habe mich auch mit meinen Geschwistern oft über sie unterhalten. Aber es wäre uns kaum in den Sinn gekommen, an diesem Zustand etwas ändern zu wollen geschweige denn zu können. Die Schule war damals eine vorgegebene Konstante und die Lehrer auch. Die Lehrer wiederum haben die Talente und Begabungen ihrer Schüler als von der Natur – der Begriff »Gene« hat damals noch nicht zum Wortschatz gehört – bestimmte Konstanten betrachtet. Als einzige Variable galt der Fleiß und die Disziplin des Einzelnen. Die Ergebnisverantwortung lag ausschließlich beim Schüler. Was er nicht im Hirn hatte, konnte und musste er durch Sitzfleisch wettmachen.

Bis in meine Studentenzeit waren jedenfalls die Themen Bildung und Schule kein Gegenstand öffentlicher und politischer Diskussion. Und wenn ausnahmsweise doch, dann haben Eltern ein neues Gymnasium in der Nähe ihres Wohnorts gefordert, um ihren Kindern einen langen Schulweg zu ersparen. Oder wahlkämpfende Politiker haben ein solches Gymnasium zugesagt oder die Ausstattung einer Schule mit einem Turnsaal versprochen. Die Qualität des Unterrichts war jedenfalls kein Thema, was auch gar nicht verwunderlich war, weil damals für viele Karrieren nicht die Frage, *welche* Schule oder Hochschule, sondern *ob* eine solche absolviert worden ist, entscheidend war. Formales Erfordernis hatte Vorrang vor inhaltlichem Erfordernis.

Erst Mitte der sechziger Jahre hat in der Bundesrepublik Deutschland eine heftige bildungspolitische Diskussion begonnen. Ausgelöst wurde sie durch das Buch »Die deutsche Bildungskatastrophe« des Religionswissenschaftlers und Philosophen Georg Picht. Kernthese des Buches ist die Feststellung Pichts gewesen, dass Deutschland ohne kräftige Erhöhung der Schlagzahl bei der Akademikerquote die Herausforderungen der Zukunft nicht wird meistern können. Picht ist es gelungen, sofort die politische Agenda zu bestimmen. Schul- und vor allem Hochschuletats wurden kräftig aufgestockt.

Als Graduate Student und dann später als Universitätslehrer in den USA habe ich das amerikanische Bildungssystem von beiden Seiten kennengelernt. Es unterscheidet sich in vielem vom europäischen: Es ist viel stärker privat finanziert und auch geführt, es fördert stärker Spitzenleistungen, und es ist stärker auf Ausbildung als auf Bildung fokussiert. Die fachliche und pädagogische Ausbildung halte ich für schwächer als in Europa. Allerdings wird dieses Defizit durch eine Qualität der amerikanischen Lehrer wettgemacht, die viel mit amerikanischer Mentalität zu tun hat. Sie trauen den

Kindern mehr zu als europäische Lehrer und bemühen sich, den Kindern das Gefühl zu vermitteln, dass sie alles schaffen können.

In diesem Sinn ist »Der talentierte Schüler und seine Feinde« ein amerikanisches Buch. Es räumt mit dem jahrhundertealten Vorurteil auf, dass Talent eine rein genetisch bedingte Konstante ist, und weist nach, dass viele Kinder über viel mehr Talent verfügen, als ihre Eltern, ihre Lehrer und sogar sie selbst glauben. Dieser Nachweis ist aus zwei Gründen wichtig: Wirtschaftswachstum, Armutsbekämpfung, Klimaziele und wie all die globalen Herausforderungen unseres Jahrhunderts heißen mögen, werden nur gemeistert werden können, wenn so viele Menschen wie möglich ihre Talente maximal ausschöpfen können. Aber es geht nicht nur um eine ökonomisch-utilitaristische Nutzung der Talente. Seine Talente zu entdecken, ist auch ein zutiefst »humanistisches« Recht, sogar ein Menschenrecht. Auch dieser Aspekt wird durch das vorliegende Buch brillant belegt.

Andreas Salcher ist ein Experimentalist. Er hat Betriebswirtschaft studiert, ist schon in jungen Jahren ins Parlament gewählt worden und hat sich dort zwölf Jahre mit der Gesetzgebung befasst. Schon früh hat er die Erziehung der nächsten Generation als eine der wichtigsten Aufgaben unserer Gesellschaft erkannt und hat daher eine Schule für besonders begabte Kinder gegründet. Durch die »Waldzell Meetings« hat er sich in der Diskussion mit den besten Köpfen unserer Zeit profiliert.

Das Buch ist wichtig, weil es die Perspektive des zu Erziehenden den konventionellen Ansichten der (meisten) Erzieher gegenüberstellt. Ein schlechter Lehrer und eine schlechte Lehrerin können sehr viel Schaden anrichten, indem sie latentes Talent entweder nicht erkennen oder, noch schlimmer, es sogar bewusst unterdrücken.

Wenn wir bedenken, dass laut UNESCO in den nächsten 30 Jahren mehr Menschen eine Schule absolviert haben werden als in all den Jahren der bisherigen Geschichte der Menschheit, dann ist es geradezu ein Gebot der Stunde, die richtigen Schlüsse aus den Thesen von Andreas Salcher zu ziehen.

Günter Blobel   New York, im März 2008

Die zehn großen Tabus
zum Thema Schule

Die Talentvernichtungsindustrie
oder
Warum wir uns die systematische Zerstörung
der Talente unserer Kinder in der Schule
nicht mehr länger leisten können

Es gibt zwei Arten von Kindern: kluge Kinder und dumme Kinder. Kluge Kinder sind solche, die in der Schule erfolgreich sind, und dumme jene, die in der Schule scheitern. Diese Grundannahme ist tief in die Festplatten der Eltern, der Lehrer und des Gesamtsystems Schule eingraviert. Auch viele Kinder glauben das. Es ist einfach, einleuchtend, seit Generationen weitergegeben und – so falsch wie die Behauptung, dass die Erde eine Scheibe ist.

Wenige Kinder werden als Genies geboren. Alle Kinder haben eine Vielzahl von Talenten. Wenn wir ein Neugeborenes betrachten, sehen wir kein dummes oder kluges Baby. Wir sehen das Wunder des Lebens. Daher kann es nur die Aufgabe einer humanen Gesellschaft sein, jedem Kind die maximale Chance auf die Entfaltung seiner Talente zu geben. Das Denkmodell, auf dem unser gesamtes Schulsystem aufgebaut ist, basiert aber auf der industriellen Massenproduktion. Die Geschwindigkeit des Fließbandes erlaubt nur eine Sortierung nach der Norm oder auszusonderndem Ausschuss.

Gillian Lynne galt in der Schule als ein hoffnungsloser Fall. Ihre Eltern waren der Meinung, dass Gillian eine Lernstörung habe. Sie konnte weder ruhig sitzen noch sich auf etwas konzentrieren. Ihre Mutter brachte sie zu einem der damals verfügbaren Spezialisten für Lernstörungen und erzählte diesem von all den Problemen, die Gillian in der Schule hatte, dass sie keine Hausaufgaben machte und dauernd störte. Gillian saß dabei 30 Minuten auf einem Stuhl auf ihren Händen und sprach kein Wort. Der Doktor hörte der Mutter geduldig zu und sagte dann zu Gillian, dass er mit ihrer Mutter allein reden müsse und daher mit ihr nach draußen gehen werde. Bevor sie den Raum verließen, drehte der Doktor das Radio auf. Kaum hörte Gillian die Musik, sprang sie auf den Tisch und begann zu tanzen. Nach einer Weile zeigte der Doktor auf Gillian und sagte zu ihrer Mutter: »Frau Lynne, Ihre Tochter ist nicht krank. Sie ist eine Tänzerin.«

Die Mutter hörte auf den Rat des Experten und gab ihre Tochter an eine professionelle Tanzschule. Gillian Lynne sagte später: »Es war wunderbar für mich. Lauter Menschen wie ich, die nicht stillsitzen konnten. Menschen, die sich bewegen mussten, um denken zu können.« Gillian Lynne wurde eine umjubelte Ballerina am »Royal Ballet« und spielte in Filmen mit Errol Flynn. Sie gründete ihre eigene Tanzgruppe und lernte Andrew Lloyd Webber kennen. Für ihn schuf sie unter anderem die Choreografien für »Cats« und »Das Phantom der Oper«. Sie ist heute ein Weltstar und eine Multimillionärin.

Gillian Lynne wurde in den dreißiger Jahren in England geboren und nicht am Beginn des 21. Jahrhunderts in Deutschland oder den USA. Heute hätte man bei ihr mit hoher Wahrscheinlichkeit ein Aufmerksamkeitsdefizit- bzw. Hyperaktivitätsstörungssyndrom (ADHS) diagnostiziert und sie mit Ritalin bzw. Concerta behandelt, um ihre Hyperaktivität zu reduzieren. Die Menschen wussten damals nicht, dass es so etwas gab. Heute weiß niemand, wie viele

Kinder in den USA Ritalin bekommen, um sie angepasster und braver zu machen. Die Schätzungen differieren zwischen ein bis acht Millionen Kindern! Sogar bei Kindern im Vorschulalter nimmt die Einnahme von Ritalin immer mehr zu. Damit besteht die Gefahr, dass dieses Medikament einmal zum größten Drogenproblem der USA werden könnte. In Deutschland ist dieses Medikament ebenfalls erhältlich, und immer mehr Fachleute warnen die Eltern vor dem oft viel zu sorglos diagnostizierten ADHS und der Verschreibung von Ritalin. In Österreich liegt dieses Problem noch im Bereich von Dunkelziffern. Neuere Studien zeigen, dass ADHS oft bei besonders kreativen Kindern diagnostiziert wird. Schöne neue Welt – Aldous Huxley lässt grüßen.

Die wunderbare Geschichte von Gillian Lynne erzählte der britische Kreativitätsexperte Ken Robinson auf der TED-Konferenz 2006 in Monterey in Kalifornien. TED steht für Technologie, Entertainment und Design und gilt als eine der innovativsten Konferenzen der Welt. Obwohl vor Robinson große Namen wie Al Gore oder die Google-Gründer Sergey Brin und Larry Page auftraten, war seine 17-minütige Präsentation mit dem Titel »Töten unsere Schulen die Kreativität?« der meistdiskutierte Beitrag.

Ken Robinson brachte bekannte Fakten sehr bildhaft auf den schmerzhaften Punkt: Jedes Schulsystem auf der Welt hat die gleiche Hierarchie von Gegenständen. An der Spitze stehen immer Mathematik und Sprachen, dann folgen die Naturwissenschaften, und ganz am Ende kommen, wenn überhaupt, die künstlerischen Gegenstände. Übrigens sind Musikerziehung und Zeichnen jene Fächer, die nach einem ungeschriebenen Gesetz bei Budgetproblemen immer als erste gestrichen werden. Das Streichen von Mathematikstunden würde einen nationalen Aufstand der Eltern, von denen die meisten diesen Gegenstand selbst in der Schule gefürchtet haben, auslösen. Das Weglassen von ein paar Musikstunden erregt vielleicht ein paar Einzelkämpfer.

Es gibt kein Land auf der Welt, das Kindern Tanzen mit der gleichen Priorität wie Mathematik lehrt. Warum eigentlich? Mathematik ist wichtig. Tanzen ist auch wichtig. Wir haben alle einen Körper. Wenn Kinder aufwachsen, starten wir mit ihrer Bildung von der Hüfte aufwärts und dann konzentrieren wir uns ausschließlich auf ihre Köpfe. Wenn man einmal darüber nachdenkt, was das ideale Endresultat unseres öffentlichen Bildungssystems ist, dann muss man zu dem Schluss kommen, dass der ideale Output aller Schulen der Typus des Universitätsprofessors ist. Und viele Universitätsprofessoren leben ihr Leben lang in ihren Köpfen. Sie sind komplett von ihren Körpern getrennt, sie sehen ihre Körper als Mittel, um ihren Kopf von einem Ort zu einem anderen zu befördern, sagt Ken Robinson, der selbst Universitätsprofessor ist und über einen durchaus massiven Körper verfügt.

Viele kreative Kinder, die über ganz andere als die einseitig hoch bewerteten intellektuellen Fähigkeiten verfügen, scheitern in diesem System schon sehr früh und haben nie die Chance, an eine Universität zu kommen. Ihre Talente gehen daher unserer Gesellschaft auch für immer verloren.

WARUM SIND UNSERE SCHULEN EIGENTLICH SO, WIE SIE SIND?

Der Einfluss des Industriezeitalters, in dem wir nach wie vor leben, ist uns gar nicht bewusst, ebenso wenig wie dem Fisch das Wasser, in dem er schwimmt. Wir packen die Schultaschen unserer Kinder mit 10 bis 20 Kilogramm voll, weil sie sonst nicht die vielen Prüfungen schaffen können. Die Lehrer sehen die Schule ausschließlich aus der Perspektive ihres Fachs und sprechen sich nicht ab. Sie stellen nur ihre isolierten Leistungsanforderungen, ohne über die Summe nachzudenken, die sie im wahrsten Sinne des Wortes den Kindern aufbürden. Auch die Eltern zu Hause sind oft so in ihrem eigenen Stress verhaftet, dass sie entweder gar nicht auf die Idee kommen, welcher Druck an manchen Tagen auf ihren Kindern lastet, oder – noch schlimmer – sie halten diesen sogar für eine gute Vorbereitung auf die harte Realität des Lebens.

Das ist die Kernaussage von Peter Senge, Professor für lernende Organisationen am weltberühmten Massachusetts Institute of Technology (MIT) in Boston in seiner überzeugenden Analyse, warum unsere Schulen heute noch immer so sehr den Fabrikhallen der industriellen Revolution gleichen.[1] Senge entschlüsselt die DNA unseres Schulsystems und legt damit das Grundproblem unserer Schulen offen:

Schon Friedrich der Große war fasziniert von dem Gedanken, seine Soldaten möglichst zu perfekt funktionierenden Einzelteilen in einer großen Maschine zu machen. Dieser Zweck prägte die Ausbildung in den preußischen Kadettenanstalten, und diese Idee ist bis heute nie ganz aus unserem Bild von Schule verschwunden. Maria Theresia nahm sich dieses Modell ihres großen Rivalen Friedrich II. übrigens als Vorbild bei der Gründung des österreichischen Schulsystems, weil sie, nach einigen verlorenen Schlachten gegen die Preußen, offensichtlich erkannte, dass besser gebildete Soldaten auch effizienter kämpfen können.

Mit dem Trend zur Massenfertigung, der Ende des 19. Jahrhunderts einsetzte, wurde die Idee geboren, Fabriken wie eine einzige große Maschine zu gestalten. Der wichtigste Protagonist dieser Ära, Frederick Taylor,[2] sah keinen grundlegenden Unterschied zwischen der Gestaltung der menschlichen Arbeit und der Gestaltung von Maschinen. Die Organisation wurde als große Maschine gesehen, in der verschiedene, möglichst schnell austauschbare Einzelteile perfekt miteinander funktionierten. Die Erfindung des Fließbands durch Henry Ford, das effizient gleiche Produkte produzierte, war die logische Konsequenz dieser Entwicklung. Davon leitete sich auch der Ansatz ab, Menschen möglichst schnell als produktive Fabrikarbeiter zu qualifizieren. Das war genau die Zeit, in der die öffentlichen Schulsysteme in der uns heute bekannten Form geschaffen wurden. Und es darf daher gar nicht verwundern, dass die Massenfertigung den Schöpfern dieses Schulsystems als Vorbild diente. Ja, Schulen sind daher wahrscheinlich überhaupt jene von Menschen geschaffenen Institutionen, die am stärksten den Fließbändern ähneln.

Das ganze System baut auf getrennten Stufen auf, die man Klassen nennt, und in die man Kinder streng nach Alter getrennt einteilt. Es wird erwartet, dass jeder Schüler in der dafür vorgesehenen Zeit Stufe um Stufe aufsteigt. Jede Klasse hat einen zugeteilten Aufseher, der in der Schule Lehrer heißt. Zu bestimmten, genau festgelegten Zeiten bereitet man in den Klassen zwischen 20 und 40 Schüler auf Prüfungen vor. Die ganze Schule ist danach konstruiert, in einem ganz strikten Zeitschema zu arbeiten, das durch Glocken, exakt festgelegte Erholungspausen und strikte Arbeitszeiten zentral vorgegeben ist. Jeder Lehrer weiß genau, was von ihm erwartet wird, damit sich das Fließband in der vorgeschriebenen Geschwindigkeit bewegen kann.

Das Resultat dieses vom Maschinenzeitalter geprägten Modells waren Schulen, die total vom täglichen Leben der Menschen isoliert, von autoritärem Verhalten geprägt und mit einem einzigen Ziel geschaffen wurden: ursprünglich leicht austauschbare Soldaten in »der großen Maschine« Friedrichs des Großen und später möglichst standardisierte, schnell einsetzbare Arbeitskräfte zu produzieren. Natürlich lieferte dieses Modell von Schule sehr effektiv viele Menschen, die die wichtigsten Dinge wie Lesen, Schreiben und Rechnen auf einmal beherrschten, was durchaus einen Fortschritt gegenüber dem dumpfen Analphabetismus des Agrarzeitalters darstellte. Dieses industrielle Modell von Schule trug aber auch bereits den Keim aller Probleme in sich, mit denen wir heute kämpfen. Es selektierte in dumme Kinder und kluge Kinder und verkannte die Individualität jedes Menschen. Jene, die nicht genau in der vorgeschriebenen Zeit lernten, wurden entweder ausgesondert oder gezwungen, in einem für sie unnatürlichen Tempo zu lernen. Heute bezeichnet man diese Kinder als »lerngestört«.

Wir hören ständig in politischen Sonntagsreden davon, dass wir mehr Innovation und neue Ideen brauchen, um in der Zukunft wettbewerbsfähig zu bleiben. Doch unser gesamtes Schulsystem ist auf die Normierung ausgerichtet. Alles, was außergewöhnlich oder besonders sein könnte, isolieren, bekämpfen und begrenzen wir.

BESCHEIDENHEIT IST FÜR UNSERE
SCHULEN KEINE TUGEND

Warum stellen wir eigentlich so bescheidene Ansprüche, was das Niveau unserer Schulen betrifft? Denn dort, wo uns etwas wichtig ist, unser Auto zum Beispiel, haben wir durchaus ein hohes Interesse daran, dass unsere »heilige Kuh« nach der Reparatur wieder funktioniert.

In modernen Kfz-Werkstätten erfolgt die Feststellung des Ist-Zustandes schon bei der Übergabe des Fahrzeugs am Computer, und wir wissen zumindest, wo die Schwachstellen liegen. Natürlich ist es viel aufwendiger, die Begabungen eines jungen Menschen zu analysieren als den Reparaturbedarf eines Fahrzeugs. Aber nicht einmal dieses Minimalmaß ist im Schulsystem vorgesehen. Würde die Fahrzeugindustrie etwa nach den gleichen niedrigen Qualitätsstandards wie unser Schulsystem arbeiten, wäre jede Fahrt mit dem Auto aus Sicherheitsgründen lebensgefährlich – von der Flugzeugindustrie ganz zu schweigen. Denn wie viel Zeit wird de facto in unseren Schulen für die Diagnose der Talente jedes einzelnen Kindes beim Eintritt in die Grundschule und dann beim Übergang in die jeweils nächste Schulphase aufgewendet? Berücksichtigen wir etwa auch nur die unterschiedlichen Entwicklungssprünge von Mädchen und Burschen in ihrer Persönlichkeitsentwicklung? Dieses Fehlen jeder ernsthaften Diagnose am Beginn der Schullaufbahn schafft Weichenstellungen mit Folgen für die nächsten 60 Jahre.

Und noch viel wichtiger: Interessiert das überhaupt irgendjemanden in einem System, das wie ein Fließband auf Knopfdruck anspringt, um vorgefertigte Teile zu produzieren? Hat man in Ihrer Schulzeit auch noch Linkshänder vergewaltigt, Rechtshänder zu werden? Oder waren Sie selbst sogar ein Opfer? Obwohl Linkshänder heute nicht mehr als abnorm gelten, werden aus vielen unbewussten Linkshändern bereits in Kindertagen Pseudo-Rechtshänder, was zu schweren gesundheitlichen Schäden führen kann.

Hat die Entdeckung der Begabungen jedes einzelnen Kindes nicht mehr Aufmerksamkeit und Sorgfalt verdient, als wir sie bei der Neuanschaffung eines Autos oder einer Stereoanlage aufwenden? Nun, im Gegensatz zu unserem täglichen Verhalten als Konsumenten, wo wir möglichst beste Qualität zu niedrigen Preisen suchen, kommen wir bei unseren Schulen offensichtlich überhaupt gar nie auf die Idee, uns als Kunden zu fühlen. Das hat einen einfachen Grund: Wir sind nichts anderes gewöhnt.

Zurück in die Zukunft

»Schule war für uns Zwang, Öde, Langeweile, eine Stätte, in der man die ›Wissenschaft des nicht Wissenswerten‹ in genau abgeteilten Portionen sich einzuverleiben hatte. (…) Ihre wahre Mission im Sinne der Zeit war nicht so sehr, uns vorwärtszubringen als uns zurückzuhalten, nicht uns innerlich auszuformen, sondern dem geordneten Gefüge möglichst widerstandslos einzupassen, nicht unsere Energie zu steigern, sondern sie zu disziplinieren und zu nivellieren.«

Diese Zustandsbeschreibung der Schule aus Stefan Zweigs im Jahr 1944 erstmals erschienenen Lebenserinnerungen »Die Welt von Gestern« mag in dieser Radikalität heute vielleicht übertrieben klingen. Aber in Wirklichkeit gehen wir alle seit 100 Jahren in die gleiche Art von Schule. Das ganze

System ist darauf ausgerichtet, genau jene Schulen wieder-zuerschaffen, an die wir uns noch aus unserer Kindheit er-innern. Und genau in diese Schulen gehen dann unsere Kin-der jeden Tag. Deswegen verstehen wir auch die Geschichten so gut, die sie uns erzählen.

Würde man einen Chirurgen mit einer Zeitmaschine um 50 Jahre in einen Operationssaal zurückversetzen und von ihm verlangen, dort einen Menschen zu operieren, würde er das wohl empört als Aufforderung zur fahrlässigen Tötung zurückweisen. Ein Lehrer, den man mit derselben Zeitma-schine um 50 Jahre zurück in ein Klassenzimmer schickt, könnte, ohne große Unterschiede zu erkennen, sofort mit seinem gewohnten Unterricht fortfahren. Das Klassenzim-mer sieht mit Tafel, Tischen und Sesseln gleich aus, der Platz des Lehrers ist vor der Klasse stehend, es riecht sogar wie heute. In keinem anderen Bereich unseres Lebens klafft die Lücke zwischen dem erzielten wissenschaftlichen Fortschritt und dessen tatsächlicher Nutzung zum Wohl der Menschen so auseinander wie in unseren Schulen.

Ich werde in diesem Buch eindrucksvolle Beispiele aufzei-gen, wie die Schule der Zukunft tatsächlich aussehen könnte. Viele dieser Beispiele sind gute öffentliche Schulen. Sie kos-ten nicht mehr als schlechte Schulen, die Lehrer sind beson-ders engagiert und verdienen auch nicht mehr als ihre Kolle-gen im Regelschulsystem. Umso größer ist der Skandal, dass wir unseren Kindern den erzielten wissenschaftlichen Fort-schritt gerade dort vorenthalten, wo er für sie am wichtigsten wäre. Und dieses Übel lässt sich auch nicht dadurch recht-fertigen, dass wir die Kinder mit dem Zweithandy und dem neuesten Computer für die tägliche Langeweile oder gar die Angst in der Schule zu entschädigen suchen. Denn in Wirk-lichkeit sollte gerade der tägliche Schulbesuch für unsere

Kinder keine Zeitreise in die Vergangenheit, sondern eine in die Zukunft sein. Wir müssten ständig darüber nachdenken, welche Werte, Inhalte und Fähigkeiten Menschen in 30 bis 40 Jahren haben sollten. Unsere Schulen sollten mehr Zukunftslabors als Museen gleichen.

Sauteuer, aber schlecht

Der Wirtschaftsnobelpreisträger Milton Friedman hat einmal gesagt, dass jenes Land die beste Zukunft haben werde, das als erstes das Schulsystem aus den Händen des Staates befreit. Aber auch ohne die Hauptverantwortung des Staates für das Schulsystem prinzipiell in Frage zu stellen, kann man bemerken, dass es der Politik bisher überall auf der Welt gelungen ist, ihr Monopol auf die Schulen mit Zähnen und Klauen erfolgreich zu verteidigen. Und die Konsequenzen von Monopolen sind immer die gleichen: schlechte Qualität zu hohen Kosten.

Im Schulsystem reagieren die Menschen so wie in allen Märkten, die ihre Bedürfnisse – in diesem Fall eine ausgezeichnete Ausbildung ihrer Kinder – nicht erfüllen können. Jene, die genug Geld haben, verweigern überhaupt das öffentliche Schulangebot und geben ihre Kinder in Privatschulen. Der Markt an Privatschulen explodiert mittlerweile. In Deutschland ist die Anzahl der Privatschulen seit der politischen Wende 1989/90 um 40 Prozent gestiegen. Der Trend in Österreich verläuft ähnlich. Studien zeigen aber, dass Privatschulen nicht prinzipiell leistungsfähiger sind, wenn man die soziale Herkunft berücksichtigt.[3] Die »kleinen Leute« versorgen sich am Schwarzmarkt für Nachhilfe mit Lehrern, die gegen teures Geld das tun, was das mit ihren Steuern finanzierte öffentliche Schulsystem ganz offensichtlich nicht leisten kann: ihren Kindern zumindest Deutsch, Mathematik und Fremdsprachen in jener Mindestqualität beizubringen, damit sie die geforderten Prüfungen überhaupt bestehen können. Der Schwarzmarkt für Nachhilfestunden wächst exponentiell, und es gibt wohlweislich bisher keinerlei offizielle Statistiken dazu. Viele Eltern gehen selbst nochmals in die Schule, ohne sich dessen bewusst zu sein. Der Vater lernt, die Mutter lernt, der Nachhilfelehrer lernt, die Eltern diskutieren mit dem Lehrer am Sprechtag über die Leistungen und fragen daher durchaus schlüssig: »Was haben *wir* auf die Mathematikschularbeit bekommen?« – Der Schüler kommt in diesem Kreislauf nicht vor.

Warum lassen sich die Eltern das alles nicht nur gefallen, sondern beantworten Fragen nach ihrer Zufriedenheit mit den Schulen in Umfragen teilweise sogar mit bis zu 90 Prozent positiv? Das sei überhaupt nicht überraschend, meint Michael Meyer, Experte für Non-Profit-Organisationen an der Wirtschaftsuniversität Wien: »Alle Untersuchungen, die allgemeine Zufriedenheiten abfragen, egal ob mit Schule, Arbeit oder dem Leben insgesamt, zeigen stereotyp lauter Hochzufriedene. Grund dafür ist, dass wir solche Fragen nach der Zufriedenheit mit etwas, was wir nicht oder nur schwer ändern können, immer positiv beantworten. Wir sind ja keine Masochisten. Was wir nicht ändern können oder wollen, damit finden wir uns ab, damit sind wir zufrieden. So ist es auch mit der Schule.«

Erfolgreiche Unternehmen basieren darauf, dass »der Kunde König ist«. Diese Geisteshaltung versucht jeder Generaldirektor seinen Mitarbeitern täglich einzuimpfen. Und deshalb setzen sich langfristig im Prinzip jene Organisationen durch, die die Bedürfnisse ihrer Kunden erfüllen, ihre Servicequalität steigern, und das zu konkurrenzfähigen Preisen. Genau das Gegenteil tun wir in unseren Schulen. Unser öffentliches Schulsystem hat, wie bereits erwähnt, von der Marktwirtschaft das industrielle Fließbandsystem und vom Staat das Quasimonopol der Hoheitsverwaltung übernommen. Eine unheilige Allianz. Und so fühlt man sich dort auch als Kunde. Der Schüler steht im Mittelpunkt – und dort steht er im Weg, könnte man zynisch sagen.

André V. hat in der ersten Leistungsgruppe in Deutsch in einer Hauptschule in Salzburg einen Dreier. Das Kind ist zum Großteil in Frankreich aufgewachsen, daher die Schwäche in diesem Gegenstand. Der Vater spricht mit dem Direktor, der teilt ihm mit, dass das nur die Konferenz entscheiden kann, ob sein Sohn mit einer Aufstiegsklausel trotzdem eine höhere Schule besuchen darf. Der Fall seines Sohnes werde aber ohnehin vom Klassenlehrer vorgetragen. Als der Vater nach der Konferenz beim Direktor nachfragt, wie die Entscheidung über seinen Sohn ausgefallen sei, fragt ihn dieser: »Ja, haben Sie denn einen Antrag ausgefüllt?« Jetzt geht die Odyssee los. Der Sohn macht die Aufnahmeprüfung an seiner Wunschschule und besteht diese. Das Problem: Es gibt 300 Anmeldungen. Die Direktorin teilt mit, dass sie noch nichts sagen kann, der Vater solle sich in zwei Tagen melden. Die Zeit wird knapp, weil der Sohn für eine Schule im Herbst angemeldet werden muss. Nach zwei Monaten Ferien erfährt der Vater von der Direktorin: »Es hat sich nichts getan, wir haben keinen Platz für Ihren Sohn.«

Der Vater wendet sich an den Landesschulrat, der ihm rät, seinen Sohn in das musische Gymnasium in der Akademiestraße zu geben, weil es dort noch Plätze gebe. Kleines Problem: André ist völlig unmusikalisch. Daher bekommt André nicht wirklich überraschend ein »Nicht genügend« im Halbjahrszeugnis in Musik. Dem Vater gelingt es, das Kind in der

Höheren Lehranstalt für Tourismus in Bischofshofen unterzubringen. Die Odyssee nimmt ein vorläufiges Ende. Kein billiges. »Es findet sich bei uns im ganzen Umkreis keine einzige Schule mit Nachmittagsbetreuung, wo André gemeinsam mit anderen in seinen schwachen Gegenständen lernen könnte. Wir geben, so wie viele andere Familien, 2000 bis 3000 Euro im Jahr für Nachhilfe aus, damit unser Kind die Schule schafft.«

Robert ist siebeneinhalb Jahre alt, sehr lebendig und bewegungshungrig. Er wurde in der Schule von Linkshänder auf Rechtshänder »umgeschult« – ja, das gibt es entgegen allen Beteuerungen in Einzelfällen noch immer. Das Kind kommt mit dem Frontalunterricht der Volksschullehrerin nicht zurecht und hat große Probleme mit dem Schreibenlernen. Einfache Buchstabenübungen, die das Kind zu Hause problemlos mit dem Setzkasten lösen kann, scheitern in der Schule. Versuche der Mutter, mit der Lehrerin in ein Gespräch zu kommen, sind aussichtslos: »Sie können sich bei mir einen Termin vor Weihnachten geben lassen, aber ich sage Ihnen schon jetzt, das Kind schafft es nicht.« Robert wird in der Folge von der Nachmittagsbetreuung ausgeschlossen. Die verzweifelte Mutter geht zur Direktorin. Die stellt sich voll hinter die Lehrerin und beendet das Gespräch mit den Worten: »Solche Kinder brauchen wir hier nicht.«

Diese Geschichten, die sich in Salzburg und Wien ereignet haben, zeigen, wie mit der ganz spezifischen Situation eines Kindes und den Anliegen der Eltern umgegangen wird. Niemand hat Schuld, aber das System ist so. Warten, Unsicherheit, Warten, Intervenieren, Warten, Unsicherheit, falsche Entscheidungen, Revidierung der Entscheidung. Fast fühlt man sich an seine eigene Schulzeit erinnert, wo

Franz Kafkas Roman »Der Prozess« auf fast allen Matura-
listen stand.

Der Schüler André V. hatte noch das ungeheure Glück,
dass sein Vater ein leitender Manager eines internationalen Automobilkonzerns ist. Also jemand, der über Kon-
takte, Erfahrungen mit Behörden und im Ernstfall auch
über das nötige Sozialprestige verfügte, um seine Anliegen
nachdrücklich vertreten zu können. Wie erginge es erst einer mathematisch hochbegabten, aus Serbien eingewander-
ten Schülerin mit großen Deutschproblemen, die von ihrem
Vater nicht nur nicht unterstützt wird, sondern der ganz im
Gegenteil jedes Streben des Kindes nach höherer Bildung
sogar missbilligt? Dieses Mädchen brauchte wohl fast über-
menschliche Energien, um sich gegen die Widerstände der
Eltern, die Gleichgültigkeit der Lehrer und die Ablehnung
ihrer besten Freundinnen durchzusetzen.

DIE SCHULE VERBEISST SICH IN UNSERE SCHWÄCHEN

Wenn in Österreich ein Schüler mit vier schlechten Noten
in Englisch, Deutsch, Französisch und Musik und einer ausgezeichneten Note in Physik nach Hause kommt, dann wird
man alles tun, damit er in den vier schlechten Fächern zumindest durchschnittlich wird, und in Physik wird man gar
nichts tun, weil er dort ohnehin gut ist.

Noch viel grausamer wird diese Konzentration auf die
oft einzige Schwäche eines Schülers, wenn sie ganz offenkundig und für alle erkennbar ist. Erinnern Sie sich noch
an den »Bladen« oder das »Dickerl« in Ihrer Klasse? In fast
jeder Klasse gibt es sie oder ihn. Alexander hieß er in meiner Klasse. Ein sensibles, hochintelligentes Kind, das oft von

seiner Mutter abgeholt wurde. Sehr schweigsam, weil mit einem leichten Sprachfehler ausgestattet, aber bei schriftlichen Schularbeiten immer einer der Besten der Klasse.

Ich sehe das Bild heute noch vor mir. Im Turnsaal stand Bockspringen auf dem Programm. Unser Turnlehrer, selbst nicht gerade untergewichtig, war jener Typus von Mensch, der seinen Sadismus nur als Unteroffizier im Bundesheer oder eben als Turnlehrer ausleben konnte. Wir stellten uns nach dem Alphabet geordnet auf, und alle schafften den Bocksprung mit mehr oder weniger Eleganz. Dann kam Alexander an die Reihe. Jedem, inklusive des Turnlehrers, war völlig klar, dass er das mit seinem Körper, der weit übergewichtig war, nie schaffen konnte. Er lief los, krachte in den Bock hinein und warf ihn mit der Masse seines Körpergewichts um. Wir lachten alle schallend. Ich schäme mich heute noch dafür, wenn ich jetzt daran denke. Erstens dafür, dass ich auch mitgelacht habe, aber noch mehr, dass ich, im Prinzip durchaus mit Zivilcourage ausgestattet, damals nicht aufbegehrt habe. Aber das ist wohl eher die sentimentale Sehnsucht in mir, mich im Nachhinein als Held erleben zu wollen. Denn Zivilcourage und Mitgefühl standen schon damals nicht auf dem Lehrplan eines Zwölfjährigen. Alexander besuchte auch in den folgenden Tagen, offensichtlich unter großen Schmerzen, die Schule und kam auch mutig zur nächsten Turnstunde. In der Umkleidekabine sahen wir alle, dass fast sein ganzer Körper ein einziger blauer Fleck war.

Kenner des heutigen Schulalltags, denen ich diese Geschichte erzählt habe, haben mir versichert, dass so etwas heute nicht mehr passieren könnte. Bei mir bleibt nur der Gedanke zurück, wie man Alexander, der sicher Bewegung gebraucht hätte, die Freude daran wohl für den Rest seines Lebens brutal ausgetrieben hat. Schmerz und Scham sind wohl die Gefühle, die er lange mit dem Turnunterricht verbunden hat. An Mut hat es Alexander nie gemangelt, und ich hoffe, dass er dann in seinem Leben Menschen gefunden hat, die ihm die Freude am Sport und der Bewegung vermitteln konnten. Vom Turnlehrer weiß ich nur, dass er Jahre nach meinem Ausscheiden aus meiner Schule Direktor an einer anderen Schule wurde.

Ich habe diese Geschichte auch erzählt, weil ich glaube, dass es kein Zufall ist, dass sie in Österreich passiert ist. Nach Deutschland hätte sie auch gut gepasst. Denn im Schulsystem gerade unserer beiden Länder steckt noch immer der Geist der Militärakademien von Friedrich dem Großen und Maria Theresia. Der kalte Angstschweiß vor den berüchtigten Drills in den preußischen Kadettenanstalten ist leider oft noch bis heute als Mief in vielen Klassenräumen hängen geblieben. In den Zeiten Friedrichs II. starben mehr Soldaten in seinen Armeen durch die Drills in Friedenszeiten als in seinen Kriegen. Das sei vor allem all jenen gesagt, die der Meinung sind, dass die Hauptaufgabe der Schule die Vorbereitung der Kinder auf die Härten des Lebens sei. Wie leicht konnte doch der mittelmäßige Lehrer in Erich Maria Remarques Roman »Im Westen nichts Neues« in die Rolle des sadistischen Spieß schlüpfen, als der 1. Weltkrieg ausbrach.

Der ehemalige Wiener Vizebürgermeister und Manager Bernhard Görg hat mir einmal eine Geschichte erzählt, die zeigt, dass die Amerikaner, zumindest was den Umgang mit persönlichen Schwächen im Schulsystem betrifft, einen ganz anderen Zugang haben. Görg beobachtete auf dem Sportplatz der Amerikanischen Schule in Wien den Sportlehrer, der die Schüler im Eckballschießen beim Fußball trainierte. Ein offensichtlich fußballerisch wenig begnadeter Schüler hatte auch beim dritten Versuch, einen Eckball zu schießen, den Ball erbärmlich hinter das Tor versenkt. »Sehr gut, Joe, versuche es gleich noch einmal«, feuerte ihn sein Trainer an. Bei aller Kritik am amerikanischen Schulsystem vermittelt die dort herrschende Mentalität dem Schüler das positive Gefühl, dass er es schaffen kann.

Die Folgen dieses prinzipiell unterschiedlichen Umgangs mit den Stärken und Schwächen von Kindern in den USA und Österreich zeigt das folgende Beispiel. Als Henry A. Grunwald im Jahr 1997 zum neuen US-Botschafter bestellt wurde, ersuchte auch der damalige Wiener Bürgermeister Helmut Zilk um einen persönlichen Vorstellungstermin. Grunwald wurde als Heinz Anatol Grünwald als Sohn des Operettenlibrettisten Alfred Grünwald in Wien geboren. 1938 musste seine Familie vor den Nationalsozialisten fliehen, und es gelang ihr, über Frankreich und Marokko in die USA auszuwandern. Dort begann Grunwald seine Karriere als Botenjunge im weltberühmten Nachrichtenmagazin TIME, die ihn auf dem Höhepunkt bis zum Herausgeber des TIME-Magazins brachte – eine im wahrsten Sinne des Wortes filmreife Geschichte.

Helmut Zilk beauftragte also seinen persönlichen Referenten Kurt Scholz, genau zu recherchieren, um ein Begrüßungsgeschenk für die Begegnung mit Grunwald mitzubringen. Scholz fand heraus, dass Grunwald in das Gymnasium Stubenbastei gegangen war, und entdeckte sogar den Katalog der 6. Klasse aus dem Schuljahr 1937/38, in dem die Schullaufbahn Henry Grunwalds dokumentiert war. Die Idee von Scholz war zwar überzeugend, aber Zilk reagierte trotzdem eher zögernd, weil die dominierenden Noten von Grunwald »Genügend« und »Nicht genügend« waren. Als Zilk den Katalog dann doch bei seinem Antrittsbesuch Henry Grunwald überreichte, war dieser zu Zilks

Überraschung amüsiert und lachte herzlich. Grunwald sagte schließlich: »Hier in der Schule in Österreich hat man sich immer auf das konzentriert, was ich nicht konnte, in den USA hat man darauf geschaut, was ich gut konnte.«

WAS KÖNNEN WIR NACH DER SCHULE WIRKLICH?

»Ich bin nie gerne in die Schule gegangen. Aber ich habe immer gerne etwas Neues gelernt.« Haben Sie diesen Satz schon einmal gehört oder vielleicht sogar selbst gesagt? Was lernen wir denn eigentlich in unserer Schulzeit, oder vielleicht ein bisschen härter gefragt, was können die meisten Schüler nach Abschluss der Pflichtschule wirklich? Also ich würde mir wünschen, dass die Schüler nach neun langen Jahren in der Lage wären, Deutsch zu sprechen, zu lesen und vielleicht sogar zu schreiben. Unser öffentliches Schulsystem ist dazu offensichtlich nicht in der Lage. Und ich hoffe, Sie widersprechen mir nicht, sonst müsste ich Sie mit dem Ergebnis der neuesten EU-Untersuchung konfrontieren, die Österreich bis zu 21 Prozent De-facto-Analphabeten, die unser Schulsystem »absolviert« haben, attestiert, oder Sie mit den Klagen von Handwerkern langweilen, die sich über die mangelnden grundlegenden Voraussetzungen ihrer Lehrlinge beschweren.

An dieser Stelle kann ich es kurz machen. Unser auf dem Denkmodell der Massenfertigung aufgebautes öffentliches Schulsystem fährt mit dem Rasenmäher über die unterschiedlichen Talente junger Menschen drüber, aber selbst die Qualität dessen, was übrig bleibt, wird immer schlechter. Oder ein bisschen sachlicher formuliert: Die Produkt- und Servicequalität unseres Schulsystems steht in keiner Relation zu dem immer größeren Aufwand, den wir hineinstecken. Und wie in jedem planwirtschaftlichen System versucht man dieses Problem durch die Erhöhung der Schlagzahl zu lösen. *»Nachdem wir das Ziel endgültig aus den Augen verloren hatten, verdoppelten wir unsere Anstrengungen«*, würde Mark Twain dazu sagen.

Natürlich werden jetzt einige argumentieren, dass unser Schulsystem die grundlegenden Anforderungen nach wie vor sehr gut erfüllt, vor allem im internationalen Vergleich, und die meisten Eltern sehr zufrieden sind. In den USA seien die Schulen dagegen in einem verheerenden Zustand. Für viele der angesprochenen Probleme sei nicht unser Schulsystem, sondern seien gesellschaftliche Veränderungen wie der hohe Ausländeranteil und die Auflösung der traditionellen Familie zuständig. Und viele Reformschulkonzepte, insbesondere die antiautoritäre Erziehung, haben sich eben nicht durchgesetzt, die Unzufriedenheit vieler Eltern beispielsweise mit bestimmten Rudolf-Steiner-Schulen sei kein Geheimnis. Der alte Witz, wo sich die Kinder in einer Alternativschule bei der Lehrerin beklagen: »Müssen wir heute wieder spielen, was wir wollen?«, sei eben wahr. Ja, ganz im Gegenteil: Nicht der Mangel an Freiraum, sondern fehlende Disziplin und Achtung vor dem Lehrer sind die Hauptprobleme in unseren Schulen. Wenn früher der Lehrer einem Schüler ein »Nicht genügend« gegeben hat, dann hatte der Schüler ein Problem, heute habe der Lehrer ein Problem, weil er sich vor den Schulbehörden und den Eltern endlos rechtfertigen müsse.

Denjenigen, die die Lösung in der Wiederherstellung der Lehrerautorität sehen, muss man entgegenhalten, dass die Schule spätestens seit der Popularisierung des Webs auch noch ihr Monopol als alleiniger Inhaber und Vermittler von Wissen verloren hat. Während die Lehrer Generationen von Schülern allein ihre Sicht der Geschichte oder ihr Verständnis von Physik vermitteln konnten, hat heute jeder Teenager mindestens so viel Zugang zu Information wie seine Lehrer oder Eltern. Ja, in den meisten Fällen ist er diesen sogar weit überlegen. Er beherrscht das Web technisch meist weit besser und ist zusätzlich in dieser virtuellen Welt mit unzähligen anderen Informationshungrigen vernetzt, mit denen er sich in kürzester Zeit austauschen kann. Wollte eine Schülerin noch vor zehn Jahren einem Lehrer beweisen, dass er selbst etwas Unrichtiges gesagt hatte, war sie darauf angewiesen, das selbst mühsam zu Hause in einem Lexikon herauszufinden, um ihre Erkenntnis dann einige Tage später, so sie in der Zwischenzeit nicht den Mut oder das Interesse verloren hatte, dem Lehrer in der nächsten Stunde vorzutragen. Wenn der Lehrer heute Pech hat, dann braucht die Schülerin das Thema nur ganz schnell unter der Bank mit ihrem webfähigen Handy bei Wikipedia zu »googlen« und sie weiß in Sekundenschnelle mehr als ihr Geschichtslehrer.

Schüler beginnen auch zunehmend, besonders peinliche Auftritte ihrer Lehrer mit dem Handy zu filmen und anschließend ins Web zu stellen oder diese zumindest auf Webseiten öffentlich zu benoten. Auch gerichtliche Klagen helfen da wenig. Das Kölner Landgericht hat die Benotung von Lehrern durch Schüler auf Internetportalen als zulässige Meinungsäußerungen und daher als rechtmäßig beurteilt. Abgewiesen wurde damit die Klage einer deutschen Gymnasiallehrerin, die sich durch eine derartige Benotung in ihrem Persönlichkeitsrecht verletzt fühlte.[4]

Die Gegenstrategie einiger Schulbehörden in Deutschland, Kindern überhaupt die Handys in den Klassenzimmern zu verbieten, macht nur deren völlige Abgehobenheit von der

Wirklichkeit deutlich. Sicherheitszonen wie auf den Flughäfen vor unseren Klassenzimmern, wo die Schüler nicht nur, wie leider in manchen amerikanischen Schulen üblich, auf Waffen, sondern auf Handys untersucht werden, dürften wohl wenig Begeisterungsstürme bei den Eltern auslösen, vor allem wenn sie das mit ihren Steuergeldern bezahlen sollen.

Die Lösung kann daher wohl nur in einem neuen Verständnis von Lernen und Schule liegen. In einer Schule, in der sich der Lehrer nicht als Vermittler einer objektiven unangreifbaren Wahrheit, sondern als erfahrener Weggefährte beim Lernprozess der Schüler versteht. Die Schüler und der Lehrer werden gemeinsam offene Probleme diskutieren, »googlen«, und der Lehrer wird den Schülern durch geschickte Fragestellungen dabei helfen herauszufinden, dass auch nicht alles stimmt, was sie bei Wikipedia finden. In den meisten der von mir in diesem Buch vorgestellten positiven Beispielen für die Schulen der Zukunft ist dieses Verständnis von Lernen mittlerweile selbstverständlich. Es entspricht auch den Anforderungen, die wir an die Schulabsolventen stellen sollten. Wir brauchen glücklicherweise immer weniger Industriearbeiter, weil es in Zukunft zwar nicht weniger Fabriken, aber weniger Menschen in diesen geben wird und jene auch anspruchsvollere Aufgaben als die monotone Tätigkeit am Fließband haben werden.

Der entscheidende Unterschied zwischen Maschinen und Organismen liegt darin, dass Maschinen von anderen produziert werden, während Organismen aus sich selbst wachsen. Das erklärt auch sehr klar, warum sich viele der nachweislich erfolgreichen Erkenntnisse der Reformschulen oder auch innovative Schulmodelle von engagierten Lehrern und Eltern so schwertun, sich durchzusetzen: weil unsere gesamte Gesellschaft eben selbst noch sehr im Industriezeitalter lebt und denkt. Wir können die ökologische Gehirnverschmutzung unserer Kinder durch das industrielle Schulsystem nicht länger tolerieren. Peter Senge sagt dazu: »Wenn wir unsere Welt verbessern wollen, dann brauchen wir Schulen, die auch selbst lernfähig sind.«[5]

DIE DREI WICHTIGSTEN DINGE, DIE UNSERE KINDER IN DER ZUKUNFT LERNEN SOLLTEN

Ich treffe Mihaly Csikszentmihalyi in seinem Haus in Kalifornien. »Csiks«, wie ihn seine Studenten nennen, ist der führende Glücksforscher der Welt und Entdecker des *flow*-Effekts, auf den ich in diesem Buch mehrmals zu sprechen kommen werde.

Csikszentmihalyi erzählt mir gleich zu Beginn unseres Gesprächs von einer großen Studie, die er über die Frage der Lebenszufriedenheit von Kindern gemacht hat. Er hat dabei zehnjährige Kinder nach ihren Träumen und Wünschen gefragt und die Antworten auf einer Skala zwischen materiellen Werten wie ein schnelles Auto, viel Geld oder ein großes Haus und immateriellen Werten wie Freundschaft, Gesundheit oder Frieden aufgetragen. Das Ergebnis seiner Untersuchung zeigte, dass jene Kinder, die sich nach immateriellen Werten sehnten, langfristig glücklicher und zufriedener waren also solche, die nach kaufbaren Dingen strebten. Csikszentmihalyi ist der festen Überzeugung, dass Materialismus und übersteigertes Konsumdenken für Kinder absolut schädlich sind. Die hohe Anziehungskraft, die Marken auf Kinder ausüben, kommt von ihrer Sehnsucht, Teil von etwas zu sein, dazugehören zu wollen. Ein Bedürfnis, das in vielen Familien leider keine Erfüllung mehr findet.

Was sind seiner Meinung nach die drei wichtigsten Werte bzw. Inhalte, die er seinen eigenen Kindern beibringen würde, um sie bestmöglich auf die Zukunft vorzubereiten? Nach der Vorbemerkung, dass Mathematik und Sprachen natürlich immer eine wichtige Rolle spielen werden, antwortet Glücksforscher Csikszentmihalyi klar:

1. *Zwischenmenschliche Fähigkeiten:* Teamlernen, richtig miteinander kommunizieren,[6] das Verständnis eigener und fremder Gefühle, Arbeiten und Führung in Gruppen.
2. *Verantwortung:* Und damit meint er nicht strafende Moralpredigten, sondern die Aufgabe, schon Kindern beizubringen, dass jede Handlung eine Konsequenz hat. Wenn man also dem Bruder oder der Schwester etwas antut, hat das Konsequenzen, genauso wie bei den Eltern, aber auch jeder Eingriff in die Natur hat Folgen.
3. *Wir sind nicht allein auf diesem Planeten:* Damit meint er die Vermittlung eines systemischen Verständnisses dafür, dass wir auf der Erde alle Teile eines gemeinsamen Ganzen sind. Auch hier geht es ihm um ein auf der Vernunft basierendes Konzept, das Kindern schon früh klarmacht, dass wir alle nur gemeinsam überleben können.

Lassen wir die Kinder selbst herausfinden, wie die Zukunft der Welt aussehen soll. Wenn wir ihnen Verantwortlichkeit und soziales Verständnis für ihre Mitmenschen beibringen, dann wird es leicht sein, dass sie selbst die Fakten und die Konsequenzen ihres Handelns richtig verstehen lernen.

Anmerkungen:

1 Peter Senge: Schools that learn. New York: Random House 2000.
2 Harry Braverman: Die Arbeit im modernen Produktionsprozess. Frankfurt am Main/New York: Campus 1977. Dieses Buch bietet eine ausführliche kritische Auseinandersetzung mit Taylor und seinen Schülern.
3 Katja Barthels: Sind Privatschulen besser?, in: Die Zeit, 18.10.2007, S. 73.
4 Frankfurter Allgemeine Zeitung, 31.1.2008, S. 8.
5 Ebd.
6 Vgl. Helmut Brandstätter: Hör. Mir. Zu. Drei Schritte ins Jahrtausend der Kommunikation. Salzburg: Ecowin Verlag 2008.

Individuelle Begabung als Störfall

oder

Warum Schule versucht, aus talentierten Sprintern
schlechte Marathonläufer zu machen

*»Richtig sieht man nur mit dem Herzen;
das Wesentliche ist für das Auge unsichtbar.«*
Antoine de Saint-Exupéry

Sehen, Tasten, Hören, Riechen oder Schmecken? Wenn Sie
entscheiden sollten, auf welche dieser fünf Sinne die nächste
Generation verzichten müsste, welche Wahl würden Sie dann
treffen? Wie würde wohl eine politische Diskussion verlau-
fen, in der wir darüber streiten, ob wir der nächsten Generation von Kindern das Augenlicht, das Gehör, den Tastsinn,
den Geschmackssinn oder den Geruchssinn aus Effizienz-
gründen leider streichen müssten?

Dass wir Kinder beim Eintritt in das Schulsystem durch
die einseitige Fixierung auf das rationale Lernen auf einmal
ihrer Sinne berauben, mit denen sie bis dahin die Welt er-
fasst haben und damit auch ungemein schnell die verschie-
densten Dinge lernen konnten, nehmen wir offensichtlich
als notwendigen Kollateralschaden in Kauf. Die meisten
von uns können mit dem Fahrrad fahren, aber die wenigsten
könnten die physikalischen Gesetze erklären, die dahinter-
stehen. Auch Schwimmen erlernen wir, ohne zuvor die Gesetze des Auftriebs verstanden zu haben. Während es ganz
offensichtlich ist, dass wir zum Erlernen einer Fähigkeit all

unsere Sinne brauchen, begründet sich unser traditionelles Lernen in der Schulklasse auf der Theorie, dass wir alles mit dem Verstand lernen können – und das ist ein Kardinalfehler des Systems. Schon das Wort: etwas »*begreifen*« macht aber ganz deutlich, dass wir unsere anderen Sinne und den Körper nicht an der Schulgarderobe abgeben können.

Wie uns das Beispiel von Gillian Lynne im Kapitel über die *Talentvernichtungsindustrie* gezeigt hat, können manche Kinder überhaupt nur denken, wenn sie sich bewegen. Durch das tief verwurzelte Vorurteil unserer Gesellschaft, dass Lernen primär im Klassenzimmer im Rahmen der vorgegebenen Unterrichtsstunden innerhalb von 45 bzw. 50 Minuten stattzufinden hat, negieren wir völlig die vielen Orte und Gelegenheiten im Alltag von Kindern, wo Lernen tatsächlich passiert: Spielplätze, die Straße, den Park, den Sportplatz, das Kino, das Theater, das Museum oder den Zoo.[1]

INTELLIGENZ IST MEHR ALS DER IQ

Howard Gardner, Psychologe an der Harvard-Universität und einer der führenden Lernforscher der Welt, hat herausgefunden, dass alle Menschen auf mindestens sieben Arten in der Lage sind, die Welt zu erfahren. Wir können die Welt mithilfe

- der Sprache,
- des logisch-mathematischen Denkens,
- des räumlichen Vorstellungsvermögens,
- des musikalischen Denkens,
- der Verwendung unseres Körpers,

- des sozialen Verständnisses anderer Menschen
- oder des Verständnisses für uns selbst

verstehen und begreifen.

Ob es sich nun genau um diese sieben Intelligenzen handelt oder eine mehr oder weniger und wie man diese abgrenzt und bezeichnet, ist eine wissenschaftliche Fachdiskussion. Die Erkenntnis, dass wir nicht nur mit unserem Verstand lernen und es mehr als das logisch-mathematische Denken gibt, bleibt in der Wissenschaft aber unumstritten.

Umso grotesker ist daher die Tatsache, dass sich Schulpolitiker und Ministerialbeamte mit der Gesamtbevölkerung völlig einig sind, bei welchen Gegenständen der Sparstift zuerst anzusetzen ist:[2] 39,7 Prozent der Befragten sind dafür, Religion, also die spirituelle Dimension des Menschen, 38,5 Prozent Latein, 33,2 Prozent Kunst, 25 Prozent Musik und 14,3 Prozent Sport zu kürzen, um Platz für neue Themen wie Wirtschaft oder den Umgang mit dem Computer zu schaffen. Mathematik und Deutsch sind dagegen mit nur je 0,9 Prozent Nennungen als zu reduzierende Gegenstände völlig unumstritten.

Sie können jetzt zu Recht entgegnen, dass die meisten Menschen eben als Verkäufer, Kellner, Buchhalter, Sachbearbeiter, Manager, Krankenschwester oder Arzt arbeiten und nur ganz wenige begabte Tänzer, Musiker oder Sportler so viel Talent haben, dass sie auch davon leben könnten. Und es wird vermutlich auch in Zukunft keine Berufswelt geben, in der die Künstler und Sportler in der Mehrheit sind. Und daher sei es wohl selbstverständlich und richtig, dass Mathematik und die Kenntnis der eigenen Sprache die oberste Priorität in unserem Schulsystem haben.

Dem würden Evolutionsforscher entgegenhalten, dass es für das langfristige Überleben der Menschheit notwendig ist, alle unterschiedlichen Fähigkeiten zu erhalten und zu entwickeln. Und das betrifft eben nicht nur jene Qualitäten, die wir im Augenblick als sehr wichtig einschätzen wie technische und wirtschaftliche, sondern gerade jene, deren Nutzen wir im Augenblick beim besten Willen nicht erkennen können. Ich möchte Ihnen die Aussage des IBM-Gründers Thomas Watson aus dem Jahr 1943 in Erinnerung rufen: »Ich glaube, dass es einen Markt für vielleicht fünf Computer auf der Welt gibt.«

Diese Aussage von Thomas Watson ist kaum mehr als 60 Jahre alt. Langfristig haben wir alle keine Ahnung, ob im 21. Jahrhundert nicht die Philosophie oder die Kunst mit ihren ungeheuren Möglichkeiten viel wichtiger für die Menschheit sein werden, als wir derzeit glauben.

Nur, ich möchte an dieser Stelle gar nicht den Stellenwert diskutieren, den unsere heutige Gesellschaft unterschiedlichen Begabungen zubilligt. Denn dieser ändert sich eben im Laufe der Geschichte. So war die Fähigkeit eines Ritters, seinen Gegner mit der Lanze vom Pferd zu stoßen, und, so dieser das überlebt hat, ihn dann im Bodenkampf mit dem Schwert zu besiegen, im Mittelalter deutlich wichtiger und angesehener als die Kunst des Lesens und Schreibens. Während heute Finanzgenies, die mit manchmal nicht ganz durchschaubaren Methoden Unmengen von Geld anhäufen, fast wie Popstars verehrt werden, wurde das Geldverleihen gegen Zinsen lange Zeit als besonders verabscheuungswürdiges Gewerbe gesehen.

Mir geht es um die Frage, wie und was Kinder heute insgesamt in der Schule lernen sollen, um später ein erfülltes Berufsleben zu haben, unabhängig davon, welcher Tätigkeit sie nachgehen. Und natürlich sollte es in der Schule eben auch nicht nur darum gehen, Menschen auf den Beruf vorzubereiten, sondern ihre Chancen auf ein glückliches und sinnvolles Leben zu erhöhen. Eine Schule, die uns nur auf das Berufsleben vorbereiten will, tut uns daher wahrlich nichts Gutes. Aber selbst für unsere Karriere brauchen wir sicher weit mehr als Deutsch und Mathematik.

EMOTIONALE ANALPHABETEN

Dass die Fähigkeit, unsere Emotionen besser zu verstehen, und das Einfühlungsvermögen in andere Menschen für alle Berufe immer wichtiger werden, ist wohl unbestritten. Der Harvard-Psychologe Daniel Goleman hat das überzeugend in seinem schon zum Klassiker gewordenen Buch »Emotionale Intelligenz«[3] dargestellt: Wer Erfolg im Leben haben will, muss klug mit seinen Gefühlen umgehen können und das emotionale Alphabet beherrschen. Goleman beweist seine Thesen anhand einer Vielzahl von Langzeitstudien, die er zu diesem Thema durchgeführt hat. Er macht klar, dass formale Ausbildung und ein entsprechender Intelligenzquotient notwendig sind, um einen bestimmten Job zu bekommen, dann aber emotionale Intelligenz die wichtigste Voraussetzung dafür ist, um diesen Job auch erfolgreich erfüllen zu können. Je höher man in einer Organisation aufsteigt, desto wichtiger wird der Faktor emotionale Intelligenz. Deshalb haben auch mittlerweile sechs von sieben Bewertungskriterien, nach denen Firmen neue Mitarbeiter aussuchen, im weitesten Sinn mit emotionaler Intelligenz zu tun.

Was nützt ein hoher Intelligenzquotient, wenn man emotional ein Trottel ist? Fallen Ihnen nicht sofort ein paar gute Beispiele für solche Menschen ein, denen Sie im Laufe Ihres Lebens begegnet sind? Goleman hat in seinen Studien herausgefunden, dass es keine Korrelation zwischen dem Intelligenzquotienten und dem Faktor emotionale Intelligenz gibt. Die gute Nachricht: Während der Intelligenzquotient im Laufe des Lebens fast nicht steigerbar ist, kann man emotionale Intelligenz sehr wohl lernen.

Daniel Goleman möchte mit der emotionalen Intelligenz Herz und Verstand wieder vereinigen, das Konzept von Howard Gardner hingegen geht noch einen Schritt weiter. Gardner will, dass wir alle sieben Intelligenzen nutzen, wenn wir Neues lernen. Und das natürlich auch in der Schule. Denn unser Leben erfahren wir immer als ganzheitliches Erlebnis. In der Schule wird uns Wissen in streng abgegrenzten Kategorien vermittelt. Wann hatten Sie im Leben aber das letzte Mal ein Problem, das tatsächlich ein rein mathematisches oder ein rein fremdsprachliches war?

EIN LEHRPLAN DES LEBENS

Nehmen wir an, Sie feilschen mit einem Händler auf einem Basar an Ihrem Urlaubsort um einen Schmuckanhänger, der Ihnen gefällt. Sie müssen ständig die Preise, die Ihnen der Händler anbietet, in Euro umrechnen, Ihre Englischkenntnisse einsetzen, den tatsächlichen Wert der Ware feststellen und dabei Ihre heftigen Gefühle wie die innere Kauflust mit Ihren schauspielerischen Fähigkeiten dem Händler gegenüber in Einklang bringen. In der Schule werden Sie auf eine derartige Situation im besten Fall in den streng getrennten Fächern Englisch, Mathematik, Psychologie, Warenkunde und durch die freiwillige Mitarbeit in der hoffentlich nicht wegen mangelnden Geldes gestrichenen Theatergruppe vorbereitet.

Und genau um die Verringerung dieser Kluft zwischen dem »Lehrplan der Schule« und den »Lernaufgaben für das Leben« geht es Howard Gardner. Er fordert Schulen, die den Schülern gute Gelegenheit bieten sollen, statt bloßen Fakten und Regeln eigene Erfahrungen und Einsichten zu erwerben, statt überprüfbarer Lernleistungen ein grundlegendes Verständnis über die Dinge dieser Welt zu gewinnen. Es geht ihm um eine Schule des tiefen Verstehens. Sie glauben, das alles schon einmal gehört zu haben und alles darüber zu wissen?

Dann machen Sie mit mir einen kurzen Ausflug in die »ungeschulten Köpfe« unserer Kinder.[4] Gardner beweist in seinem Buch »Der ungeschulte Kopf – wie Kinder denken« anhand von umfangreichen Untersuchungsergebnissen, dass selbst gut ausgebildete Schüler, die alle äußeren Anzeichen des Erfolgs wie hervorragende Noten und Auszeichnungen durch die Lehrer aufweisen, in der Regel den Unterrichtsstoff zwar wie gefordert wiedergeben, diesen in Wirklichkeit aber nicht anwenden können. Kinder mit fotografischem Gedächtnis werden in unserem Schulsystem sogar besonders bevorzugt. Sie können auch große Mengen von Stoff ohne großen Aufwand lernen und bis in die Fußnoten reproduzieren.

Gardner und viele andere Studien beweisen aber leider, dass viele gute Schüler vor allem eines gemeinsam haben: Sie haben zwar etwas gelernt – aber nichts verstanden.

Physik ist ein gutes Beispiel, um dieses Phänomen zu erläutern. Die Forscher an den angesehenen US-Universitäten wie dem Massachusetts Institute of Technology (MIT) oder Johns Hopkins mussten zu ihrem Schrecken feststellen, dass Studenten, die in ihrem Physikstudium gute Noten hatten, trotzdem oft unfähig sind, elementare Aufgaben zu lösen, wenn sie in eine auch nur leicht veränderte Form gekleidet sind, als das in den Lehrveranstaltungen geprüft wurde. In einem typischen Fall wurden Physikstudenten aufgefordert, die Kräfte anzuführen, die auf eine Münze einwirken, wenn sie senkrecht in die Luft geworfen wird und den Scheitelpunkt ihrer Bahn erreicht hat.[5]

Die richtige Antwort lautet: Sobald sich die Münze in der Luft befindet, ist nur die Erdanziehung wirksam. Trotzdem gaben 70 Prozent der Studenten die gleiche unwissenschaftliche Antwort wie solche, die nicht in Mechanik ausgebildet waren. In ihren Antworten, und das ist der entscheidende Punkt, spiegelte sich die intuitive, aber falsche Auffassung wider, dass es zuerst eine von der Hand ausgehende nachwirkende Kraft gebe, die sich dann verbrauche und erst dann die Erdanziehung wirksam werde. Derartige blinde Flecken wiesen naturwissenschaftlich ausgebildete Studenten auch bei Fragen nach den Mondphasen, den Ursachen der Jahreszeiten oder den Bewegungen des eigenen Körpers auf. Und diese schwerwiegenden Irrtümer und Klischees beschränken sich keineswegs auf die Naturwissenschaften, sie ziehen sich auch durch die geisteswissenschaftlichen Fächer. Die Fähigkeit von Literaturstudenten, Meisterwerke von amateurhaften Machwerken zu unterscheiden, nahm dramatisch ab, wenn man ihnen die Namen des Autors nicht zeigte.

Wieso hatten offensichtlich selbst gute Schüler in der Schule nicht die grundlegenden Zusammenhänge jener Fächer verstanden, die sie später studierten? Howard Gardners Forschungen kamen zu dem Ergebnis, dass wir immer die Tatsache vergessen, dass in fast jedem Studenten ein fünf Jahre alter »ungeschulter« Verstand sitzt, der darum kämpft, herauszukommen und sich auszudrücken. Und dort beginnt das ganze Dilemma.

Wir haben uns, auch in sogenannten guten Schulen, sowohl als Lehrer als auch als Eltern angewöhnt, bestimmte Leistungen als Zeichen für Verständnis zu werten. Wenn Sie einen Multiple-Choice-Test richtig ankreuzen oder Fragestellungen bei einer Prüfung in der genau vorherbestimmten Methode beantworten, dann gehen wir davon aus, dass Sie etwas gelernt haben. Die viel wichtigere Frage: »Haben Sie es auch tatsächlich verstanden?« ist eines der ganz großen Tabus unseres Schulsystems: die Lücke zwischen dem, was als gelernt gilt, und dem, was echtes Verstehen bedeutet.

Howard Gardner kommt durch seine Studien zu dem Schluss, dass es drei menschliche Lerntypen gibt, die wir in der Schule und in unserer Gesellschaft ständig vermischen:

1. *Der intuitive Lerntyp:* Damit ist das kleine Kind gemeint, das bestens von der Natur damit ausgestattet ist, in seinen ersten Lebensjahren Sprachen zu lernen, soziale Beziehungen zu anderen Menschen aufzubauen und ein grundlegendes Verständnis für die es umgebende Umwelt

aufzubauen. In dieser Zeit bildet sich der ungeschulte Verstand, der tief in uns verwurzelt ist.

2. *Der schulische Lerntyp:* Das sind Schüler zwischen dem sechsten und achtzehnten Lebensjahr, die sich mehr oder weniger bemühen, sich die in der Schule geforderten Fertigkeiten und Stoffe anzueignen.

3. *Die Lernexperten:* Sie haben sich, unabhängig von ihrem Alter, in einem oder mehreren Gebieten Fähigkeiten erworben, die ihnen tatsächlich ein tiefes Verständnis ermöglichen, das über das Wiedergeben von Faktenwissen weit hinausgeht.

Gardner baut nun seine gesamte Pädagogik, sein neues Lernen darauf auf, die Kluft zwischen diesen Lerntypen zu schließen.

Den Konflikt zwischen dem intuitiven und dem schulischen Lerntyp haben wir alle während unserer Schulzeit immer wieder in uns selbst erlebt. Wie oft haben wir zwar eine Prüfung bestanden, manchmal sogar mit einer guten Note, ohne auch nur einen blassen Schimmer von den Dingen zu haben. Manche Schüler, zu denen auch ich selbst gehört habe, konnten mit diesem Konflikt sehr gut umgehen und hatten daher nie ernsthaft Schulprobleme – ja, galten sogar als sehr gute Schüler. Schüler, die sehr stark in ihrem intuitiven Lerntyp verhaftet sind, werden dagegen oft als lerngestört bezeichnet und regelrecht stigmatisiert.

»Alle Kinder sind geborene Künstler.«
Pablo Picasso

Kleine Kinder bis sechs Jahre lernen ungeheuer schnell und viele unterschiedliche Dinge, weil es für sie ein klares Ziel gibt, das in ihrer Welt Sinn macht: Radfahren, Sandburgen bauen, Singen oder mit Farben malen. Sie wollen aus eigener Motivation diese Dinge lernen. »Eine neue Stadt zu entdecken, eine neue Sprache zu lernen, löst ein ähnliches Gefühl aus wie die Einnahme von Kokain«, sagt der amerikanische Hirnforscher John Gottmann. Daher kommt auch das deutsche Wort »Neugier«. Der Botenstoff Dopamin im Gehirn löst freudige Erregung aus. Dopamin ist in unserem Gehirn dafür verantwortlich, dass wir geradezu süchtig nach Neuem sind. Doch wenn Kinder kaum etwas lieber tun als Neues zu lernen, warum verlieren dann viele von ihnen gerade in jener staatlichen Institution, die wir mit viel Aufwand geschaffen haben, um sie neue Dinge zu lehren, so schnell die Lust am Lernen?

Viele Kinder erleben die ersten Schultage, den Beginn »des Ernsts des Lebens«, noch immer als echten Schock. Auf einmal werden Dinge von ihnen erwartet und gefordert, die für sie keinen Sinn ergeben, wie stillsitzen, nicht miteinander reden und das Nachbeten von Vorgebetetem. Wird dann auch noch Druck ausgeübt und korrigiert der Lehrer zu viele Fehler gleich am Anfang, erzeugt das bei den Sechs- bis Siebenjährigen Versagensängste – und Angst ist eine ganz schlechte Lehrmeisterin. Eltern wird dieser Schock meist dann schnell bewusst, wenn ihr Kind nach ein paar Tagen Schule fragt: »Mama, wie lange muss ich denn noch in die Schule gehen?«

Hier ist natürlich Fairness gegenüber den Grundschulen angebracht. Gespräche mit Eltern sowie viele Untersuchungen bestätigen den Eindruck, dass die Zufriedenheit in Grundschulen noch am besten ist. In guten Volksschulen wird im ersten Halbjahr ganz bewusst versucht, Lust am Lernen zu wecken. Wenn Sie in der »Glückslotterie« der Volksschulen eine gute Lehrerin erwischt haben, dann hat Ihr Kind die besten Voraussetzungen. Echte Probleme haben vor allem Eltern, die ein schlechtes Los für vier Jahre gezogen haben, weil man dieses fast nicht umtauschen kann. Oder wenn ihr Kind schon in der Volksschule anders ist...

Wirklich schlimm wird für viele Kinder der Wechsel von der Grundschule in die Hauptschule oder an eine höhere Schule. Auf einmal ist nicht mehr eine Lehrerin für sie zuständig, sondern viele völlig fremde Personen beginnen, über ihre Gegenstände wie Mathematik, Geschichte oder Deutsch mit ihnen zu reden. Viele Lehrer haben vergessen, dass es außer ihnen und ihrem Gegenstand noch jemand im Klassenzimmer gibt: die Schüler.

Schnell baut der Unterricht dann auf einem unausgesprochenen Waffenstillstand zwischen dem Lehrer und den Schülern auf, den jeder von uns sicher im Laufe seiner Schullaufbahn mehrmals erlebt hat: Ich tue so, als ob ich euch unterrichte, und ihr tut so, als ob ihr zuhört.

Macht Ihrem Kind das Lernen wirklich Freude? Nutzt die Schule die Neugier Ihres Kindes, möglichst viel über die Welt zu erfahren? Und versteht Ihr Kind die gelernten Dinge auch? Diese Fragen sich selbst und dem Kind immer wieder zu stellen, ist die spannende Herausforderung für engagierte

Eltern – weit wichtiger, als Hausübungen zu überprüfen und das Kind für die nächste Schularbeit zu trainieren.

BEGABTE KINDER SIND ANDERS

Eine Volksschullehrerin geht in der Klasse umher und beobachtet die Kinder beim Malen. Sie beugt sich über die Schultern der kleinen Anna und fragt:

»Was malst du denn da?«

»Ich male ein Bild von Gott.«

»Aber kein Mensch weiß, wie Gott aussieht.«

»Na, dann warte noch ein paar Minuten.«

Begabte Kinder sind immer ein bisschen anders. Wirtschaftscoach Christine Bauer-Jelinek war in Deutsch so begabt, dass sie die Lateinübersetzungen in Jamben schrieb, weil es ihr ein Anliegen war, den Sprachrhythmus des Lateinischen auch auf Deutsch wiederzugeben. Was der Ausdruck ihrer Hochbegabung war – sie konnte schon mit vier Jahren lesen und schreiben –, war für den Lateinlehrer unnötig: Sie solle so schnell wie möglich damit aufhören. Für Kreativität und Leistungen, die nicht in den exakten Katalog der Bewertungsskala passen, war und ist in der Schule kein Platz. Können wir uns eigentlich heute vorstellen, dass auch Shakespeare einmal ein Kind war? Ein Kind, dem die Eltern am Abend gesagt haben: »Und jetzt geh endlich ins Bett. Jetzt sofort. Und leg die Feder weg. Und hör endlich auf, lateinisch zu reden. Du machst alle verrückt.«

Etliche Lehrer haben sich ganz offensichtlich in unserem Schulsystem schon immer sehr schwergetan, Hochbegabte zu erkennen; wie schwer tun sie sich erst, die Talente von normal begabten Kindern zu entdecken. Der Mutter eines besonders begabten Kindes, die wissen wollte, wie sie mit dieser Herausforderung umgehen sollte, wurde von der Volksschullehrerin allen Ernstes mitgeteilt: »Machen Sie sich keine Sorgen, das wächst sich spätestens bis zur dritten Klasse aus.«

Was wir von PISA in jedem Fall lernen sollten, ist die Erkenntnis, dass wir gerade beim Schuleintritt eine sehr genaue Diagnose des körperlichen, psychischen und sozialen Entwicklungsstandes brauchen, um ein Kind gezielt fördern zu können. Eines der größten Defizite unserer Lehrerausbildung ist die Tatsache, dass zukünftige Lehrer über das Erkennen von Begabungen nie etwas lernen. So wie ein guter Hausarzt zumindest alle wesentlichen Symptome kennen muss, um seinen Patienten dann im Ernstfall an einen Fachkollegen verweisen zu können, sollte die Vermittlung der Grundkenntnisse der Begabungsforschung ein verpflichtender Schwerpunkt der Lehrerausbildung sein. Sonst verschwenden wir weiter den wichtigsten Rohstoff unseres Landes – die Talente unserer Kinder. Das ist langfristig existenzbedrohend.

Bei der Diagnose von Begabungen müssen vier Gruppen unterschieden werden:[6]

1. Kinder, die von ihren Lehrern aufgrund überragender schulischer Leistungen als besonders begabt erkannt werden.
2. Kinder, deren Begabungssignale nicht wahrgenommen und anerkannt werden.
3. Kinder, deren Begabungen nicht erkannt werden, weil diese auf Gebieten liegen, die für die Schule irrelevant sind, wie zum Beispiel Organisationstalent.
4. Kinder, deren besondere Begabungen sich aufgrund eines demotivierenden Umfelds gar nicht erst entwickeln

konnten, weil sie etwa musikalisch hochbegabt sind, aber aus einem unmusikalischen Elternhaus kommen.

Karin M. ist ein Beispiel für eine Schülerin, deren größte Begabung auf einem Gebiet liegt, das normalerweise in unserem Schulsystem nicht anerkannt wird. Sie erbrachte in der »Sir Karl Popper Schule« immer durchschnittliche Leistungen, auffallend war ihr soziales Engagement. Das machte sie für die Schule auch nicht immer einfach. Aber man gab dieser im traditionellen Lehrplan nicht vorgesehenen Begabung immer großen Raum und förderte diese herausragende Begabung.

Nach der Matura ging Karin nach Großbritannien, um im Rahmen eines sogenannten Sozialjahres schwer erziehbare Kinder zu betreuen. Eine Herausforderung, die teilweise nicht nur an, sondern über ihre Grenzen ging. Danach bewarb sie sich in Cambridge und wurde nicht nur aufgenommen, sondern erhielt auch eines der nur an wirklich außergewöhnlich Begabte verliehenen Leistungsstipendien. Diese Erfolgsgeschichte erfüllt Direktor Günter Schmid heute noch mit großem Stolz, »weil wir eine wirklich herausragende Begabung fördern konnten und uns nicht auf die Schwächen der Schülerin konzentriert haben. Karin M. ist heute bei einer internationalen Entwicklungshilfeinstitution in führender Stellung tätig.«

Ein zweites positives Beispiel aus dem Stiftsgymnasium Melk zeigt, dass Theaterspielen und Schulerfolg kein Widerspruch sind. Pater Martin, der dieses Projekt betreute, wurden von der Schule zwölf Schüler vorgeschlagen, mit denen er das Musical »Joseph and the Amazing Technicolor Dreamcoat« von Andrew Lloyd Webber aufführen sollte. »Ich war anfangs ehrlich gesagt wenig begeistert von der Auswahl und wollte die Gruppe durch einige Mädchen, die Brüder spielen sollten, ein wenig energetisieren. Es herrschte auch große Skepsis, ob es wirklich Sinn machte, gerade Peter L., einen Siebzehnjährigen, der mit großen Lernschwierigkeiten kämpfte, scheinbar wertvolle Zeit zum Lernen zu nehmen. Es ging auch wirklich sehr zäh am Anfang, weil nicht alle Kinder Sing- und Bewegungstalente waren. Doch irgendwann sprang der Funke über. Die Jugendlichen waren nicht mehr von den Proben wegzubringen, es entstanden Ideen für Choreografien aus der Gruppe selbst. Es wurde eine fulminante Aufführung, die mehrmals wiederholt wurde. Der entscheidende Punkt war für mich aber, dass sich Peter L. in allen Gegenständen im Gymnasium deutlich verbesserte und diese Klasse die für ihn beste in seiner gesamten Schulkarriere wurde. Es gibt ganz offenkundig einen Zusammenhang zwischen Freude an der Schule insgesamt und Leistungen.«

GROSSE TALENTE SETZEN SICH OHNEHIN IM LEBEN DURCH – ODER?

Wissenschaftlich hat Oden[7] den Zusammenhang zwischen richtiger Förderung von Hochbegabung und dem daraus resultierenden Lebenserfolg untersucht. Hierbei wurden die Lebenswege von den 100 erfolgreichsten Hochbegabten einer großen Studie mit den 100 am wenigsten Erfolgreichen verglichen. Die wichtigsten Unterschiede der weniger Erfolgreichen lagen vor allem darin, dass sich diese als Kinder ihrer Sonderstellung nicht selbst bewusst waren. Sie erhielten von ihrer Familie und ihren Lehrern keine ihrer Begabung angemessene Unterstützung. Sie fanden auch ihre Verwirklichung nicht in ihrem Beruf, sondern in ihren Hobbys.

Dagegen gingen die 100 Erfolgreichsten in ihrem Beruf auf und erlebten diesen als lustvolle Bereicherung ihres Lebens. Diese und eine Reihe von anderen Untersuchungen machen deutlich, dass ein hohes Begabungspotenzial allein nicht ausreicht, sondern dass sehr wohl eine kompetent fördernde Umwelt notwendig ist.

Die menschlich noch weit tragischere Variante der mangelnden Entdeckung von Hochbegabten liegt in den sogenannten »hochbegabten Schulversagern«. Hier gilt es ein echtes pädagogisches Tabu anzusprechen. Wieczerkowski[8] legt den Mechanismus offen, der hochbegabte Schüler in der Schule scheitern lässt. Hochbegabte machen oft schon in der Kindheit die Erfahrung, dass sie durch ihr ständiges Fragen sowie durch die im Vergleich zu Normalbegabten schnellere Auffassungsgabe weder von ihren Lehrern noch von ihren Kameraden soziale Wertschätzung beziehen. Sie reagieren auf dieses von ihnen wahrgenommene »Anderssein« oft mit einer bewussten Flucht in die Leistungsvermeidung.

Die andere beobachtete Verhaltensvariante ist der Rückzug in die eigene Person, was oberflächlich dann als totales Desinteresse am Unterricht und an den Kollegen empfunden wird. Das Elend der besten Schüler besteht zu einem Gutteil in der sozialen Isolierung, sie werden als Besserwisser und Streber gebrandmarkt und gelten als Störenfriede und Querulanten. Oft genug werden sie als unangenehme Schüler behandelt. Um der Isolierung in der Klasse zu entgehen – soziales Wohlbefinden durch Angenommenwerden ist eben ein wesentlicher Lernfaktor –, erbringen solche Kinder manchmal unbewusst oder absichtlich schlechtere Leistungen.

Es ist daher eine völlige Illusion, zu glauben, dass besonders Begabte ohnehin privilegiert seien und jede zusätzliche Förderung daher ungerecht wäre. Sie sind sehr oft äußerst unglückliche und sozial isolierte Menschen – was jeder, der die oft tragischen Lebensgeschichten von Hochbegabten studiert hat, sofort erkennen wird.

Es ist ein wissenschaftlich widerlegter Mythos, dass sich Begabte automatisch durchsetzen, sie bedürfen vor allem eines rechtzeitigen Erkennens ihres Talents und einer kompetenten Förderung. Auch der Stellenwert, den wir bestimmten Disziplinen geben, hat einen großen Einfluss darauf, ob sich Talente entwickeln.

Das Drama der Naturwissenschaften in Österreich

Zu wahrhaft skurrilen Ergebnissen führte eine Untersuchung des Wissenschaftsministeriums über bekannte Forscher. Für die Wahl zum »Pin-up der Forschung« wurden im August 2007 telefonisch 1000 wahlberechtigte Österreicher befragt. Der erste Platz mit elf Prozent für den auch international renommierten Quantenphysiker Anton Zeilinger, der auch als Bestsellerautor bekannt ist, überrascht wenig. Die völlig verzerrte öffentliche Wahrnehmung darüber, was ein Forscher ist, beginnt mit dem langjährigen ehemaligen ORF-Fernsehmoderator von Wissenschaftssendungen Josef Broukal auf Platz zwei und erreicht mit Staatsoperndirektor Ioan Holender auf Platz vier seinen kuriosen Hintergrund. Noch viel tragischer für den Stellenwert von Forschern in der breiten Öffentlichkeit ist die Tatsache, dass überhaupt nur ein Drittel einen österreichischen Forscher benennen konnte – oder zumindest jemanden, den es für einen solchen hielt.

Für einen der wichtigsten österreichischen Naturwissenschaftler, den Humangenetiker Markus Hengstschläger, ist es einfach nicht »schick«, Naturwissenschaften zu studieren.

Es fehlen auch, wie obige Untersuchung zeigt, die Helden der Forschung. Kindern, die trotzdem die Wissenschaftskarriere anstreben, wird meist von den Eltern abgeraten, weil sie diese Laufbahn als sehr schwierig und vor allem als wenig lukrativ sehen. Auch hoch qualifizierte Wissenschaftler bleiben in der Wirtschaft im Mittelmanagement hängen und echte Karrierechancen haben sie nur, wenn sie ins Ausland gehen. Hengstschläger hat selbst den Grundstein seiner Karriere an der Yale University in den USA gelegt. Eine Einschätzung, die auch der aus Deutschland stammende Medizinnobelpreisträger Günter Blobel, der an der Rockefeller University in New York lehrt und forscht, teilt: »Spitzenwissenschaftler in den Naturwissenschaften werden in den USA deutlich besser bezahlt und behandelt als in Deutschland.«

DAS ÖSTERREICHISCHE WUNDERTEAM

Nun könnte man vielleicht anmerken, dass Österreich eben immer ein Land der großen Musiker, Maler und Schriftsteller war und in den Wissenschaften eher bedeutende Geisteswissenschaftler wie Sigmund Freud hervorgebracht habe. Naturwissenschaften seien eben immer eher eine Sache der Deutschen und Amerikaner gewesen. Dieses Klischee entspricht nur nicht der Wahrheit. Ganz im Gegenteil. Wussten Sie, dass in ein und derselben Maturaklasse des Bundesgymnasiums XIX in der Gymnasiumstraße 83 zwei spätere Nobelpreisträger der Naturwissenschaften saßen? Es waren dies Wolfgang Ernst Pauli, der als einer der wichtigsten Physiker des 20. Jahrhunderts gilt, und Richard Kuhn, der 1938 den Nobelpreis für Chemie erhielt. Zwei künftige Nobelpreisträger für Physik und Chemie in einer Wiener Maturaklasse!

WARUM BUBEN IN DER VOLKSSCHULE
NICHT ZUHÖREN KÖNNEN

Fast 80 Prozent der Kinder mit akuten Lernproblemen sind Buben. Zwei Drittel der Klienten von Kinder- und Jugendpsychiatern sind Buben. Der Anteil der Buben, die von Sonderschullehrern betreut werden, ist deutlich höher als der von Mädchen. Von der Hyperaktivitätsstörung ADHS sind 9,2 Prozent der Buben und nur 2,9 Prozent der Mädchen betroffen. Egal ob in Österreich, Deutschland oder der Schweiz, die Zahlen sprechen überall die gleiche deutliche Sprache. Buben bleiben auch doppelt so oft sitzen und fliegen doppelt so oft von den Gymnasien wie Mädchen. Besonders beim Leseverständnis hinken Buben in der Volksschule den Mädchen deutlich nach, vom Schönschreiben gar nicht zu reden.[9] Ist unsere Schule bubenfeindlich – oder noch klarer formuliert: Werden die Buben in der Schule diskriminiert?

Geht man dieser Frage nach, sieht man sich schnell den beiden unversöhnlichen Lagern der Anhänger der naturwissenschaftlichen Erklärungen und der Verfechter der sozialwissenschaftlichen Theorien gegenüber. Die Gehirnforscher und Psychologen sehen die Ursachen in genetisch bedingten Unterschieden, im Sozialverhalten, der Art des Denkens und des Wachstumsprozesses. Die Sozialwissenschaftler sehen anerzogene Verhaltensstereotype als Hauptunterschiede von Mädchen und Buben und es sogar als Aufgabe der Schule, diese auszugleichen.

Wie so viele Themen in diesem Buch halte ich diese Frage nicht für objektiv lösbar, da sie sehr von persönlichen Werthaltungen und ideologischen Überzeugungen überlagert ist. Wahrscheinlich spielt die Frage, ob man selbst ein Mann oder eine Frau ist, auch eine Rolle. Ich kann diesem Thema aber trotzdem nicht ausweichen, weil es von vielen meiner weiblichen Gesprächspartner immer wieder angesprochen wurde, und zwar mit einer deutlichen Mehrheit von jenen Frauen, die der Überzeugung sind, dass Buben vor allem in der Volksschule heute diskriminiert werden.

Die deutsche Lernexpertin Vera Birkenbihl stützt ihre Antwort auf die Frage, warum Buben in der Schule viel größere Probleme mit dem Schönschreiben, dem Ruhigsitzen und dem Zuhören haben als Mädchen, auf eine Vielzahl von Studien und eigenen Experimenten.[10]

Buben entwickeln zuerst ihre grobmotorischen Fähigkeiten, weil sie auch wesentlich mehr Muskelmasse zu trainieren hätten als Mädchen, daher komme ihr großer Bewegungsdrang. Bei Mädchen sei es umgekehrt, bei ihnen bilde sich zuerst die Feinmotorik aus, also die Bewegungsaspekte wie Balance und die Flüssigkeit von Bewegungsabläufen. Deshalb fällt Mädchen das Stillsitzen in der Volksschule leicht, während es für Buben eine einzige Qual ist. Buben am Beginn der Volksschule zum Schönschreiben zu zwingen, ist gegen deren natürliche Entwicklung.

Wenn die Volksschullehrerin einen Buben mit den Worten: »Du hast schon wieder nicht zugehört« ermahnt, dann stimmt das fast immer – es muss aber keineswegs eine böse Absicht dahinterstecken. Buben nehmen die Welt viel intensiver mit den Augen und durch ihr Handeln wahr, während Mädchen die Welt primär durch Hören erfassen. Mädchen hören der Lehrerin daher gerne zu, sind also »braver« und bekommen gute Noten, während Buben in der Volksschule große Probleme damit haben, konzentriert zuzuhören. Buben sind aber deshalb nicht krank oder schlechtere Schüler. Krank ist eine Schule, die die Verabreichung von Ritalin gegen Aufmerksamkeitsstörungen – primär an Buben – in den letzten Jahren dramatisch gesteigert hat.

Dass sich Kinder vor allem zwischen sechs und zehn Jahren sehr individuell entwickeln, fand vor 100 Jahren schon Maria Montessori heraus. Während also die Schulbücher in den Volksschulen heute noch immer davon ausgehen, wann ein sieben Jahre altes Kind was schon genau zu können hat, waren Montessori und ihr französischer Kollege Alfred Binet strikt dagegen, Kinder nach Lebensaltern zu sortieren. Sie gingen davon aus, dass es Kinder zu ganz bestimmten Tätigkeiten ziehe, wenn sie innerlich dazu bereit sind. Eltern könnten Volksschullehrern daher sehr dabei helfen, wenn sich ein bestimmtes Lernfenster bei ihrem Kind gerade geöffnet hat. Diese individuelle Förderung, die im Interesse des Kindes wäre, ist aber heute fast nie im System der öffentlichen Regelschule vorgesehen – und auch nicht im Zeitbudget der Eltern. Ein Prinzip, das wir von den Montessori-Schulen sofort übernehmen sollten, ist, dass dort die Eltern prinzipiell gemeinsam mit ihren Kindern zu den Elternsprechtagen gehen. Die Kinder präsentieren dann den Eltern und Lehrern, was sie gelernt haben, und anschließend wird gemeinsam darüber diskutiert, welche Ziele das Kind sich für die Zukunft setzen sollte.

Da Mädchen gerade in den am Beginn der Volksschule hoch bewerteten Gegenständen wie Schönschreiben, Singen, Lesen und Zuhören den Buben um zirka zwei Jahre voraus sind, verschiebt sich der Bewertungsmaßstab oft zu Lasten der Buben. Erfahrungen von Volksschullehrerinnen zeigen, dass die Leselust bei Buben viel mehr von der Attraktivität des Lesestoffs abhängt als bei Mädchen, die an sich leichter lesen lernen.

Das Ziel dieses Buches ist nicht, die Mann-Frau-Debatte schon in der Volksschule auf dem Rücken der Kinder auszutragen – ganz im Gegenteil. Tatsache ist, dass die Nichtberücksichtigung der unterschiedlichen Entwicklungsphasen von Buben und Mädchen in der Volksschule zu Verlusten bei beiden Gruppen führt. Ich glaube, der Hauptgrund dafür liegt weder in der Tatsache, dass Volksschullehrer fast ausschließlich ein Frauenberuf geworden ist, noch in einer bewussten Diskriminierung von Buben. Nein, wie in vielen anderen Bereichen in diesem Kapitel dargestellt, ist es die Unfähigkeit unseres Schulsystems, Kinder in ihrer Individualität wahrzunehmen und zu fördern. Für Achtsamkeit und Genauigkeit ist keine Zeit vorgesehen, und daher werden Buben in der Volksschule wohl noch lange schlecht zuhören und hässlich schreiben.

VOLKSSCHULLEHRER SPIELEN SCHICKSAL

Die Entscheidung über die Zukunft von Volksschülern nach der vierten Klasse einer einzigen Volksschullehrerin zu überlassen, ist verantwortungslos. Sie wird ungeheurem sozialem Druck ausgesetzt, der in den letzten Jahren ständig zunimmt. Sind die Eltern selbst Akademiker oder zumindest Maturanten, wird die Volksschullehrerin mit einem Waffenarsenal, das von der sanften Bestechung bis zur wilden Drohung reicht, gezwungen, dem Kind die notwendige AHS-Reife zu bescheinigen, völlig unabhängig vom Talent des Kindes. Oft beginnt mit dieser Fehlentscheidung für die AHS ein unendlicher Leidensweg für das Kind.

Christine Bauer-Jelinek ist Psychotherapeutin und hat sich als Wirtschaftscoach und Autorin auf Machtmechanismen spezialisiert.[11] Sie diagnostiziert große Widerstände für talentierte Kinder von sogenannten einfachen Leuten. Deren Eltern erkennen einfach nicht, welche große Bedeutung höhere Bildung für ihr Kind hat. »Du bist nichts Besseres«, »Du gehst auch in die Fabrik« bis zu: »Du sollst nicht so viel lesen, das ist schlecht für die Augen«, das hören Kinder aus Arbeiter-Migrantenfamilien leider auch heute noch.

Und die soziale Ablehnung in der eigenen Familie ist gerade für Kinder eines der schlimmsten Dinge. Da bedarf es schon eines herausragenden Talents und eines sehr engagierten Lehrers oder Verwandten, der genügend Druck auf die Eltern ausübt, um dem Kind seine Lebenschance zu eröffnen. Für viele Kinder endet ihre höhere Bildungskarriere trotzdem sehr früh. Die Mehrheit aller Kinder an höheren Schulen erhält zumindest in einem Fach Nachhilfeunterricht. Entweder durch die Eltern selbst, so sie dazu aufgrund ihrer eigenen Bildung in der Lage sind, oder auch durch den explodierenden Markt für Nachhilfe. Spätestens dann ist der Traum für Kinder aus einfachem Haus schnell ausgeträumt. Zum schlechten Gewissen den Eltern und Geschwistern gegenüber kommt auch noch die Versagensangst. Für Nachhilfeunterricht ist kein Geld da, und die Eltern sind meistens nicht in der Lage, selbst zu helfen.

Das Versagen unseres Regelschulsystems, das der Mehrheit aller Schüler nicht ausreichend Wissen vermittelt, um die vorgegebenen Lernziele ohne Nachhilfe zu erreichen, wird dann besonders auf dem Rücken der ohnehin sozial benachteiligten Kinder ausgetragen. So stehen jedes Jahr Tausende Kinder am Ende des Schuljahrs blamiert da, und das Schulsystem wäscht seine Hände in Unschuld.

»Wissen Sie, welche Zustände in der dritten Leistungsgruppe herrschen, was die Sprache betrifft? Meine Schüler scheitern an Büchern, die extra für die dritte Leistungsgruppe konzipiert wurden. Diese Kinder sind einfach für
jegliche Bildung verloren. Und zwar für immer«, klagt Peter
Apel von der Hauptschule Pernitz in Niederösterreich.[12]
Wer kennt nicht mindestens fünf Beispiele von Kindern, die
durch eine falsche Entscheidung der Eltern um ihre Lebenschance gebracht wurden? Wenn wir weiter zulassen, dass
jedes Jahr Tausende talentierter Kinder aussortiert werden,
nur weil sie in Arbeiter- oder Ausländerfamilien hineinge-
boren wurden, dann sind wir nicht nur Mittäter einer humanitären himmelschreienden Ungerechtigkeit, sondern ver-
nichten auch unser intellektuelles Zukunftspotenzial. Denn
es sind gerade die unteren Bildungsschichten, die besonders
zum Bevölkerungswachstum beitragen, weil sie oft zwei und
mehr Kinder haben.

»Kinder aus den Bildungsschichten sind wiederum dem
Druck ihrer Eltern ausgesetzt, unter allen Umständen, unabhängig von ihren Wünschen und ihrer Begabung, eine höhere Schule zu absolvieren. Man verlässt seine Schicht nicht
nach unten. Kinder leiden unter Angst, Schule und Lernen
wird für sie zu einem lebenslangen Trauma«, meint Bauer-
Jelinek zu diesem Thema.

Kommen wir aber nun zum Hauptproblem des Umgangs
mit unterschiedlichen Begabungen an unseren Schulen:

»Ein Schulmeister hat lieber zehn notorische Esel als ein Genie in seiner Klasse, und genau betrachtet hat er ja recht, denn seine Aufgabe ist es nicht, extravagante Geister heranzubilden, sondern gute Lateiner, Rechner und Biedermänner.«[13]

Da hat sich seit der Schulzeit von Hermann Hesse nicht viel geändert. Der Grundkonsens ist, dass der Schüler keine Schwierigkeiten haben soll, die Schule zu bewältigen, gut durchzukommen und ein braver, angepasster Schüler zu sein.

Das Ideal des deutschen und des österreichischen Schulsystems ist die Ausbildung zum mittelmäßigen Zehnkämpfer, der in allen geforderten Disziplinen möglichst achtbare Leistungen erbringt. Dem talentierten Langstreckenläufer wird ständig sein Versagen im Kugelstoßen, dem begabten Hürdenläufer seine Schwäche im Stabhochsprung vorgeführt. Es herrscht eine fatale Konzentration auf das Versagen und die Dokumentation des Versagens. Lernen heißt für den Schüler, zu 80 Prozent zu lernen, was ihn nicht interessiert oder vor dem er sogar Angst hat. Wir impfen unseren Kindern sehr früh die Angst ein, etwas falsch zu machen. Und die Konsequenz ist, dass wir Kinder weg von ihren kreativen Potenzialen erziehen. Der kalte Mechanismus, mit dem in der Schule gegen einseitige Begabungen gekämpft wird, schafft oft lebenslanges Leid.

Der Sozialforscher Ernst Gehmacher wirft daher zu Recht die Frage auf, ob es sinnvoll ist, unser gesamtes Schulsystem auf den braven Regelschüler auszurichten und die außergewöhnlichen, auffälligen Kinder als Störfälle anzusehen. »Wir sollten uns viel mehr um die kümmern, die außerhalb der Norm liegen. Sie können im positiven Sinn viel für unsere Gesellschaft leisten, und wir können viel Schaden vermeiden, wenn wir das Abgleiten von besonders Begabten ins Destruktive vermeiden.«

Das sieht auch Günter Schmid, Direktor der »Sir Karl Popper Schule«, so. Er bringt immer das Beispiel einer fiktiven Schülerin, die großartige literarische Fähigkeiten hat und in Mathematik maximal durchschnittlich ist. Wenn ihr die Mathematiklehrerin dann sagt, dass sie doch mit viel Fleiß und Anstrengung auch in Mathematik ein »Sehr gut« bekommen kann, dann wird die Schülerin, die vielleicht auch nicht zum Aufbegehren neigt, alles tun, um auch die Mathematiklehrerin zufriedenzustellen. Dafür wird sie dann aber ihr eigentliches herausragendes Talent, nämlich das Schreiben, vernachlässigen, weniger lesen und weniger ins Theater gehen. »Wir konzentrieren uns also auf die Löcher im Käse und nicht auf den Käse.«

Die gleiche Behandlung Ungleichartiger ist daher die größte Benachteiligung. Jedes Kind hat das Recht auf maximale Förderung seines Begabungspotenzials. Was das für unser Schulsystem konkret bedeutet? Hören wir einfach auf Erich Kästner, der sich in vielen seiner Bücher mit Schule auseinandergesetzt hat: »*Es gibt nichts Gutes/außer: man tut es.*«

Anmerkungen:

1 Peter Senge: Schools that learn. New York: Random House 2000.
2 Umfrage von »GEO WISSEN« im Jahr 2003 in Deutschland.
3 Daniel Goleman: Emotionale Intelligenz. München: Carl Hanser 1996.
4 Howard Gardner: Der ungeschulte Kopf – wie Kinder denken. Stuttgart: Klett-Cotta 2003.
5 Diese Münzwurfstudie ist beschrieben in J. Clement: Student's Preconceptions in Introductory Mechanics, American Journal of Physics, 1982.

6 Klaus Urban: Förderung besonderer Begabungen im Schulalter, in: Friedrich Oswald/Karl Klement: Begabungen entdecken – Begabte fördern. Wien: Jugend und Volk 1994.

7 M. H. Oden: The fulfillment of promise: 40-year follow-up of the Terman gifted group. Genetic Psychology Monographs 1968.

8 Wilhelm Wieczerkowski im Interview mit Dörte Schubert: Entdeckung der Hochbegabten, in: Die Zeit, 1.4.1985.

9 Erika Pichler: Die Schule ist bubenfeindlich, in: Salzburger Nachrichten, 2.11.2007.

10 Vera F. Birkenbihl: Jungen und Mädchen: Wie sie lernen lernen. München: Droemer Knaur 2005.

11 Christine Bauer-Jelinek: Die geheimen Spielregeln der Macht und die Illusionen der Gutmenschen. Salzburg: Ecowin Verlag 2007[5].

12 Wir produzieren eine Unterschicht, in: Die Zeit, 29.11.2007, S. 16.

13 Hermann Hesse: Unterm Rad. Frankfurt am Main: Suhrkamp 2002.

Eine einfache Wahrheit

oder

Warum die besten Schulen der Welt nicht mehr kosten
als die schlechtesten

Unter Flugzeugpiloten galt lange die Weisheit, dass die Russen die schlechtesten Flugzeuge, aber die besten Piloten und die Chinesen die besten, weil westlichen Flugzeuge, aber die schlechtesten Piloten hätten. Der Albtraum jedes Passagiers wäre daher, wenn man in ein russisches Flugzeug steigt und von einem chinesischen Piloten freundlich begrüßt wird. Eines ist aber in der Luftfahrt unumstritten: Es kommt auf den Piloten an. Ich bin zwar kein Pilot, gehöre aber dem exklusivsten Club aller Flugreisenden an. Nein, ich meine nicht die Senator oder gar die Hon Class der Lufthansa. Am Sonntag, den 29. September 1995, krachten wir um 23.37 Uhr im Landeanflug auf Wien-Schwechat im dichten Nebel in einen Wald. Der Aufprall riss die beiden Tragflächen der Cessna 340 weg. Wie durch ein Wunder konnten sich meine fünf Mitpassagiere und ich aus dem brennenden Flugzeug retten. Ich zähle zu jener sehr kleinen Gruppe von Menschen, die nicht nur einen Flugzeugabsturz hatte, sondern diesen auch überlebte. Glauben Sie mir – beim Fliegen kommt es auf den Piloten an. Und was die Qualität unserer Schulen betrifft, glauben Sie mir bitte auch – kommt es auf die Lehrer an.

Die Regierungen der Welt gaben allein 2006 zwei Billionen Dollar (das ist eine Zwei mit zwölf Nullen) für ihre Schulen aus. Trotz des massiven Anstiegs der jährlichen Bildungsausgaben und vieler ambitionierter Reformvorhaben hat sich die Qualität der meisten Schulsysteme in den letzten Jahrzehnten kaum verbessert – in einzelnen Ländern dürfte sie sogar schlechter geworden sein. Es gibt aber sehr wohl große Unterschiede in der Qualität zwischen den einzelnen Nationen. So erreicht weniger als ein Prozent der Kinder in Afrika auch nur das durchschnittliche Leistungsniveau der Kinder in Singapur. Singapur hat unbestritten eines der Top-Schulsysteme der Welt. Überraschen wird den Leser wahrscheinlich ein Vergleich der Kosten des Schulsystems in Singapur mit denen von 30 anderen OECD-Ländern. 27 Staaten geben demnach mehr für ihre Schulen aus als Singapur. Singapur ist offenbar großartig bei den Leistungen seiner Schüler und sparsam mit den Steuergeldern.

Das sollte uns vor allem deshalb zu denken geben, weil Österreich zu den absoluten Spitzenreitern bei den Ausgaben zählt und im Vergleich dazu sehr bescheiden bei den Ergebnissen ist.[1] Auch Deutschland investiert deutlich mehr Geld in seine Schulen, mit deutlich schlechteren Ergebnissen als Singapur. Nun gehört die Aufgabe, jedes Jahr Millionen von Kindern auf das Leben vorzubereiten, sie mit den Grundwerkzeugen wie Lesen, Schreiben und Rechnen auszurüsten, ihnen aber auch bei der Entwicklung ihrer individuellen Talente zu helfen, zweifellos zu den größten denkbaren Herausforderungen. Was ist also das Geheimnis jener wenigen Länder, die mit geringen Kosten herausragende Ergebnisse erzielen? Welches verborgene Wissen besitzen sie?

Um das herauszufinden, untersuchte die größte Unternehmensberatung der Welt, McKinsey & Company, 25 Schulsysteme weltweit, darunter die zehn besten.[2] So komplex diese Aufgabenstellung war, wenn man all die nationalen Unterschiede und verschiedenen Bewertungskriterien berücksichtigt, so überraschend eindeutig und klar sind die Ergebnisse.

Die McKinsey-Studie liefert mehr politischen Sprengstoff als alle PISA-Untersuchungen zusammen. Sie bringt etwas auf den Punkt, was wir alle in unserer Schulzeit selbst erlebt und ohnehin immer schon geahnt haben. Sie hat und wird bei den meisten Regierungen, bei den Lehrergewerkschaften und bei den immer mehr ausufernden Schulbehörden blankes Entsetzen auslösen. Die Vorschläge dieser Studie sind so einfach, dass wir alle Schulreformkommissionen heimschicken und uns gemeinsam auf eine nationale Zielsetzung einigen können.

Und die gute Nachricht für die Steuerzahler, die immer mehr Geld für immer schlechtere öffentliche Schulen aufbringen müssen: Eine deutliche Verbesserung unseres Schulsystems kostet uns langfristig nicht mehr, sondern weniger Geld, wenn wir es in die einzige Sache investieren, die tatsächlich einen Einfluss auf die Leistungen und die Talententwicklung unserer Kinder hat – unsere Lehrer.

Die McKinsey-Studie kommt zu dem Ergebnis, dass sich die wenigen herausragenden Schulsysteme der Welt auf drei Dinge konzentrieren:

1. Die richtigen Menschen für den Beruf des Lehrers zu gewinnen und auszuwählen.

2. Diese dann ständig in ihren Fähigkeiten weiterzuentwickeln, um sie zu bestmöglichen Lehrern zu machen.
3. Ein Schulsystem zu schaffen, das alle Anstrengungen darauf konzentriert, dass jedes Kind den bestmöglichen Unterricht in seiner Klasse erhält.

Diese Prinzipien haben sich unabhängig von der jeweiligen Kultur des Landes bewährt. Die Umsetzung dieser Ziele ist in kurzer Zeit möglich und hat eine signifikante Steigerung des nationalen Schulsystems zur Folge, wo immer diese Ziele energisch verfolgt werden. Und die Erreichung dieser Ziele hängt nicht vom für das Bildungssystem ausgegebenen Geld ab.

Es ist ausschließlich die Fähigkeit des Lehrers, die jeden Tag darüber entscheidet, ob Kinder die Welt ein bisschen besser verstehen, ihren Eltern mit Begeisterung davon erzählen, was sie wieder Neues gelernt haben und sich darauf freuen, am nächsten Tag wieder in die Schule zu gehen. Es ist eine wirklich naive Annahme zu glauben, dass wir die Qualität des Unterrichts in der Klasse erhöhen können, nur weil wir Änderungen in der Struktur durchführen.

Ein schlechter Lehrer wird um nichts besser, nur weil er 30 statt 36 Kinder unterrichtet. Das Leid, das er anrichtet, oder – im besseren Fall – die Langeweile, die er verbreitet, richtet nur einen zahlenmäßig etwas kleineren Schaden an. Kleinere Klassen sind natürlich sinnvoll, aber nur gute Lehrer können die Chance für individuelleren Unterricht auch nutzen. Auch andere, in der Öffentlichkeit mit Begeisterung zelebrierte Themen, wie Dauer und Verteilung der Schulferien, sind absolute Nebenthemen.

EXZELLENTE UND MIESE LEHRER –
DER VERGLEICH MACHT SIE SICHER

Die wesentliche Erkenntnis von McKinsey, dass es tatsächlich nur um die Qualität der Lehrer geht, stimmt auch mit Studien überein, die auf der Ebene des individuellen Schülers durchgeführt wurden. So untersucht eine aufwendige Studie, die schon vor zehn Jahren im US-Bundesstaat Tennessee durchgeführt wurde, wie sich die Leistungen von zwei durchschnittlichen achtjährigen Schülern innerhalb von drei Jahren entwickelt haben. Einer bekam einen besonders guten, der andere einen besonders schlechten Lehrer. Die Leistungen des Schülers mit dem exzellenten Lehrer waren nach drei Jahren um 50 Prozent besser als die des mit dem schlechten Lehrer. Sicherlich, man kann lange darüber diskutieren, ob der eine Lehrer wirklich so gut und der andere so schlecht war oder ob es andere Ursachen im Familienumfeld der beiden Schüler gab, die zu den Leistungsunterschieden führten. Solche Debatten haben nur die Wirkung von Nebelgranaten, die eine Tatsache verhüllen sollen, die offenkundig ist:

Es geht um die Lehrer. Es geht darum, die besten Universitätsabsolventen des Landes zu motivieren, sich als Lehrer zu bewerben, dann die hervorragendsten von ihnen auszuwählen und diesen dann Möglichkeiten zu bieten, damit sie ihre Berufung mit viel Freude und hohem gesellschaftlichen Ansehen verwirklichen können. Eltern sollten sich nicht länger einreden lassen, dass ihr Kind untalentiert und unwillig ist. Ihre Kinder haben ein Recht auf exzellente Lehrer.

Wenn, dann gehört der Grundsatz, dass nur die Besten Lehrer werden dürfen, in die Verfassung, und nicht die Anzahl der Minuten, die eine Schulstunde haben darf. Alles andere als die Konzentration darauf, die besten Absolventen als Lehrer zu gewinnen, ist eine Verbrennung von Steuergeldern und die Fortsetzung der systematischen Vernichtung der Talente unserer Kinder. In den besten Schulsystemen der Welt

- gehören die Lehrer zu den zehn Prozent der Besten ihres Faches an der Universität.
- wird der Lehrberuf von Studenten als eine der drei attraktivsten Karrieremöglichkeiten gesehen.
- wird einer von zehn Bewerbern für das Lehramt tatsächlich aufgenommen.

Finnland zeigt uns vor, wie man großartige Lehrer gewinnt, wenn man ihnen den hohen Stellenwert in der Gesellschaft gibt, den sie verdienen. Da liegt auch die Chance. Ich bin alles andere als ein Pessimist, was die Leistungsträger von morgen betrifft. Die nächste Generation wird eine noch höhere soziale Motivation als jede ihrer Vorgänger haben. Ist das nur verklärtes Wunschdenken?

Gehen wir gemeinsam an einen jener Orte, an dem die zukünftige Elite der Marktwirtschaft ausgebildet wird: die Harvard Business School.

Jahrzehntelang gingen die Absolventen der berühmten Topmanagerschmiede bevorzugt zu den Investmentbanken, den internationalen Unternehmensberatungen und in die Industrie. Nimmt man die offiziellen Zahlen der Harvard-Universität zur Hand, zeigt sich eine dramatische Trendwende in den letzten fünf Jahren. Bis zu 25 Prozent der Eliteabsolventen nehmen statt der hoch bezahlten Jobs bei den aufgezählten professionellen Arbeitgebern Aufgaben bei sozialen Organisationen und NGOs an. Da sich dieser Trend immer mehr verstärkt, werden die Non-Profit-Organisationen zum stärksten Mitbewerber um die besten Absolventen. Ein Drittel aller Absolventen der Harvard Business School arbeitet ehrenamtlich in Non-Profit-Organisationen. Auch das bedeutet eine Steigerung von 50 Prozent, verglichen mit den Absolventen, die vor 25 Jahren graduiert haben.

Die besten Absolventen wollen nicht einen Job mit mehr Geld, sondern mit mehr Sinn. Und darin liegt auch die riesige Chance, idealistische und hoch qualifizierte Kandidaten für den Lehrberuf zu gewinnen.

Die hohen Bewerberzahlen für Aufgaben bei der Caritas, Greenpeace, dem Roten Kreuz und vielen anderen sozialen Organisationen in Österreich und Deutschland zeigen, dass der Idealismus natürlich kein auf Amerika begrenztes Phänomen ist. Wir müssen dem Beruf des Lehrers nur wieder jenen Stellenwert geben, den er verdient. Und das hat primär nichts mit Geld zu tun, denn die besten Schulsysteme der Welt, mit Ausnahme von Singapur, zahlen laut der McKinsey-Studie ihren Lehrern überdurchschnittliche Einstiegsgehälter. Noch viel wichtiger als die zumindest wertschätzende Bezahlung von Lehrern ist aber der soziale Status, den die Lehrer in ihrem Land haben. Lehrer darf eben keine resignative Berufswahl sein.

Die McKinsey-Studie weist nach, dass in den führenden Schulsystemen

- bis zu 20 Wochen im Jahr in das Coaching neuer Lehrer investiert werden.
- zehn Prozent der Gesamtarbeitszeit von Lehrern der professionellen Fortbildung dienen.

- die Lehrer sich wechselseitig in den Klassen besuchen, um sich Feedback über ihren Unterricht zu holen.
- im Durchschnitt 50 Dollar pro Schüler in die Forschung zur Verbesserung des Unterrichts investiert werden.

CHIRURGEN WERDEN IM OP AUSGEBILDET – GOTT SEI DANK

Ein ganz wichtiges Thema ist auch – wenig überraschend – die Lehrerausbildung. In fast allen hoch qualifizierten Berufen wird ein Großteil der Ausbildung selbstverständlich in der tatsächlichen Berufssituation durchgeführt: Ärzte und Krankenschwestern arbeiten im Spital, Priester starten in der Kirche als Kapläne, Anwälte haben ihr Gerichtsjahr, und Piloten lernen erst am Flugsimulator und dann als Co-Piloten. Im Gegensatz dazu findet die Lehrerausbildung zum Großteil im Hörsaal der Universitäten statt, weit weg von der harten Realität des Klassenzimmers. Während vermutlich niemand auf die Idee käme, einen frisch gebackenen Piloten oder Chirurgen allein auszusenden und ihn Passagiermaschinen fliegen oder Menschen operieren zu lassen, tun wir bei Lehrern genau das. Wir schicken sie ins Klassenzimmer und lassen sie dort, mit Ausnahme einiger ermunternder Worte des Direktors, allein.

In Singapur investiert man 100 Stunden pro Jahr in die professionelle Fortbildung jedes einzelnen Lehrers, weil man erkannt hat, dass es ohne inspirierte Lehrer keine inspirierten Schüler geben kann. Bei uns gewinnt man eher den Eindruck, dass jeder Handyverkäufer in einem Großmarkt mehr Tage im Jahr in Fortbildungskursen sitzt als ein Lehrer.

Die Strategie der Lehrerauswahl

Die Möglichkeit, die fähigsten Kandidaten für den Beruf des Lehrers zu gewinnen, basiert in den Ländern mit ausgezeichneten Schulsystemen auf einer klaren Strategie, und zwar auf

- der Entwicklung eines hochprofessionellen Auswahl- und Trainingsprozesses für Lehrer.
- der Zahlung guter Einstiegsgehälter für Junglehrer.
- der Schaffung und Erhaltung eines hohen Ansehens des Lehrers in der Bevölkerung.

Alles andere als diese Strategie ist auch finanziell ein Fass ohne Boden. Fast alle OECD-Länder haben in den letzten 25 Jahren ihre Bildungsausgaben massiv erhöht und eine Vielzahl von Reformen im Schulsystem versucht. Eine nachhaltige Steigerung ihrer Leistungsfähigkeit ist aber trotz dieser massiven Investitionen nur ganz wenigen gelungen. Viele Studien beweisen, dass die Qualität der Schulen im besten Fall gleich geblieben oder sogar gesunken ist. Und wir alle wissen das natürlich auch ohne große Studien.

Die besten Lehrer werden Direktoren

Wie müsste eine Organisationskultur aussehen, die sicherstellt, dass Spitzenlehrer zu Vorbildern, durchschnittliche Lehrer gefördert und die völlig ungeeigneten aus den Klassenzimmern verbannt werden? Welche Führungsqualitäten müssten von Direktoren gefordert werden, damit kein

»Möchtegern-Machiavelli« mehr Macht über Menschen in unseren Schulen erhält?

Wettbewerb, Wahlmöglichkeiten, Belohnung der Fähigen, Abbau der Ungeeigneten sind die Stichworte. Ein Direktor, dem immer mehr Schüler abhandenkommen, weil die Eltern diese wegen schlechter Lehrer abmelden, wird alles tun, um seine schlechten Lehrer loszuwerden, und attraktive Bedingungen schaffen, um gute und leistungswillige Lehrer zu bekommen. Wenn er das nicht tut, dann wird seine Schule bald nur mehr aus ihm selbst und einigen schlechten Lehrern bestehen. Die guten Lehrer werden sich dann nämlich auch von sich aus in Richtung einer besseren Schule verabschiedet haben. Die Antwort auf die Frage, ob wir uns dann weiter eine Schule leisten werden, in der nur mehr ein einsamer Direktor und ein paar schlechte Lehrer Trübsal blasen, oder ob wir diese Schule nicht einem fähigen Direktor übertragen, wird sich schnell finden.

Die besten Schulsysteme der Welt[3] betreiben großen Aufwand, um die besten Lehrer zu motivieren, sich den sehr selektiven Auswahlprozessen für Direktoren zu stellen. In Singapur müssen die Kandidaten zum Beispiel ein beinhartes Assessment Center bestehen, um dann einen sechs Monate (!) dauernden Auswahlprozess zu durchlaufen. Schuldirektoren werden sehr gut bezahlt und genießen hohes gesellschaftliches Prestige.

Exzellente Direktoren führen ihre Schule, indem sie

- die langfristigen Interessen ihrer Schüler an oberster Stelle platzieren.
- ehrgeizige Ziele für ihre Schule setzen und deren Erreichung regelmäßig überprüfen.
- bei Konflikten immer zuerst ihre eigene Rolle hinterfra-

gen, sich immer wieder Feedback von allen holen und auch zurückgeben.
- ein attraktives Arbeitsumfeld schaffen, das die besten Lehrer anzieht.
- die Lehrer nach ihren Stärken einsetzen und so motivieren, ihr großes Potenzial zu nutzen.

TABU LEISTUNGSBEWERTUNG VON LEHRERN

Lebendige ökologische Modelle kontrollieren sich selbst. Maschinen werden von Ingenieuren kontrolliert. In einer Welt, in der wir lebenslang werden lernen müssen bzw. dürfen, wird ein System, in dem wir Schüler danach bewerten, wie gut es ihnen gelingt, sich den Wünschen des Lehrers möglichst optimal anzupassen oder ihm Leistungen vorzutäuschen, völlig ungeeignet sein.

Auch dass sich der gesamte Lehrerstand nach wie vor hartnäckig einem systematisierten Feedback durch Schüler und Eltern verweigert, wird nicht aufrechtzuerhalten sein. Wenn, wie die McKinsey-Studie eindeutig beweist, die Lehrer der entscheidende Einflussfaktor auf die Qualität eines Schulsystems sind, dann ist die Leistungsmessung der Lehrer wohl noch wichtiger als die der Schüler. Wenn unser Schulsystem weit von unseren Wünschen entfernt ist, dann müssen wir nicht nur die Leistungen der Schüler, sondern vor allem die der Lehrer und die Qualität des Unterrichts bewerten. Oder wie der Wiener Universitätslehrer Werner Gruber, der auch an einer Wiener Schule unterrichtet hat, so richtig sagt: »Mir ist kein einziger dummer Schüler begegnet, nur faule Schüler. Das waren diejenigen, die sich für Schule nicht interessiert haben.«

WIE MISST MAN DIE LEISTUNGSFÄHIGKEIT EINES SCHULSYSTEMS?

Ganz offensichtlich bewertet die McKinsey-Studie die Qualität der unterschiedlichen Schulsysteme, ähnlich wie PISA, inwieweit diese in der Lage sind, Schülern die klassischen Disziplinen wie Lesen, Schreiben, logisch-mathematisches Denken und Naturwissenschaften beizubringen. Schneiden Kinder in Finnland und Singapur nicht vor allem deshalb so gut ab, weil man sie ganz gezielt auf die traditionellen Schultugenden trainiert, ja sie geradezu für die Tests dressiert, dies aber zu Lasten der Persönlichkeitsbildung und musischer Fächer?

Ich spreche diesen scheinbaren Widerspruch hier mit Absicht an, um Missverständnisse zu vermeiden. Die McKinsey-Studie beweist eindrucksvoll, dass es nicht der finanzielle Aufwand oder die Schulorganisation sind, die zu den sehr großen Unterschieden führen, mit denen die einzelnen Länder der Aufgabe mehr oder weniger gerecht werden, ihren Kindern die notwendigen Kulturtechniken beizubringen, sondern dass es ausschließlich um die Konzentration auf die Auswahl der Lehrer geht.

Der Umkehrschluss, dass Lehrer, die schon jetzt nicht in der Lage sind, den ihnen anvertrauten Kindern Lesen, Schreiben und Rechnen beizubringen, große Fähigkeiten darin haben, Schüler mit den noch viel schwieriger zu vermittelnden Werten einer Schule der Zukunft vertraut zu machen, ist wohl mehr als unzulässig.

Wie Günter Blobel in seinem Vorwort schreibt, werden in den nächsten 30 Jahren laut UNESCO mehr Menschen eine Schule abschließen als in der gesamten Geschichte der

Menschheit. In der Schule werden die zukünftigen Handlungsweisen von bald über zehn Milliarden Erdbewohnern entscheidend geprägt. Was immer die Bildungsinhalte der Zukunft sein mögen, eines stimmt mit Sicherheit: Entgegen dem massiven Versuch, uns ständig Sand in die Augen zu streuen, um uns einzureden, dass eine Verbesserung unserer Schulen noch mehr Geld kosten würde, was wir uns nicht leisten können, ist die Wahrheit ganz einfach: Die Qualität eines Schulsystems kann nie die Qualität seiner Lehrer übertreffen.

Anmerkungen:

1 OECD: Education at a Glance 2007.
2 Michael Barber/Mona Mourshed: How the world's best-performing school systems come out on top, McKinsey & Company, September 2007.
3 Ebd.

Das Diktat der Mittelmäßigkeit

oder
Warum in der Schule die besten Lehrer gemobbt
statt befördert werden

Der jüdische König Herodes hat sich zweifellos einen prominenten Platz in der Bibel gesichert. Meine Erfahrung als Unternehmensberater hat mich zu dem Schluss kommen lassen, dass Herodes besonders in kranken Organisationen zum heimlich verehrten Vorbild für viele ebenso kranke Vorgesetzte geworden ist. Im Gegensatz zu Machiavelli, dessen Buch »Der Fürst« Generationen von Herrschern, Politikern und Managern als Rechtfertigung für ihre Führungsphilosophie dient, erfordert das Konzept von Herodes keine intensive Auseinandersetzung mit der Psychologie und Kultur der Renaissance, sondern liefert eine einfache Handlungsanweisung für Nachahmungstäter, die über die richtige Mischung aus grenzenlosem Ehrgeiz und primitiver Skrupellosigkeit verfügen. Die Lehre von Herodes lässt sich in einem Satz zusammenfassen: Suche intensiv nach allen potenziell geeigneten Nachfolgern – und dann bringe sie um.

Das Instrumentarium, mit dem man heute die Besten aus einer Organisation am leichtesten vertreiben kann, ist um einiges zivilisierter geworden als zu Zeiten des Herodes. Es reicht von ungerechter Behandlung, Übergehen bei Beförderungen, Intrigen und übler Nachrede bis zu den härteren Formen des Mobbings wie soziale Isolation und Kommunikationsverweigerung.

Kommen wir zur Schule und stellen wir die naive Frage, was denn die Eigenschaften eines guten Lehrers sind? Wohl sich möglichst um das individuelle Talent jedes Schülers zu kümmern, sich auch in der Freizeit fortzubilden, viel Zeit mit den Eltern von Kindern, die über- oder unterfordert sind, zu verbringen, sich mit anderen Kollegen über Verbesserungen an der Schule auszutauschen und dann dem Direktor Vorschläge zu machen. Solche Lehrer, vor allem am Beginn ihrer Schullaufbahn, gibt es natürlich, und sie sind bei Schülern und Eltern schnell beliebt. Wie reagiert aber nun die herrschende Organisationskultur im Schulsystem auf diese Musterlehrer? Werden sie unterstützt, werden sie im Kollegenkreis öffentlich bestärkt, bekommen sie eine besondere Leistungsprämie, werden sie in ein »High Potential Program« für zukünftige Führungskräfte geschickt oder haben sie gar die Chance, wegen ihrer besonderen Leistungen mit 35 Jahren Direktor zu werden?

Mitnichten. Sie werden vom Direktor als Störfaktor betrachtet, der Unruhe ins System bringt, sie werden von den anderen Lehrern als unkollegial empfunden, man isoliert sie, manch erfahrener Kollege gibt ihnen unter vier Augen den wohlmeinenden Tipp, dass sie sich nicht selbst ausbeuten sollen, weil ihre Leistungen von niemandem honoriert werden.

Ein Beispiel für *Management by Herodes*:

Eine Lehrerin, die anonym bleiben wollte, berichtet in einem Zeitungsartikel über ihre Erfahrungen:[1] *»Ich heiße Katharina und bin Lehrerin. Seit neun Jahren unterrichte ich in einer Volksschule. Ein netter, gemütlicher Job – möchte* *man meinen. Das Gegenteil ist der Fall. Ich bin sehr frustriert und nehme das mit in den Schlaf. Warum? Weil man so machtlos ist. Man sollte in der wenigen Zeit, die man als Lehrer hat, den Lehrstoff vermitteln und gleichzeitig die Kinder erziehen – und das schafft man nicht. Ich bin Lehrerin geworden, weil ich gerne mit Kindern arbeite. Aber schon die Ausbildung auf der Pädagogischen Akademie war viel zu wenig praxisbezogen. Das Niveau war auch nicht besonders hoch. Man hat stinkfaul sein können und trotzdem keine Probleme bekommen. Schon im ersten Jahr hat mir die Direktorin geraten, der Partei beizutreten. ›Dann können wir dir eine fixe Anstellung verschaffen‹, hat sie gesagt. Ich habe abgelehnt. Andere nicht. Die wurden nach zwei Jahren pragmatisiert oder haben einen Job in der Nähe ihres Wohnortes bekommen. Die Kinder werden heute nicht mehr von ihren Eltern erzogen. Sie werden in den Hort abgeschoben. Niemand kontrolliert ihre Aufgaben. Wir haben jetzt acht Kinder aus der Türkei eingeschult, von denen spricht kein einziges Deutsch. Kein Wunder, dass das Niveau sinkt. Ich würde mein Kind nicht in meine Schule geben. Da zahle ich lieber für eine Privatschule.«*

Während Experten und Schüler in diesem Artikel bereitwillig unter ihrem Namen und mit Foto ihre Vorstellungen von ihrer Wunschschule präsentierten, fand sich offensichtlich kein einziger Lehrer bereit, ohne Zusicherung der Anonymität »auszusagen«, wie es tatsächlich an Schulen aus Sicht der Lehrer zugeht. Was sagt das alles über die Unternehmenskultur in Österreichs Schulen?

Dazu Michael Meyer, Experte für Non-Profit-Organisationen: »Schulen haben keine Organisation – die formale Struktur ist jenseits der Wahrnehmbarkeit. Ein Direktor – der nichts zu sagen hat – und manchmal über 100 Lehrer und

Lehrerinnen, die einsam und allein vor sich hin werken. Die Schule hat eben keine Hierarchie – außer zwischen Lehrern und Schülern. Damit gibt es keine Verantwortung, keine Unterstützung für die einzelnen Lehrer und Lehrerinnen, keine Sanktionen für Fehlverhalten. So etwas ist vollkommen unsteuerbar und unbeeinflussbar. Es besteht nicht einmal die Möglichkeit, das Fehlen formaler Strukturen durch informelle Beziehungen zu kompensieren. Solange die Organisation der Schulen so bleibt, ist jede Reform hinfällig.«

LEHRER BRENNEN AUS

Experten werden sofort bestätigen, dass bei der zuvor zitierten anonymen Lehrerin bereits nach neun Jahren fast alle Faktoren vorliegen, die mit hoher Wahrscheinlichkeit in einigen Jahren zum Burn-out-Syndrom führen werden.[2] Die Burn-out-Faktoren bei Lehrern sind:

1. keine Selbstbestätigung
2. fehlender Einfluss auf die eigene Tätigkeit
3. kein Feedback vom Vorgesetzten
4. Isolation
5. keine Teamsituation
6. schlechte Arbeitsbedingungen
7. sinkendes öffentliches Ansehen

Mobbing gegen gute Lehrer passiert leider immer häufiger in unseren Schulen. Ein Direktor berichtet: »Eine junge Lehrerin, die sich besonders in ihrer Klasse einsetzte, wurde im Lehrerzimmer deutlich hörbar mit Aussagen über sie wie: ›Wie blöd ist die eigentlich, dass sie so viel unbezahlte Arbeit macht?‹ bis zu direkten Angriffen wie: ›Du willst dich doch nur beliebt machen‹ angegriffen. Von mir initiierte freiwillige Klausuren über neue pädagogische Erkenntnisse, an denen sie teilnahm, wurden von anderen Lehrern als ›Selbstbeweihräucherungsveranstaltungen‹ diffamiert, ›bei denen ohnehin nie etwas Konkretes herauskommt.‹ Dies ging so weit, dass ich die junge Kollegin eines Tages in Tränen aufgelöst im Lehrerzimmer fand. Ich holte sie zu mir und bestätigte ihr, wie sehr ich ihr Engagement schätze und dass sich dieses langfristig durchsetzen werde. Dass besonders leistungswillige Lehrer von ihren Kollegen richtig fertiggemacht werden, muss ich leider bestätigen.« Der Fluch des Herodes wirkt in vielen Lehrerzimmern.

Von den Anhängern des Herodes zu jenen Lehrern, die das Murmeltier zu ihrem Wappentier auserkoren haben. Ihr Unterricht baut auf dem Prinzip: »Und täglich grüßt – nicht das Murmeltier – sondern die Langeweile« auf. Diese Lehrer schließen einen Waffenstillstand mit ihren Schülern und dem Direktor, indem sie »defensiv« unterrichten. Ihr Unterricht wird zu einem Ritual, welches darin besteht, Listen und Arbeitsblätter auszufüllen sowie Definitionen und Jahreszahlen (auswendig) zu lernen und wiederzugeben. Alle orientieren sich schnell an der kleinsten geforderten Leistung und an der geringsten Anstrengung, diese zu erreichen. Unser Schulsystem protegiert leider gerade diesen Lehrertypus. Alle Schüler kommen meist durch, daher gibt es keine Probleme mit den Eltern, die Schüler lassen diese Art von Unterricht über sich ergehen, flüchten in ihre Traumwelten oder nutzen die Zeit, um Aufgaben abzuschreiben, und andere Lehrerkollegen fühlen sich nicht unter unnötigen Wettbewerbsdruck gesetzt. Dieser Lehrertypus ist nur insofern eine vom Aussterben bedrohte Gattung, weil er am leichtesten tatsächlich durch ein Online-Lernprogramm am Computer ersetzt werden kann – und meines Erachtens auch sollte.

DIE FEINDE DES TALENTIERTEN LEHRERS

Das Cityhotel in Stockerau, im Norden von Wien, ist ein klassisches Seminarhotel der mittleren Kategorie, in dem täglich Firmenseminare für Mitarbeiter aus der Telekommunikationsindustrie bis zu Baumärkten stattfinden. Auch ein Betreuungslehrerlehrgang des Pädagogischen Instituts wird hier abgehalten. In den Pausen werden für alle Seminarteilnehmer jeweils vor ihren Räumen Kaffee, Tee, Mineralwasser, Fruchtsäfte und vormittags Plundergebäck, nachmittags Brötchen angerichtet. Die Tische vor dem Betreuungslehrerlehrgang des Pädagogischen Instituts sind zwar ebenfalls mit weißen Tischtüchern wunderbar bezogen, nur sind sie als einzige leer. Und zwar während des gesamten Lehrgangs. Eine Teilnehmerin nimmt ein Plundergebäck, das nach der Pause auf einem anderen Tisch übrig geblieben ist, mit in den Seminarraum. Nach einer Minute taucht eine Hotelangestellte auf, zeigt auf die Teilnehmerin und macht klar: »Das Plundergebäck ist nicht für Sie.« Und die Servicemitarbeiterin hat durchaus recht. Das Pädagogische Institut hat als einziger Veranstalter die Seminarpauschale ohne Getränke und Pausengebäck gewählt.

Diese »Schlacht ums Plundergebäck« zeigt leider sehr deutlich, welche Wertschätzung wir unseren Lehrern gegenüber haben. Von 150 Bewerbern für diesen Betreuungslehrerlehrgang wurden nur die besten 30 genommen. Sie sollen auf die verantwortungsvolle Aufgabe, Junglehrer zu betreuen, vorbereitet werden. Diese 30 Lehrer gehören also zur Elite ihres Berufsstandes. In jedem gut geführten Unternehmen würde man alles tun, um sie zu halten, zu unterstützen und zu motivieren. Mangelnde Wertschätzung drückt sich immer in scheinbaren Kleinigkeiten aus. Und damit ist auch schon der erste und wichtigste Feind des talentierten Lehrers entdeckt:

1. Der größte Feind der engagierten Lehrer sind wir alle.

Denn den öffentlichen Stellenwert, den wir dem wahrscheinlich wichtigsten Zukunftsberuf in unserer Gesellschaft geben, ist skandalös. Ich kann die Gefühle vieler engagierter Lehrer gut nachvollziehen, wenn Politiker und Interessenvertreter Kampagnen zur Aufwertung des Lehrberufs fordern. Der »Mut zum aufrechten Gang« ist verdammt schwer in einem Umfeld, das einem jede Freude an der Aufgabe nimmt. Ich habe bei den Recherchen zu diesem Buch mit Schrecken erfahren müssen, dass Lehrer keinerlei Recht auf Supervision oder Coaching haben. Lehrer sind heute auch Sozialarbeiter. Und Sozialarbeitern gestehen wir natürlich auch schon lange Supervision zu. Ein erster sehr konkreter Schritt, um der Mehrzahl der nach wie vor motivierten und leistungsbereiten Lehrer jene Wertschätzung zu zeigen, die sie verdienen, wäre, jedem von ihnen einen Coaching-Scheck auszustellen, den die »Beschenkten« bei einem Coach ihrer Wahl einlösen können. Wer jetzt aufschreit und fragt, wer das bezahlen soll, dem sei eine einfache Frage gestellt. Ist er dafür, dass der Arzt im Spital, der ihn vielleicht demnächst behandeln wird, die Möglichkeit erhält, sich auf den letzten Stand des medizinischen Wissens zu bringen, oder ist er mit einem Arzt zufrieden, dem man diese Weiterbildung aus Kostengründen verweigert hat?

2. Der zweitgrößte Feind der Lehrer ist zweifellos die eigene Interessenvertretung.

Welches scheinbare Paradies verteidigen die Lehrergewerkschaftler heute für ihre Mitglieder in der Schule? Ein System, das hohe Krankenstandsraten und Frühpensionierungen durch die ständig steigenden psychischen Belastungen produziert, das fast keine Aufstiegsmöglichkeiten eröffnet, aber vor allem die Freude an der Arbeit mit Kindern, wohl die stärkste Motivation, den Beruf des Lehrers zu ergreifen, durch völlige Fremdbestimmung verhindert. Im Vergleich mit allen öffentlich Bediensteten mit Matura sind die Lehrer deutlich unzufriedener mit dem Einkommen, den Karrieremöglichkeiten und vor allem dem Ansehen ihres Berufs in der Öffentlichkeit. Nur neun Prozent der Lehrer sind mit dem Image des Berufs zufrieden.[3]

Alles Themen, die wohl verantwortungsvolle Interessenvertreter aufrütteln sollten, massive Veränderungen im Schulsystem zu fordern. Was aber tun die Lehrergewerkschaftler?

Sie verhindern jede Veränderung im System und machen den berüchtigten sowjetischen Langzeit-Außenminister Andrej Gromyko, der sich in der UNO als »Mr. Njet« einen Namen machte, zum Säulenheiligen. Sehr vereinfacht dargestellt, ist die einzige Botschaft, die von den Lehrergewerkschaftlern in Deutschland, Österreich und interessanterweise auch in den USA an die Öffentlichkeit dringt: »Unsere Lehrer leiden ungemein in der Schule, daher machen wir das Leiden zumindest so kurz wie möglich und erhöhen weiter die Ferientage. Mehr Anwesenheit in der Schule lehnen wir strikt ab. Außerdem sind wir schlecht bezahlt, jeder zusätzliche Handgriff, den ihr von uns verlangt, möchten wir abgegolten haben. Das Geld hat der Staat aber nicht, daher lassen wir lieber alles, wie es ist.«

Es ist eine konsequente Strategie zur Rufschädigung des eigenen Berufsstandes, wenn die Lehrergewerkschaftler immer sofort mit Streik drohen, wenn die Öffentlichkeit völlig zu Recht mehr Zeit und Aufwand für die Betreuung der Schüler fordert – denn mehr Leistung für den Kunden wird heute selbst von jeder Verkäuferin verlangt. Wie Lehrer ihren Schülern glaubhaft vermitteln sollen, dass man es nur durch Fleiß und Leistungswillen zu etwas im Leben bringt, wenn dieselben Schüler in der Zeitung lesen, wie konsequent Lehrervertreter jede Mehrleistung verweigern, bleibt vermutlich ein ungelöstes Rätsel. Jede Assistentin in einem Dienstleistungsunternehmen hat heute eine Überstundenpauschale, je attraktiver die Branche ist, wie beispielsweise Werbung oder Medien, umso mehr Engagement wird verlangt.

Zur Ehrenrettung des Lehrerstandes muss man an dieser Stelle unbedingt sagen, dass die Mehrheit der Lehrer sich natürlich für die ihnen anvertrauten Schüler verantwortlich fühlt und daher auch ein Gespräch mit einem Schüler oder mit Eltern selbstverständlich nicht abbricht, wenn eine nicht mehr vergütete Überstunde beginnt. Würde sich auch nur ein Drittel der Lehrer an die wirklich krankhafte Minutenzählerei ihrer Gewerkschaft halten und ständig den Taxameter der Leistungsverrechnung mitlaufen lassen, dann würde unser Schulsystem überhaupt binnen kürzester Zeit zusammenbrechen. Um es ganz klar zu sagen: Die Abschaffung des völlig anachronistischen Zulagensystems und die Einführung leistungsorientierter Gehälter, die sich an den erzielten Fortschritten der unterrichteten Schüler orientieren, sind ein unausweichlicher Schritt, um Schulen zu modernen Organisationen des 21. Jahrhunderts zu machen.

Es war mir immer ein großes Rätsel, warum die Lehrergewerkschaftler ihre große Macht nicht für eine substanzielle Verbesserung der Arbeitsbedingungen einsetzen, warum sie nicht gemeinsam mit Schülern und Eltern für eine Schule kämpfen, in der alle Beteiligten Sinn, Freude und Lust empfinden – und damit den Beruf des Lehrers wieder attraktiv für die Besten jedes Jahrgangs machen. Die von mir befragten Experten haben zwei klare Antworten:

Erstens hat es sich eine kleine, aber mächtige Minderheit von Lehrern in diesem System sehr gemütlich eingerichtet. Mit einem ausgefeilten Mechanismus aus Stundeneinteilungen und Dienstfreistellungen kommen sie auf ein durchaus ansehnliches Einkommen für einen Halbtagsjob. Dass sich die Lehrergewerkschaftler dabei selbst als Erste bedienen, ist natürlich keine große Überraschung. Die Leidtragenden sind alle anderen, vor allem die Junglehrer, denen die unangenehmen Randstunden und die Bürokratie aufgehalst werden.

Der zweite Erklärungsversuch, den mir eine sehr erfolgreiche Pädagogin angeboten hat, ist noch viel tragischer, weil er den wunden Punkt trifft: »Die Gesellschaft hat uns Lehrer seit 15 Jahren zum Abschuss freigegeben. Wer am Boden liegt, verteidigt sich nur mehr blind, schlägt um sich und ist nicht mehr in der Lage, zielgerichtet zu handeln.« Lehrergewerkschaftler haben es bisher offensichtlich erfolgreich verstanden, sich die Unterstützung ihrer Kollegen dadurch zu sichern, dass sie die Lehrergehälter immer mehr zu einem fein abgestuften System der »Schmerzensgeldauszahlung« umfunktioniert haben. Das war viel einfacher, als sich um die Abschaffung der zuvor dargestellten Ursachen des Leidens der Lehrer zu kümmern. Ein Schulsystem, in dem nur die Besten überhaupt Lehrer werden dürften, diese dann nach ihrer Leistung bezahlt und befördert würden, hätte natürlich einen dramatischen Machtverlust für die Lehrergewerkschaftler zur Folge, und sie fürchten daher in Wirklichkeit jede tatsächliche Verbesserung der Situation der Lehrer wie der Teufel das Weihwasser.

Alle von mir zu diesem Thema befragten Lehrer, Direktoren und Politiker waren sich einig, dass die Lehrergewerkschaftler ein Rückzugsgefecht führen, das für sie nicht zu gewinnen sein wird. Das lässt die zarte Hoffnung keimen, dass junge, vernünftige Interessenvertreter der Lehrer sich an die Spitze der Schulreformbewegung setzen.

Fast alle Politiker in Österreich und Deutschland haben bisher aus Feigheit eine ernsthafte Auseinandersetzung mit ihren Lehrergewerkschaften vermieden. Dass ein derartiger Kampf durchaus nicht immer aussichtslos sein muss, dokumentiert der Watergate-Aufdecker Carl Bernstein in seiner ausgezeichneten Biografie über Hillary Clinton.[4] Bill Clinton wurde bekanntlich nach seiner ersten Amtszeit als Gouverneur von Arkansas abgewählt. Seine triumphale Wiederwahl verdankte Bill Clinton primär seinem Mut, den Lehrergewerkschaftlern in Arkansas offen den Kampf anzusagen. Dass die Durchsetzung einer grundlegenden Reform des Erziehungswesens in einem US-Bundesstaat gegen die Lehrergewerkschaftler eines Mannes bedurfte, der wenige Jahre später zum mächtigsten Mann der Welt gewählt wurde, regt vielleicht die Fantasie einiger ehrgeiziger Landeshauptleute bzw. Ministerpräsidenten in Österreich und Deutschland an.

3. Die Mühen der Administration

Ein begeisterter Lehrer will Kinder in der Gruppe unterrichten, einzeln fördern, mit Eltern sprechen, sich weiterbilden und sich mit anderen Lehrern über erfolgreiche Methoden austauschen. Er will nicht immer mehr Listen ausfüllen, Geld für Schulveranstaltungen eintreiben, Erlagscheine ausfüllen und Entschuldigungen verwalten. Dass man mit einfachen innovativen Ideen, die nicht einmal etwas kosten, sinnlose Routine wie Entschuldigungen einsammeln und verwalten, viel effizienter gestalten kann, bewies ein Direktor einer Wiener Schule. Er stellte alle Entschuldigungen kommentarlos ins Web. Dort konnten Eltern mit einem Passwort jederzeit nachsehen, wie viele Fehlstunden ihr Kind hat.

4. Der Herr Kollege Minderleister

Jeder kennt sie: die Lehrer, die fachlich und menschlich völlig ungeeignet für ihren Beruf sind. Der Direktor weiß das, die Kollegen wissen es, die Eltern wissen es und informieren die Schulbehörden, die es ohnehin schon lange wissen, und die Kinder erleiden sie jeden Tag. Vielen Kindern nehmen sie die Freude an der Schule, manchen zerstören sie die Lebenschancen. Wie Wanderpokale werden diese Katastrophenlehrer von einer zur nächsten Schule weitergegeben. Es gibt kein Regulativ gegen sie. Alle wissen es, niemand kann etwas tun. Warum wird aber der *Kollege Minderleister* sowohl von der Gewerkschaft als auch von den meisten Lehrerkollegen gegen den verdienten Rauswurf verteidigt? Ein intimer Kenner der Szene klärt mich auf: »Der schlechteste Lehrer ist für alle der Gradmesser dafür, was das System noch immer akzeptiert. Solange der nicht fliegt, kann mir nie etwas passieren – und besser als der bin ich immer. Und das gibt allen vermeintliche Sicherheit.«

Die De-facto-Abschaffung der Schulinspektion am 17. Dezember 1999 in Österreich durch die Unterrichtsministerin war ein weiterer Meilenstein, um die ohnehin sehr schwach ausgebildete Qualitätskontrolle unserer Schulen endgültig zu zerstören. Auch hier hatte die Lehrergewerkschaft massiv ihre Finger im Spiel, um vor allem die schwächsten Lehrer vor unangenehmen Fragen der Schulinspektoren zu bewahren. Gute Lehrer hatten nie etwas zu befürchten. Offiziell begründet wurde diese Abschaffung durch neue hehre Ziele wie eine Regionalisierung der Bildungsplanung und eine verstärkte Selbstevaluation durch die Schulen. Das alles fand natürlich nie statt. Ein Rechnungshofbericht, der die Umsetzung der »neuen Schulaufsicht« im Jahr 2005 überprüft hatte, stellt trocken fest: »Die Schulaufsicht war nicht in der Lage, ihre Aufgaben effizient wahrzunehmen.«[5] Die Feststellung: »Eine regionale Bildungsplanung war nur in Ansätzen erkennbar« umschrieb nobel die Tatsache, dass dem Rechungshof kein einziger regionaler Bildungsplan vorgelegt werden konnte! Fazit: Schulinspektion abgeschafft und *Kollege Minderleister* kann noch ruhiger schlafen.

Wenn es wirklich nur fünf Prozent sehr schlechte Lehrer gibt, wie die Gewerkschaft selbst behauptet, dann sind das bei 121 362 Lehrern in Österreich immerhin über 6000 Lehrer, die jede Unterrichtsstunde auf 57 000 Kinder losgelassen werden. Die durchschnittliche Anzahl von jungen Menschen und ihren Talenten, die sie im Laufe ihrer 40 Dienstjahre zerstören, auszurechnen, wäre eine lohnende Aufgabe für den nächsten PISA-Mathematiktest. Allen, denen diese fünf Prozent eine vertretbare Größe erscheinen, sei eine Frage gestellt: Wenn man Ihnen in einem Krankenhaus vor einer wichtigen Operation sagen würde, dass nur fünf Prozent der Chirurgen wirklich schlecht sind, würden Sie sich dort operieren lassen?

Ich habe bisher noch nie ein einziges schlüssiges Argument dafür gehört, warum es sozial gerechtfertigter sein soll, jene mindestens fünf Prozent völlig ungeeigneter Lehrer weiterhin auf Generationen von Kindern loszulassen, als das zu tun, was man in jedem anderen Unternehmen mit total ungeeigneten Mitarbeitern macht – sich von ihnen trennen. Ich habe auch noch keinen Schulpolitiker irgendeiner Partei getroffen, der dem im Vieraugengespräch nicht zugestimmt hätte.

Im Jahr 1993 besuchten Bernhard Görg und ich den berühmten Philosophen Sir Karl Popper in seinem Haus in einem Vorort von London. Wir wollten den großen Philosophen als Schirmherrn für die erste österreichische Schule für hochbegabte Kinder gewinnen. Zu unserer großen Überraschung und Freude stimmte Popper schnell zu. Am Ende unseres zweistündigen Gesprächs sprang er mit seinen über 90 Jahren lebendig auf, stieg auf einen Stuhl und begann in seiner riesigen Bibliothek etwas zu suchen. Nach einiger Zeit gab er uns ein kleines Büchlein. »Wissen Sie, wenn Sie Schule wirklich verbessern wollen, dann gibt es nur eine wichtige Frage zu beantworten: Wie bekomme ich die ganz schlechten Lehrer aus der Schule wieder hinaus?« In dem kleinen Büchlein des großen Denkers, das heute natürlich einen Ehrenplatz in meiner Bibliothek hat, steht Folgendes geschrieben:

»Im Gegensatz zur Praxis der Schulreformer habe ich aber den Theorien der Schulreform immer misstraut und bin ihnen kritisch gegenübergestanden. Ich habe damals (gemeint ist 1925–1927, Anm. des Autors) darüber nachgedacht, was das Wichtigste an der Schulreform wäre. Wie kann man wirklich die Schule reformieren? Indem ich damals über meine eigenen Erfahrungen als junger Lehrer an schlechten Schulen nachgedacht habe, bin ich draufgekommen, dass es das Wichtigste ist, schlechten Lehrern in der Schule die Möglichkeit zu schaffen, die Schule zu verlassen. Ich habe gesehen, dass nur Menschen, die eine gewisse Begabung haben – es ist keine eigentlich intellektuelle Begabung, es ist eine innere Beziehung zu Kindern –, gute Lehrer sein können.«[6]

Popper hatte eine ganz einfache Idee, was man wirklich mit den schlechten Lehrern machen konnte, die er uns zum Abschluss mitgab: »Ich habe damals vorgeschlagen, sie zu Postbeamten zu machen.«

So wird man Lehrer

Herr Meri wird bald 64 Jahre alt, er ist Professor für Pädagogik. Seinen Vollbart und seine kleine runde Brille trägt er wie die Insignien eines milden Lehrerlebens. Aber das täuscht, weil er eigentlich der härteste Lehrer von allen ist. Er ist der Mann mit dem Filter. Er siebt und siebt. Er wählt die nächste Lehrergeneration aus. »Es gibt bei uns keine schwierigere Prüfung als diese«, meint er. Bevor ein einziger Schüler ausgesondert werde, blieben eher die Lehrer sitzen. Die meisten, bevor sie jemals einen Klassenraum betreten dürften.

Herr Meri lächelt unbekümmert. Es ist das Lächeln eines Profis, der beim Aussortieren schon lange keinen Schmerz mehr empfindet, weil er alles immer am Ergebnis misst. Damit man die besten Schüler der Welt bekomme, müsse man die besten Lehrer der Welt ausbilden. Hier fühle sich jemand wie ein Held, wenn er Meris Prüfung bestanden habe.

Der Beruf ist nach wie vor so sehr geachtet, dass sich jedes Jahr zehn Prozent aller Schulabgänger für ein Lehramtsstudium bewerben. Von zehn Bewerbern wird dann einer zugelassen. Über Tage füllen sich in der Universität Säle mit jungen Menschen, die sich monatelang auf den Test ihres Lebens vorbereitet haben. Grundschullehrer müssen bis zur sechsten Klasse Mathematik, Erdkunde, Biologie, Geschichte, Physik, Chemie, Kunst, Sport, Handarbeit, Religion und Ethik unterrichten können – doch Meris Prüfungsfragen zielen nur auf Pädagogik.

Du willst Lehrer werden? Dann begründe auch, warum! Antwortet ein Kandidat, dass er gerne mit Kindern zusammen sei, winkt Meri ab – was für eine hilflose Phrase. Nächste Frage: Sollen Kinder übers Wochenende Hausaufgaben bekommen?

Die besten 300 Bewerber lädt er zu Einzelgesprächen und Gruppeninterviews ein. 200 Kandidaten müssen noch durchfallen. Wer Meris Blick nicht standhält, wird das auch nicht vor 20 Schülern schaffen. Wer schnell die Körperspannung verliert, wird keinen Schultag durchhalten. Wer alles zu wissen glaubt, weiß nichts von Erziehung. »Wer sagt, er hält seine Stunde ›erstens, zweitens, drittens …‹, den nehmen wir nicht. Wer die ganze Prüfung über nicht einmal lacht, den nehmen wir nicht. Wer zu viel redet, den nehmen wir nicht.« Meri könnte stundenlang darüber reden, warum er einen nicht nimmt. Niemand darf Lehrer werden, weil ihm nichts Besseres eingefallen ist oder weil er sich für etwas Besseres hält. Jedes Jahr im Juli, wenn Herr Meri seine einhundert Besten informiert, steigen im ganzen Land einhundert Sommerfeste. Die angehende Elite des Landes feiert.

Nun, jedem österreichischen und deutschen Leser wird wohl schon aufgefallen sein, dass es hier nicht um sein Heimatland geht. Es handelt sich aber keineswegs um eine fiktive Geschichte. Das Land, das seine Lehrer nur unter den Besten der Besten auswählt, gibt es wirklich. Es handelt sich um Finnland.[7] Und dieses Beispiel erklärt wohl auch viel eindrucksvoller als Bildungsausgabenstatistiken oder PISA-Studien, warum die Schulen in Finnland ganz offensichtlich zu den besten der Welt gehören.

In Österreich geht man das Thema Lehrerauswahl anders an. Die ehemalige Unterrichtsministerin Elisabeth Gehrer schickte in den Jahren 2002 bis 2004 persönliche Briefe an alle Maturanten, in denen sie vom Lehramtsstudium abriet. Der Bedarf sei auf Jahre gedeckt und man habe mit langen Wartezeiten zu rechnen, bis eine Stelle frei werde. Die Briefe wurden teilweise in den Schulen verlesen und von den Medien eifrig verbreitet. Bei uns versucht man nämlich nicht etwa, möglichst viele als Bewerber für die wahrscheinlich wichtigsten Jobs für die Zukunft unseres Landes zu motivieren, um dann gleich am Anfang die Besten auszuwählen, sondern man lässt einmal alle studieren, die sich trotz Warnungen nicht abschrecken lassen, und versucht dann jedes Jahr, alle Junglehrer irgendwie und irgendwo unterzubringen.

In den meisten europäischen Staaten ist der Zugang zur Lehrerausbildung beschränkt. Ohne solche Beschränkungen kann man derzeit nur in Österreich, Deutschland, Belgien und den Niederlanden Lehrer werden.[8] Welche Art von Studenten man damit primär anlockt, sollen einige kurze Aussagen von jenen, die sie an den Universitäten auszubilden haben, veranschaulichen.

Ein Lehrbeauftragter für Anglistik an der Universität Wien, der sich über die ständig sinkende Qualität der Lehramtskandidaten in den vergangenen 20 Jahren wundert, fragt einmal ganz direkt im Hörsaal, wer welche Noten in Englisch in der Schule bekommen hat. Ganz wenige zeigen bei »Sehr gut« auf, die meisten schwankten in der Schule in Englisch zwischen »Gut« und »Befriedigend«. Also fragte der Assistent nach, warum sie dann etwas studieren, in dem sie schon in der Schule nicht wirklich ausgezeichnet waren? Die übereinstimmende Antwort der Lehramtsstudenten war entwaffnend: Die Besten aus unserer Klasse sind alle an die Wirtschaftsuniversität gegangen.

Ein hochrangiger Politiker, der wie so viele Politiker seine Karriere als Gymnasiallehrer begonnen hat, gibt offen zu, dass der Beruf des Lehrers für ihn »eine resignative Berufswahl war. Ich kam aus einfachen Verhältnissen, meine Mutter hat sich meine höhere Schullaufbahn vom Mund abgespart. Es gab in meinem gesamten Verwandtschaftskreis keinen einzigen Maturanten geschweige denn Akademiker. Ich hatte also keine Vorbilder. Ich habe mit dem Lehramt daher ein Studium gewählt, bei dem ich den Beruf selbst erlebt hatte und den ich mir auch zugetraut habe. Medizin hätte ich mir damals einfach nicht zugetraut.«

Werner Gruber lehrt an der Universität Wien Physik, darunter auch Lehramtskandidaten, und hat selbst an einer AHS in Favoriten ein Jahr lang unterrichtet. Physik ist kein leichtes Studium, wie eine einfache Zahl verdeutlicht. Von den 160 Physikstudenten, mit denen Werner Gruber sein eigenes Studium begann, gaben innerhalb der ersten drei Monate

152 auf, von den restlichen acht beendeten alle ihr Studium. Seine Erfahrung mit den ohnehin sehr wenigen Lehramtsstudenten der Physik ist leider keine gute: »Worin sich gute von schlechten Physikstudenten unterscheiden? Die guten sind immer sofort bereit, auch am Wochenende freiwillige Übungen und Experimente zu machen, die schlechten finden schnell eine Ausrede, warum sie nicht können. Lehramtskandidaten sind leider fast immer bei jenen, die zu keinerlei zusätzlichem Engagement bereit sind.«

Interessant ist Grubers eigene Erfahrung als AHS-Lehrer. Gruber war schon verwundert, als er von seinen neuen Kollegen im Klassenzimmer gleich am ersten Tag gefragt wurde, warum er sich denn das mit der Schule antue. Als Universitätsassistent verdiene er doch deutlich besser. Sein Hinweis auf die fast gleiche Bezahlung und die 60 bis 80 Wochenstunden an der Universität wurde mit ungläubigem Staunen aufgenommen. »Die meisten Lehrer sind extrem unzufrieden mit ihrem Job. Sie haben aber keine Chance auf einen anderen Job. Die wirklich guten Lehrer gehen meist weg.«

Vielleicht verdächtigen Sie mich, dass ich bewusst nur negative Einzelbeispiele ausgewählt habe, was die Qualität der Lehramtskandidaten betrifft. Das Gegenteil ist der Fall. Ich war selbst immer wieder erschüttert über das einhellige Urteil jener Fachleute, die heute Lehramtskandidaten ausbilden: Die meisten Lehramtskandidaten in den letzten Jahren stellen sowohl fachlich als auch von der Leistungsmotivation her eine echte Negativauslese ihrer jeweiligen Studienrichtung dar. »Diejenigen, denen das Hauptfach an sich zu schwer ist, machen Lehramt«, meint ein Universitätsprofessor. »Ein weiterer Beleg für diese Situation ist die Tatsache, dass es in schwierigen Studienrichtungen wie Physik, Mathe-

matik oder Chemie überhaupt nicht mehr genug Lehramtsstudenten gibt.«

»Hilfe, ich bin Physiklehrer«

Werner Gruber veranstaltete eher aus einer Laune heraus
einen Kurs an der Volkshochschule Meidling mit dem Titel
»Einführung in die Physik«. Zu seiner positiven Überraschung war der Kurs mit 20 Teilnehmern gut besucht. Er
fand allerdings schnell heraus, dass es sich bei den meisten
Teilnehmern um Hauptschullehrer handelte, die man dazu
verpflichtete, im Folgejahr Physik an einer Hauptschule zu
unterrichten. Der Tenor des Kurses war: »Bitte helfen Sie
uns, wir haben keine Ahnung von Physik und sollen das
Kindern unterrichten.« Dass es sich dabei um kein isolier-
tes Einzelereignis, sondern um eine bittere Wahrheit handelt,
beweist die Aussage eines führenden Beamten des Wiener
Stadtschulrates. Dieser brachte die katastrophale Situation,
was den eklatanten Mangel an Physiklehrern betrifft, bei
einer Direktorenkonferenz mit Galgenhumor auf den Punkt:
»Jeden, der sich beim Aufdrehen eines Lichtschalters keinen
elektrischen Schlag holt, müssen wir zum Physiklehrer machen.«

Die verheerende Situation des Lehrernachwuchses in den
Naturwissenschaften ist hausgemacht. In Österreich gibt es
lediglich ein Institut für die Didaktik der Naturwissenschaften (an der Universität Salzburg) und weder in Physik- noch
in Chemiedidaktik einen einzigen Habilitierten, folglich
auch kaum Doktoranden und wenig Forschung. Dass Österreich ein relativ kleines Land ist, rechtfertigt dieses Manko
nicht, wie ein Blick in die Niederlande zeigt: Allein am Freu-

denthal-Institut in Utrecht lehren und forschen 20 voll ange-stellte Mathematik-Didaktiker.[9]

Der Bildungsforscher Udo Rauin von der Universität Frankfurt am Main hat über 1000 angehende Lehrer über zwölf Jahre hinweg begleitet. Er kommt zu dem Befund, dass viele von ihnen später deshalb ausgebrannt sind, weil sie eigentlich schon im Studium überfordert waren. Ob-wohl sich in dieser Studie viele angehende Pädagogen selbst als kaum für den Beruf geeignet einschätzen, schaffen es die meisten in den Schuldienst. Rauin über die Motivation vie-ler Lehramtsstudenten: »Die Hedonisten wünschen sich ein leichtes Studium und für später genug Zeit, um ihren Hob-bys nachzugehen. Die Pragmatiker achten darauf, dass der Arbeitsplatz in der Nähe des bisherigen Wohnorts liegt und auf Dauer sicher ist.«[10] Diese zunehmende Negativselek-tion erklärt auch das offenkundige Stadt-Land-Gefälle bei der Lehrerqualität. Die Zufriedenheit mit den Hauptschu-len auf dem Land ist nicht zuletzt deshalb deutlich höher als in der Stadt, weil die Lehrer motivierter sind. Die Ange-bote für die Besten eines Jahrgangs sind in der Stadt einfach so attraktiv, dass nicht die Besten Lehrer werden. Und das ist ganz schlecht so. Am Geld kann es übrigens nicht liegen: Ein finnischer Lehrer verdient zwischen 2000 und 3000 Euro brutto, »das ist nicht viel bei den Preisen hier«, sagt Profes-sor Meri.

Wie kommen wir zu den besten Lehrern? Von Finnland können wir eine Menge lernen, wie man Lehrer auswählt. Einen anderen Vorschlag macht eine deutsche Lehrerin: Sie plädiert dafür, über die Eignung zum Lehrberuf ein delphi-sches Selbstorakel mit zwei einfachen Fragen entscheiden zu lassen. Diese müsste jeder Lehramtskandidat nach langer und gründlicher Selbstprüfung zweimal laut und deutlich mit Ja beantworten, bevor man ihn zur Ausbildung zulassen würde:[11]

- Willst du wirklich dein ganzes Berufsleben mit lauten, frechen, anstrengenden Kindern verbringen?
- Kannst du oder weißt du etwas, das dir selbst so wichtig ist, dass du es Kindern und Jugendlichen immer wieder aufs Neue erklären oder erzählen möchtest?

FAULPELZE ODER SCHWERSTARBEITER

Die Grundeinstellung, dass Arbeit die Strafe Gottes seit der Vertreibung des Menschen aus dem Paradies ist und daher dem Menschen nur so wenig wie möglich zugemutet werden sollte, ist ein Glaubensbekenntnis, das nach wie vor fast alle Gewerkschaftler nachbeten. Dem stehen eine völlige Überbewertung der Freizeit, auch »Management by Robinson: Warten auf Freitag!« genannt, und eine Idealisierung des Pensionsantritts gegenüber. Dieses Dogma ignoriert die gesamte Glücksforschung, die eindeutig zeigt, dass Menschen dann am glücklichsten sind, wenn sie Tätigkeiten nachgehen, die sie weder über- noch unterfordern. Und das völlig unabhängig davon, ob es sich um bezahlte Arbeit oder um ein Hobby wie etwa Sport handelt. Die Glücksforschung hat klar aufgezeigt, dass es um die Bewertung jedes Augenblicks des Lebens geht und daher Menschen, die ein Leben lang in ihrem Beruf unglücklich sind und alle ihre Hoffnungen auf die Pension projizieren, dort auch keine Erfüllung finden werden.

Die historische Tatsache, dass alle wesentlichen Organisationsprinzipien der Schule aus dem industriellen Zeitalter stammen, verbindet sich dann mit der auch bei Lehrerge-werkschaftlern tief verwurzelten Vorstellung, dass Arbeit im Prinzip Hochofen oder Fließband bedeutet, zu einer leistungsfeindlichen Arbeitseinstellung. Die Lehrergewerk-schaftler haben für ihre Klientel zwar großartige Errungen-schaften, wie beispielsweise nur 37 Arbeitswochen im Jahr in Österreich, ausgefeilte Vergütungssysteme, absolute Un-kündbarkeit selbst bei nachgewiesener Unfähigkeit, durch-gesetzt, aber einen Punkt völlig übersehen: In diesem Schla-raffenland sind leider sehr viele sehr unglücklich.

Als das Unterrichtsministerium ab dem Jahr 2000 allen Lehrern das Angebot machte, teilweise sogar ab 50, mit deutlichen Abstrichen von bis zu 20 Prozent, in Pension zu gehen, um Platz für die arbeitslosen Junglehrer zu machen, rechneten die Beamten damit, dass dieser Vorschlag nur von ganz wenigen Lehrern angenommen werden würde. Diese Schätzung zeigte, wie wenig man in der Zentrale über die Frustration, die Angst, den Stress und das Unglück seiner Mitarbeiter wusste. Allein an den höheren Schulen nahmen in den Jahren 2000, 2001 und 2002 1400 Lehrer dankbar das angebotene Gnadenbrot, um nie wieder ein Klassenzim-mer betreten zu müssen. Für den Bereich Pflichtschullehrer gibt es nur Zahlen aus dem Jahr 2000: Damals gingen allein 900 Pflichtschullehrer in den Vorruhestand!

DIE WUNDERSAME VERMEHRUNG DER FERIENZEIT

Warum sich viele durchaus leistungsbereite Lehrer als Faul-pelze diffamieren lassen müssen, zeigt das wirklich skanda-löse Beispiel der schulautonomen Tage. Ursprünglich wurde der Vormittag an Elternsprechtagen freigegeben. Mit dem originellen Argument, dass die Stimmen der Lehrer für den Nachmittag geschont werden müssen. Irgendwann kam dann ein unbekannter Held der Arbeit im Ministerium auf die glorreiche Idee, die Direktorstage, unterrichtsfreie Halbtage und sonstige schulfreie Tage zu summieren und siehe da – er kam fast auf eine ganze Woche. Die ursprüngliche Idee, dass an den unterrichtsfreien Tagen die Standortbestimmung der Schulen stattfinden, über die Potenziale von Schülern diskutiert und Fortbildung stattfinden sollte, landete im Gesetzestext erst in der Fußnote und verschwand dann auf massiven Druck der Lehrergewerkschafter überhaupt still und leise im Begutachtungsverfahren. Und auf einmal arbeiten Lehrer nur mehr 37 statt 38 Wochen im Jahr.

Man kann durchaus seriös darüber diskutieren, ob wir Herbstferien brauchen oder nicht. Aber die heimliche Reduzierung der Jahresarbeitszeit war ein besonders schamloses Beispiel für die leistungsfeindliche Mentalität, die an unseren Schulen herrscht. Dass sich der öffentliche Aufschrei darüber in überhörbaren Grenzen hielt, zeigt nur das Desinteresse und die Gleichgültigkeit gegenüber dem öffentlichen Schulsystem. Denn was wir definitiv brauchen, sind keine zusätzlichen Ferienwochen, sondern Klausuren der Lehrer, des Direktors und möglichst vieler Eltern und Schüler darüber, wie man jede einzelne Schule besser machen könnte, im besten Fall von externen Moderatoren geleitet. Jeder gute Mittelbetrieb leistet sich das heute.

»Unsere Spezies hätte nicht überlebt, wenn wir keine Freude an Anstrengungen und Arbeit entwickelt hätten.« Dieses Prinzip ist in uns Menschen verankert, und wir verdanken ihm die Fortschritte, die die Menschheit im Laufe der Evolution gemacht hat, meint der Glücksforscher Mihaly Csikszentmihalyi. Die Natur habe klug vorgesorgt, indem sie Menschen, die sich besonderen Herausforderungen stellen, mit Glücksgefühlen versorgt, die sie völlig in ihrer Tätigkeit aufgehen lassen. Diese Momente tiefster Freude, die der mühelosen Bewegung in einem Strom von Energie gleichen, nennt Csikszentmihalyi *flow*-Erlebnis.[12] Um Berufe miteinander vergleichen zu können, sowohl was ihre Belastung als auch ihre Möglichkeiten zur Entfaltung betrifft, ist das Zählen von Minuten kontraproduktiv und entspricht dem Maschinenzeitalter mit seinen Fließbändern.

Was wir am meisten brauchen, ist ein Ende der wechselseitigen Heuchelei, was die Vergleichbarkeit der Arbeitszeiten der Lehrer mit anderen Berufen angeht. Die Behauptung, dass sich ein Physik- oder Geografielehrer nach 30 Dienstjahren täglich auf den Unterricht vorbereitet, ist genauso falsch wie die Annahme, dass man die psychische Belastung von 50 Minuten in einer Klasse mit 30 Kindern mit irgendeinem anderen Beruf auch nur annähernd vergleichen kann. Jeder, der einmal in einer Klasse gestanden hat, wird das bestätigen. Daher ist die Gesamtarbeitsbelastung eines Lehrers, der seine Verantwortung wahrnimmt, natürlich durchaus mit jener der Privatwirtschaft vergleichbar. Lehrergehälter liegen dagegen vor allem beim Berufseinstieg deutlich unter jenen in der Privatwirtschaft.

»Ich habe keine Angst, einen Vortrag vor 500 Besuchern zu halten. Der Augenblick, vor dem ich aber nach wie vor Lampenfieber habe, ereignet sich, wenn ich das erste Mal die Türklinke drücke, um vor eine Klasse von Zehnjährigen zu treten. Da spüre ich ein unfassbares Gefühl der Verantwortung«, bringt es der Universitätsprofessor für Mathematik Rudolf Taschner, der auch am Theresianum unterrichtet, berührend auf den Punkt.

Die entscheidende Maßnahme für eine bessere öffentliche Transparenz für die Leistungen der Lehrer wäre, dass man diesen Wissensarbeitern zumutbare Arbeitsplätze in den Schulen schafft und sie dafür dann aber auch zur Anwesenheit verpflichtet. Die Tatsache, dass gerade viele junge Lehrer nicht einmal einen eigenen Arbeitsplatz im Lehrerzimmer haben und ständig zu gerade freien Plätzen wandern müssen, zeigt die Respektlosigkeit, die in diesem System herrscht. Der jetzige Konsens, dass der Staat kein Geld dafür ausgeben will und viele Lehrer natürlich ohnehin lieber um spätestens zwei Uhr nachmittags nach Hause gehen wollen, geht zu Lasten der Kinder und Eltern.

Fazit: Es gibt wohl keinen anderen Betrieb in unserer Gesellschaft, in dem sich Faulpelze so gut entwickeln und fortpflanzen können wie unser öffentliches Schulsystem. Und dieses selbe System demotiviert, ja mobbt die fähigsten und leistungswilligsten Lehrer, die tatsächlich alles geben, zahlt sie im Vergleich zum Faultierreservat miserabel und lässt sie auch noch für das schlechte öffentliche Ansehen büßen.

Der Film »Der Club der toten Dichter« des australischen Regisseurs Peter Weir war 1990 ein großer Erfolg. Der von Robin Williams dargestellte unkonventionelle Lehrer John Keating versteht sich als Talentsucher und begeistert durch seine »Carpe diem«-Philosophie seine Klasse. Eine Lehrerpersönlichkeit wie der fiktive Mr. Keating sollte in unserem Schulsystem die Regel und nicht die positive Ausnahme sein, und er dürfte an dem schulischen Umfeld nicht scheitern, sondern dieses müsste ihn bei seiner Arbeit unterstützen. Dies mag vielleicht idealistisch klingen, aber am Beginn vieler Träume steht ein Held. Und es gibt Mister und Miss Keating sehr wohl in unserer harten Schulrealität.

Die Geschichte stammt von einer AHS in einem sogenannten schlechten Wiener Bezirk, das heißt hoher Ausländeranteil, niedrige Kaufkraft und geringe Lebensqualität. Eine Schule, in der sich der Direktor und viele Lehrer einig waren, dass in dieser Schule primär der »Ruaß« der Gesellschaft landet. Dieser Spruch war auch für die Kinder in einer Klasse erlebbar, wenn ein Mitschüler immer mit schmutzigen Fingernägeln in die Schule kam. Es war der Sohn des lokalen Kohlenhändlers, der von sechs Uhr früh bis zum Schulbeginn dem Vater beim Ausliefern helfen musste. Es war die Zeit der Flüchtlingskinder, die sich vom blutigen Bürgerkrieg im ehemaligen Jugoslawien nach Österreich gerettet hatten. In den Klassen gab es bis zu zwölf verschiedene Muttersprachen, manche Kinder konnten kein einziges Wort Deutsch.

In dieser hoffnungslosen Situation traf eine Gruppe von sieben jungen engagierten Lehrern eine Entscheidung. »Wir bringen diese Kinder alle bis zur Matura. Wenn sie eine Aufgabe nicht schaffen, dann geben wir ihnen mehr Zeit. Wenn etwas zu schwer ist, dann unterstützen wir sie. Wir geben kein Kind auf. Es entstand zwischen uns eine bis dahin völlig unbekannte Kultur des Austausches im Lehrerzimmer. Wir bestärkten einander, tauschten Erfolgsrezepte aus und entwickelten sehr pragmatische Unterrichtskonzepte. Und wir wurden alle reich belohnt. Der Augenblick, als der bosnische Flüchtling, der ohne ein Wort Deutsch zu sprechen in die sechste Klasse der Oberstufe eintrat, zwei Jahre später maturierte, war eines der schönsten Erfolgserlebnisse meiner Lehrerlaufbahn«, erzählte mir eine der damals beteiligten Lehrerinnen.

»Wir glauben oft, dass wir das ganze Kind sehen. In Wirklichkeit ist es wie mit einer Kugel in einer Diskothek. Wir sehen einige Facetten, die Hälfte der Kugel ist uns überhaupt abgewandt. Der Reiz des Lehrberufs liegt darin, immer die Neugier aufrechtzuerhalten, möglichst viele Facetten dieser Kugel bei jedem Schüler zu entdecken. Es ist natürlich eine Illusion, wenn man sechs Stunden am Tag 30 unterschiedliche Kinder unterrichtet, das immer erreichen zu können. Aber diese Vision darf man trotzdem nie aus den Augen verlieren, sonst verliert man die Existenzberechtigung für seinen Beruf.«

Wie einfach es im Prinzip sei, die Schüler bei ihren Interessen zu packen, beschreibt Werner Gruber seine Erfahrungen an einer Schule: »Ich habe die an sich sehr langweilige Wärmelehre halt anhand von Themen wie: ›Warum kann man über glühende Kohlen laufen?‹ oder: ›Wie überlebt man in der Wüste?‹ abgehandelt.« Nach einem Jahr hört er von vielen: »Sie waren der erste Lehrer, der uns nie beleidigt hat. Normalerweise macht Schule keinen Spaß. Bei Ihnen macht es Spaß.«

Die berührendste Geschichte, die für Gruber allein das Jahr Unterricht an einer AHS wert war, erzählte ihm eine Mutter in der Sprechstunde: »Mein Mann ist vor vier Jahren gestorben. Wir gehen regelmäßig an sein Grab. Plötzlich hat mein Sohn bei jedem Besuch begonnen, seinem Vater laut von Ihrem Physikunterricht zu erzählen.«

Was zeichnet »Heldenlehrer« aus? Ich frage Renate Wustinger, die »Teacher of the Year« war und *Kommunikation und Sozialkompetenz,* von den Schülern liebevoll KOSO genannt, an der »Sir Karl Popper Schule« als Pflichtgegenstand eingeführt hat. Sie legt die Latte für engagierte Lehrer sehr hoch: »Die härteste Frage, die sich jeder Lehrer stellen muss, lautet: Wie oft hast du ein Kind aufgegeben? Wie oft hast du ein Kind vorverurteilt, weil du einen Aspekt seines Verhaltens für seine ganze Persönlichkeit gehalten hast?«

Und was ist die Botschaft, die Wustinger ihren Kollegen für den täglichen Kampf gegen die Mittelmäßigkeit im System mitgeben würde? »Lass es dir nicht gefallen. Du triffst die Entscheidung. Nutze alle Freiräume. Lass dir vom System nicht den Blick verstellen.«

WELCHE LEHRER WIR BRAUCHEN

Jeder Mensch möchte geliebt werden. Jeder Lehrer möchte geliebt werden. Die besten Lehrer sind diejenigen, die ihre emotionalen Bedürfnisse nicht an den ihnen anvertrauten Kindern stillen, die nicht vor jeder zusätzlichen Tätigkeit für ihre Klasse als Erstes fragen, wie diese denn vergütet werde. An der »Sir Karl Popper Schule«, die eine öffentliche Schule ist, bekommen die Lehrer für deutlich mehr Zeit und Leistung gleich viel bezahlt wie an jeder anderen öffentlichen Schule.

Aber sie bekommen etwas viel Wichtigeres: Ansehen und Wertschätzung. Besonderen Respekt verdienen die Lehrer an unseren Hauptschulen, die für großen Einsatz wenig bis gar keine gesellschaftliche Anerkennung ernten. Sie versuchen unter teilweise unzumutbaren Bedingungen, Kindern ihre Lebenschance zu geben. Wir brauchen möglichst viele Lehrer, denen das Arbeiten mit Kindern so viel Freude bereitet und auch so viel Erfüllung bringt, dass es ihre wichtigste Motivation ist, diesen Beruf zu ergreifen. Und dafür sollten wir diese Lehrer in Zukunft weit besser bezahlen und ihnen aber vor allem jene Wertschätzung geben, die sie verdienen.

Die wichtigsten Helden der Zukunft für Österreich werden Menschen sein, die mutig gegen die Feinde der Talente unserer Kinder kämpfen – die meisten von ihnen werden Lehrer sein.

Lassen wir das letzte Wort in diesem Kapitel einer Lehrerin, die den Stoff beschreibt, aus dem Heldenlehrer gemacht sind:[13] »Ein guter Lehrer sollte zu allen Zeiten und auch in den Schulen der Zukunft vor allem zwei Dinge mitbringen: die Liebe zu Kindern und die Begeisterung für eine Sache. Lehrer müssen einfach beides haben: ein gutes Herz und ein funktionierendes Hirn, Gefühl und Verstand, Warmherzigkeit und Strenge. Jedes zu seiner Zeit. Und die Liebe zu den jungen Menschen wird ihnen sagen, wann es Zeit für das eine und wann es Zeit für das andere ist.«

Anmerkungen:

1 Kurier, 11.11.2007, S. 44
2 Studie LehrerIn 2000. Arbeitszeit, Zufriedenheit, Beanspruchungen und Gesundheit der LehrerInnen in Österreich im Auftrag von Bundesministerium für Bildung, Wissenschaft und Kultur, Bundesministerium für öffentliche Leistung und Sport, Gewerkschaft Öffentlicher Dienst, Oktober 2000.

3 Ebd.

4 Carl Bernstein: Hillary Clinton – die Macht einer Frau. München: Droemer Knaur 2007.

5 Ronald Barazon: Schule: Ergebniskontrolle ist dringender als eine Reform, in: Der Volkswirt 10/11, 2007.

6 Karl Popper/Konrad Lorenz (Hrsg.): Die Zukunft ist offen. München: Piper 1983.

7 Henning Sußebach/Stefan Willeke: Wo die Lehrer sitzen bleiben, in: Die Zeit Nr. 17/2007.

8 Dies zeigt eine vergleichende Untersuchung von Eurydice, dem Informationsnetz zum Bildungswesen, für die Pädagogen der Sekundarstufe 1 (in Österreich: Hauptschule, AHS-Unterstufe).

9 Physik aus der Kreidezeit, in: Falter/Heureka 01/02.

10 Ein gewisser Schlendrian, in: Der Spiegel 5/2008, S. 52.

11 Manfred Spitzer: Lernen – Gehirnforschung und die Schule des Lebens. München: Spektrum Akademischer Verlag 2002, S. 414.

12 Mihaly Csikszentmihalyi: Flow im Beruf: Das Geheimnis des Glücks am Arbeitsplatz. Stuttgart: Klett-Cotta 2004[2].

13 Manfred Spitzer: Lernen – Gehirnforschung und die Schule des Lebens. München: Spektrum Akademischer Verlag 2002, S. 413.

Die dunkle Seite der Ohnmacht
oder
Wie viel Ablehnung und Fehlurteile hält
ein junger Mensch aus

Der Dechant des Ortes besuchte das Haus der Eltern von Franz, als dieser drei Jahre alt war. Es war das Gerücht zu ihm gedrungen, dass der kleine Franz lange Predigten hielt, sobald man ihn auf den Wohnzimmertisch stellte – in einem Alter, in dem die meisten Kinder die ersten zusammenhängenden Sätze zu sprechen beginnen. Und zur großen Überraschung des Kirchenmannes passierte das kleine Wunder tatsächlich. Franz hielt auch vor dem Dechant eine lange Predigt, die Teile von der letzten Sonntagspredigt enthielt, die aber von dem Kind eigenständig weiterentwickelt wurden.

Franz fiel in der Volksschule nicht besonders auf, er war sehr ruhig, fand keine Freunde, erbrachte aber außergewöhnliche schulische Leistungen auf fast allen Gebieten. Die Eltern hatten für ihn schon eine Lehrstelle als Elektriker in Aussicht, die Franz nach Abschluss der Hauptschule antreten sollte. Der Dechant setzte sich bei den Eltern von Franz mit seiner Ansicht durch, dass das Kind unbedingt auf ein Gymnasium gehen müsse. Auch dort war Franz ein Außenseiter. Dies hatte einerseits mit seiner einfachen sozialen Herkunft unter großenteils aus gutbürgerlichem Milieu stammenden Mitschülern und andererseits mit seiner unbeholfen wirkenden, von starkem Dialekteinschlag und leichten Sprachfehlern geprägter Sprechweise zu tun. Er erbrachte zwar geniale Leistungen in Mathematik, Physik, Chemie und Geschichte, die weit über die eines guten Schülers hinausgingen, ihm aber auch nicht zur ersehnten Anerkennung verhalfen.

Einen absoluten Höhepunkt seines Könnens lieferte er bei der Physikmatura, wo er vor der Prüfungskommission eine fachlich hoch stehende Diskussion mit seinem Physiklehrer auf dem Gebiet der Relativitätstheorie führte. Die übrigen Mitglieder der Kommission konnten dieser Auseinandersetzung nicht mehr folgen, die dann in einer Streitfrage endete, in der beide Kontrahenten, der Lehrer und der Schüler, unbeirrbar ihren Standpunkt verteidigten. Der Physiklehrer ließ die Maturakommission wissen, dass es ungefähr zwölf Menschen auf der Welt gebe, die die Relativitätstheorie wirklich verstanden haben. Durchaus nicht unter mangelndem Selbstbewusstsein leidend, ließ der Physiklehrer keinen Zweifel daran, dass er sich zu den zwölf zählte. Er müsse daher darauf beharren, dass sein Standpunkt in dieser einen Streitfrage der richtige sei, er respektiere aber das enorme Wissen des Schülers, gebe diesem ein »Sehr gut« und werde in Zukunft nur mehr davon reden, dass es dreizehn Menschen gäbe, die die Relativitätstheorie wirklich verstünden. Franz gehöre für ihn ab heute dazu.

Bei der zehnjährigen Maturafeier gab der Physiklehrer dann vor allen ehemaligen Schülern zu, dass Franz damals recht gehabt hätte und er das einfach vor der Maturakommission nicht eingestehen wollte.

Es war naheliegend, dass Franz seiner Leidenschaft folgte und theoretische Physik in Graz inskribierte mit dem Ziel, Atomphysiker zu werden. Da er aus einem sehr einfachen Elternhaus kam, suchte er um ein Stipendium an. Dem Ansuchen wurde zwar stattgegeben, aber die bewilligte Summe lag unter dem eingereichten Betrag. Es wäre daher notwendig gewesen, nochmals einzureichen oder ein Gespräch mit dem zuständigen Beamten zu führen. Franz empfand diesen Bescheid aber als Abweisung, brach sein Studium nach nur drei Monaten ab und ging als Hilfsarbeiter erst ins Stahlwerk Donawitz und dann weiter nach Deutschland, um bei Daimler-Benz als Fließbandarbeiter sein Auskommen zu finden. Er war dort mit vielen Ausländern zusammen, Türken, Polen, Italienern und Jugoslawen. Er wohnte gemeinsam mit ihnen auf engstem Raum, half ihnen beim Ausfüllen von Formularen und gab ihnen sogar manchmal Geld.

Eines Tages merkte Franz, dass seine Unterwäsche fehlte. Offensichtlich wurde sie von Kollegen aus der gemeinsamen Garderobe entwendet, mit der erkennbaren Absicht, ihn zu ärgern, da sie ja keinerlei Wert hatte. Er stellte sofort sein Engagement für alle Kollegen ein und entwickelte eine ausgefeilte Methode, um den Übeltäter zu finden. Er spannte einen dünnen Faden, der für den Täter unmerkbar beim Öffnen des Garderobenschranks riss, aber Franz auch im Schlaf warnte. Innerhalb kürzester Zeit wurde der »Täter« gefasst.

Nach einiger Zeit bewarb sich der Hochbegabte, der am Fließband arbeitete, um eine Stelle als technischer Zeichner bei Daimler-Benz. Auch für diese Aufgabe wäre er weit überqualifiziert gewesen. Trotzdem wurde sein schüchtern vorgebrachtes Anliegen abgelehnt. Man müsse bei der Vergabe von qualifizierten Stellen eigene Staatsbürger bevorzugen.

Ohne auch nur zu kündigen und das ihm zustehende Geld abzuholen, kehrte Franz in seine Heimatgemeinde zurück. Er verfiel in eine schwere Depression und wurde in die Psychiatrie eingeliefert. Nach einiger Zeit fand er eine Stelle bei einem ehemaligen Mitschüler als technischer Zeichner. Er war extrem tüchtig, nur scheiterte er an seinem Perfektionswahn. Für technische Berechnungen von Kraftwerken, die eine Fehlertoleranz von einem Meter auf eine Distanz von Tausenden von Kilometern zulassen, versuchte er diese auf unter ein Hundertstel Millimeter zu drücken. Er wurde gekündigt mit dem Hinweis, dass er einfach nicht tragbar sei für diese Aufgabe, man werde ihn aber an eine andere Firma vermitteln. Franz nahm dieses Angebot nicht an und zog sich noch mehr in das Haus seiner Eltern zurück.

Er arbeitete in dem von ihm an das elterliche Haus angefügten Zubau. Seine Eltern wussten nicht, woran, wollten ihn aber nicht stören. Seit seiner frühen Kindheit hatte er ihnen klargemacht, dass er seine Ruhe brauche. »Wenn der Franzl arbeitet, muss er allein sein, da dürfen wir ihn nicht stören«, erzählten sie auch den wenigen Bekannten.

Franz plante alles in seinem Leben bis ins kleinste Detail – sogar den eigenen Tod. »Es würde für mich einen großen Triumph bedeuten, meine Leiche fern von menschlichem Zugriff gebracht zu haben. Sollte meine Leiche aber dennoch gefunden werden, möchte ich bei Nacht und Nebel und ohne Pfarrer begraben werden.« Wie an so vielen Dingen, die er sich vorgenommen hatte, scheiterte er auch an diesem Ziel.

Von 1993 bis 1997 verübte Franz Fuchs im Namen einer sogenannten »Bajuwarischen Befreiungsarmee« zahlreiche Anschläge mit Brief- und Rohrbomben. Die Anschlagsserie forderte vier Todesopfer, 15 Menschen wurden zum Teil schwer verletzt. Die Opfer waren entweder selbst Migranten oder unterstützten diese durch politische und soziale Aktivitäten. Am 26. Februar 2000 beging Franz Fuchs in seiner Zelle Selbstmord.

Diese Zelle war die am besten kontrollierte Zelle in ganz

Österreich und rund um die Uhr videoüberwacht. Franz Fuchs hatte durch scheinbar freundschaftliche Gespräche mit dem Wachpersonal ein ideales Zeitfenster für die Tat errechnet. Obwohl er beide Hände bei seiner Festnahme durch seine eigene Bombe verloren hatte, gelang es ihm, sich mithilfe des Kabels seines Rasierapparates und des Leitungsrohres des Wasserkastens an der Decke zu erhängen. Für die Vorbereitung und Durchführung seiner letzten Tat standen ihm gerade 20 Minuten zur Verfügung. Er hatte es geschafft, in einer Zeit, in der niemand damit rechnete, und auf eine Art, die niemand für möglich gehalten hätte, fast alle zu überraschen. Franz Fuchs war auch handwerklich sehr talentiert.

DIE PSYCHE DES ATTENTÄTERS

Meine Gespräche mit dem Kriminalpsychologen Thomas Müller, der das Täterprofil des Briefbombenattentäters vor seiner Ergreifung ausgearbeitet hat, und vor allem mit dem Gerichtspsychiater Reinhard Haller, der das Gutachten über Franz Fuchs erstellt hat,[1] erwiesen sich als so spannend, dass ich mich entschlossen habe, sie dem Leser nicht vorzuenthalten. Die Frage, ob es im Leben von Franz Fuchs mögliche Wendepunkte gegeben hätte, ist natürlich Spekulation, kann aber wie alle Fallstudien beim Leser zumindest neue Fragen darüber auslösen, warum aus einem in vielen Bereichen genial begabten Menschen ein Mörder und Attentäter wurde, der sein eigenes Leben und das von vielen anderen zerstört hat. Mir ging es vor allem darum herauszufinden, welche Rolle die bisher öffentlich wenig beleuchtete Kindheit und Schulzeit von Franz Fuchs für seine Taten gespielt haben könnten.

Die oben dargestellte Lebensgeschichte von Franz Fuchs beruht ausschließlich auf den Tatsachen, die Reinhard Haller herausgefunden hat. Reinhard Haller ist Facharzt für Psychiatrie und Neurologie, gerichtlich beeideter Sachverständiger und gilt als internationaler Experte für Kriminalpsychiatrie. Er hat mehrere Bücher veröffentlicht, darunter »Die Seele des Verbrechers« und – ganz aktuell – »(Un)Glück der Sucht«.

Reinhard Haller kam zum Fall Fuchs, weil es ihm gelungen war, als damals sehr junger Gerichtspsychiater den Prostituiertenmörder Jack Unterweger zum Reden zu bringen, der zuvor 30 Gutachter abgelehnt hatte. Unterweger, der ein Meister der Manipulation von Menschen war, entschied sich damals für Haller, weil er hoffte, mit dem jungen Mann leichtes Spiel zu haben.

Ich frage Haller, wie es ihm gelungen sei, Fuchs zum Reden zu bringen und untersuchen zu können, was Franz Fuchs ja ursprünglich konsequent abgelehnt hatte. Haller schildert mir seine erste Begegnung mit Franz Fuchs in dessen Zelle in der Untersuchungshaft.

Fuchs machte beim ersten Kontakt von Anfang an klar, dass er nicht bereit wäre, sich untersuchen zu lassen, und das Gespräch für ihn beendet wäre. Haller antwortete, dass er Vorarlberger sei, die ganze Nacht im Zug hergefahren sei, nur für dieses Gespräch, und er die Antwort auf eine einzige Frage wolle. Dann würde er die Gesprächsverweigerung von Fuchs akzeptieren und sofort wieder abreisen.

»Warum hatte die ›Bajuwarische Befreiungsarmee‹[2] in allen Bundesländern Stützpunkte, nur nicht in Vorarlberg?«, fragte ihn Haller.

Woher er denn genau aus Vorarlberg sei, wollte Fuchs daraufhin wissen.

Haller antwortete wahrheitsgemäß, dass er aus dem kleinen Ort Frastanz komme.

»Wann war die Schlacht von Frastanz, in der die Vorarlberger gegen die Appenzeller gekämpft hatten?«

Haller war von dieser Frage völlig überrascht, da Fuchs ja von der Außenwelt abgeschnitten in der Zelle lebte und daher keine Ahnung über ihn und seine Herkunft haben konnte. Durch einen reinen Zufall kannte er die richtige Antwort, weil ein Plakat, das an diese Schlacht erinnerte, eine Zeit lang in der Nähe seines Hauses gehangen hatte.

»Das war am 20. April 1497«, antwortete Haller.

»Daraufhin begann Franz Fuchs, mir stundenlang über die Kriege und Völkerwanderungen in Vorarlberg zu erzählen. Ich hatte seine Prüfung durch Zufall bestanden. Ich war seiner würdig. Der Bann war gebrochen.«

Franz Fuchs war das Paradebeispiel für ein gekränktes Genie. Er erwies sich in fast allen Bereichen als genial, mit Ausnahme seiner mangelnden sozialen Intelligenz, die auf einer schweren narzisstischen Kränkung beruhte. Daher waren sich fast alle Experten, mit Ausnahme des Kriminalpsychologen Thomas Müller, einig, dass es sich um keinen Einzeltäter, sondern um eine Gruppe handeln müsse. Nur Müller glaubte immer an einen Einzeltäter und baute auch seine Strategie darauf auf.

Offensichtlich hatten Fuchs' Erfahrungen mit seiner von Ausländern gestohlenen Unterwäsche in seiner Zeit als Fließbandarbeiter bei Daimler-Benz seinen Hass auf die Ausländer ausgelöst. Als er dann noch als technischer Zeichner abgelehnt wurde, weil er in Deutschland selbst Ausländer war, lief das Fass bei ihm über. Er berief sich auf das Naturrecht und begann nun in seinem eigenen Land Österreich den Kampf gegen Ausländer.

Fuchs wollte mit seinen terroristischen Aktivitäten vor allem Wirkung bei Journalisten erzielen. Ihm war klar, dass ein einziger Bombenanschlag, wie zum Beispiel in Rom oder in London, nur kurzfristige Aufmerksamkeit bringen würde. Die Angst, die jeder verdächtige Brief als potenzielle Briefbombe auslöste, war dagegen viel größer und erzeugte die von Fuchs angestrebte nationale Hysterie. Und so wie Franz Fuchs bei der Matura zeigen wollte, dass er der beste Kenner der Relativitätstheorie auf der Welt sei, wollte er nun der beste Bombenbauer der Welt werden. Bombenbauer versuchen normalerweise die Bombe so zu konstruieren, dass bei der Explosion der Schaltplan völlig zerstört wird, weil dieser Rückschlüsse auf den Täter erlauben würde. Franz Fuchs hat seine Schaltpläne in den Bomben in Harz gegossen, damit die Ermittler erkennen konnten, was für ein genialer Bombenbauer er war. Die Pläne basierten auf der Grundidee mit dem dünnen Faden, die Fuchs in Deutschland entwickelt hatte, um den »Unterhosendieb« zu entlarven.

Veranlagung, soziales Umfeld, Eigenmotivation oder Zufall? Warum waren die Feinde des talentierten Franz Fuchs so stark, dass er selbst zum Feind der Gesellschaft wurde? Fuchs war offensichtlich mit einer Vielzahl von besonderen Fähigkeiten versehen. »Kein mir bekannter Verbrecher in der Geschichte vereinigte so viele unterschiedliche Rollen. Er war ein hervorragender Historiker, Ideologe, Grafiker, Chemiker, Physiker, Stratege, Elektroniker, Logistiker, Schriftsteller und auch Frontsoldat, der seine Anschläge unter enormem Stress auch selbst ausführte«, meint Haller.

Woher die schwere Kränkung kam, die zu der narzisstischen Störung führte, ist nicht eindeutig. Man weiß, dass Fuchs ohne Vater aufwuchs, der auswärts arbeiten musste, und die Mutter eine sehr strenge Frau war. Die wichtigste

Bezugsperson für ihn stellte die Großmutter dar, die ihm vor allem beibrachte, dass man alles selbst perfekt beherrschen musste. Seine gesamte Familie war offensichtlich mit seinem Talent völlig überfordert. Erst der Dechant erkannte dieses und setzte für Fuchs die Weichenstellung in Richtung Gymnasium durch.

Fuchs war aber immer ein Einzelgänger und nicht in der Lage, soziale Beziehungen aufzubauen. Er hatte keine Freunde und ganz offensichtlich in seinem ganzen Leben auch nie eine Beziehung zu einer Frau. Wann immer er in seinem Leben etwas als schwere Kränkung erlebte, wie zum Beispiel die Ablehnung seines Ansuchens um ein Stipendium, war niemand da, der ihn vor einer Überreaktion bewahren konnte.

Das Problem von Franz Fuchs bestand nicht darin, dass sein Talent nicht erkannt wurde. Dieses Talent wurde aber nie in die richtigen Bahnen gelenkt. Der Physiklehrer, der Franz Fuchs bei der Matura in den Club der dreizehn Menschen aufgenommen hatte, die die Relativitätstheorie verstanden hatten, machte sich offensichtlich selbst Vorwürfe. Er verteidigte Fuchs bei der Gerichtsverhandlung und sagte aus, dass er diese Taten einem so freundlichen Menschen wie Fuchs einfach nicht zutrauen würde. Der Physiklehrer glaubte bis zum Schluss an die Unschuld von Franz Fuchs.

KANN MAN GEWALTTÄTER IN DER SCHULE ERKENNEN?

Keinen Zweifel an der individuellen Verantwortung von Franz Fuchs lässt Kriminalpsychologe Thomas Müller: Er hat in seiner Laufbahn über 2000 Kapitalverbrechen analysiert, darunter auch die von Franz Fuchs. Müller erlernte sein Handwerk beim Erfinder des Täter-Profilings Robert K. Ressler Anfang der neunziger Jahre beim FBI. »Für die kriminelle Neigung kann man niemanden verantwortlich machen, für die Tat ist jeder voll verantwortlich. Positiv formuliert: Das Talent habe ich bekommen, für die Nutzung bin ich verantwortlich, wenn man mir die Chance gibt.«

Ich frage Müller, ob man schon in der Schullaufbahn erkennen könne, dass hier ein möglicher Gewalttäter heranwachse und was man dagegen tun könne. Seine klare Antwort: »In der Schule ist es leider fast immer schon zu spät. Psychologisch erleben spätere Täter im Alter zwischen drei und sechs Jahren Situationen, die sie einfach nicht mehr bewältigen können. Das kann der die Mutter schlagende Vater sein, das kann die Kommunikationsverweigerung der Eltern sein, die zur Isolation führt. Die Natur hat uns dafür mit einem einfachen Schutzmechanismus versorgt. Wir flüchten in unsere Fantasien. Dort sind wir mächtig. Wir können den schlagenden Vater töten. Ja, wir können jede noch so kleine Demütigung mit roher Gewalt rächen. Viele Verhaltensauffälligkeiten und Provokationen gegenüber Eltern oder Lehrern sind oft nur Hilfeschreie nach Beachtung und Kommunikation. Werden diese Signale nicht erkannt, dann können ein Gewaltvideo der Nährboden und eine verletzende Bemerkung eines Lehrers der Eskalationsauslöser sein. Die meisten Lehrer können gar nicht psychologisch darin geschult sein, diese Signale richtig zu deuten.«

Seiner Ansicht nach ist die immer knappere Zeit der Schlüssel zu vielen familiären Problemen. Das immer schnellere Tempo der virtuellen und elektronischen Kommunikation macht es für viele Eltern immer schwieriger, die menschliche Kommunikation mit ihren Kindern aufrechtzuerhalten. Wenn die Kinder dann das Gefühl haben, dass sie mit ihren

Sorgen und Problemen alleingelassen werden, dann flüchten sie umso mehr in die virtuellen Welten. Manche Eltern beruhigen ihr Gewissen, indem sie dem Kind dann immer die neuesten elektronischen Geräte kaufen. Ein neues Handy ersetzt aber kein menschliches Gespräch. Ein »Jetzt nicht« ist für Thomas Müller der erste Schritt für viele Kinder in die Isolation. »Wir haben keine Zeit für Gespräche mit unseren Kindern, mit unseren Partnern und mit den Alten. Sprachlosigkeit ist der erste Schritt in die Isolation. Und die schlimmste gewaltfreie Folter ist die Isolation.«

Wie gefährlich diese Entwicklung nicht nur für unsere Schulen, sondern für unsere Gesellschaft ist, zeigen die Erfahrungen von Thomas Müller. Müller kommt auf drei wesentliche Ursachen für das Verhalten pathologischer Täter:

- Isolation
- mangelndes Selbstwertgefühl
- keine funktionierende soziale Kommunikation

Alle diese Faktoren treffen auf Franz Fuchs zu. Er war ganz offensichtlich ein psychisch schwer gestörter Mensch, der immer mehr in seine eigene Welt flüchtete. Dass er auf der anderen Seite auch hochbegabt war, ist ebenfalls aufgrund aller Fakten unbestritten. Gerade die Kombination aus hoher Begabung und großem Hass gegen die Gesellschaft ist fatal. Denn besonders Begabte gehen keine Kompromisse ein. Entweder sie identifizieren sich mit den Werten ihrer Umgebung, dann werden sie zu wertvollen Mitgliedern der Gemeinschaft, oder sie lehnen dieses System ab, dann rebellieren sie dagegen, leisten Widerstand bis zur Sabotage und Gewalt. Anpassen tun sich besonders Begabte nie.

Reinhard Haller, der in Summe 100 Stunden mit Franz

Fuchs gesprochen hat, kommt zu dem Schluss: »Wenn einige Dinge im Leben des Franz Fuchs anders gelaufen wären, dann hätte Österreich vielleicht einen Physiknobelpreisträger mehr und auf alle Fälle einen toten Terroristen weniger.«

Anmerkungen:

1 Eine genaue Analyse von Reinhard Haller können Interessierte unter dem Titel »Psychiatrische und psychodynamische Aspekte des Falles Franz Fuchs – genannt ›das Bombenhirn‹« lesen. Vgl. Th. Benderi/Th. Auchter (Hrsg.): Destruktiver Wahn zwischen Psychiatrie und Politik. Forensische, psychoanalytische und sozialpsychologische Untersuchungen. Gießen: Psychosozialer Verlag 2004, S. 249–266.

2 »Bajuwarische Befreiungsarmee« war die von Franz Fuchs geschaffene Bezeichnung, unter der er seine Verbrechen verübte.

Die unerzogene Generation

oder

Warum immer mehr Eltern die Schule
für ihr eigenes Versagen verantwortlich machen

Noch in den fünfziger Jahren wurden 98 Prozent (!) aller
Kinder in Deutschland in einer Familie mit Vater und Mutter
geboren. Heute lebt fast jedes dritte Kind nicht in einer klassischen Familie, entweder ohne Vater, ohne Mutter, mit un-
verheirateten Eltern oder im sogenannten Patchwork-Mo-
dell.[1] War bis zur Jugendrevolution der 68er die autoritäre
Erziehung durch die Eltern das einzig dominierende Modell, konkurriert heute eine Vielzahl von sehr widersprüch-
lichen Erziehungsphilosophien miteinander. Diese reichen
von adaptierten Versionen der antiautoritären Erziehung
über den Ansatz, die Selbstbestimmung des Kindes in den
Mittelpunkt zu stellen, dem Kind aber klare Grenzen zu setzen, bis zu Rufen nach einer Rückbesinnung auf die traditionellen Werte wie Disziplin und Respekt gegenüber Eltern
und Lehrern.

Die unterschiedlichen Formen des Zusammenlebens und
die Frage, wie die Familie in der Zukunft aussehen wird,
ist eines unserer brennendsten gesellschaftlichen Themen
und sicher in mehreren Büchern nicht ausreichend abzu-
handeln. Ich werde mich in diesem Kapitel daher auf die
Auswirkungen dieser völlig veränderten Familiensituation
auf die Schule beschränken und versuchen, die Perspektive
der Kinder einzubringen. Beginnen wir mit einem kurzen

Streifzug durch die Seelenlandschaft einiger österreichischer Schüler.

Tatjana Schröder-Halek ist Kolumnistin eines österreichischen Jugendmagazins und Buchautorin. Ihre Kolumne wendet sich an etwa 150 000 Leserinnen und Leser in der Altersgruppe zwischen zwölf und fünfzehn Jahren. Etwa 65 Prozent davon sind Hauptschüler, die meisten kommen aus den Bundesländern. Schröder-Halek hat in den letzten vier Jahren 16 000 E-Mails von diesen Jugendlichen erhalten, die in ihr häufig den einzigen Ansprechpartner auf ihrem Weg in die Welt der Erwachsenen sehen.

Mein langes Gespräch mit ihr hat mir die Augen für die Realität des Schul- und Familienalltags geöffnet, wie ihn viele österreichische Kinder fernab der Großstadt erleben. Ein Bild, das leider wenig mit dem in der Fernsehwerbung vermittelten, mit einer immer lächelnden Mutter, einem gütigen Vater und einem schmusesüchtigen Golden-Retriever-Hund auf dem grünen Rasen vor der Familienvilla gemein hat.

Kinder auf der ganzen Welt haben die gleichen Träume – Popstar, Pilot, Zugführer, Prinzessin oder Ärztin wollen sie werden. Eltern, die vom Leben bis an die Zumutbarkeitsgrenze selbst gefordert, ja teilweise überfordert sind, sehen dagegen oft gar keine andere Möglichkeit, als ihre Kinder in die einzige Hauptschule zu schicken, die es im Umkreis ihres Lebensmittelpunktes gibt. Und dort werden den Kindern ihre Träume häufig ganz schnell ausgetrieben. »Du hast keine Chance, sei vernünftig, du machst das, was man dir sagt«, hören viele von ihnen von ihren Eltern und Lehrern.

»Bekaxö« würde er einmal werden, schrieb Schröder-Halek ein Zwölfjähriger. Erst durch lautes Lesen wurde ihr bewusst, dass er Bäckergeselle meinte. Tatsächlich möchte kaum ein Kind von sich aus Zentralheizungsmonteur oder Fliesenleger werden. Natürlich kann nicht jeder Popstar werden, aber wir fragen die Kinder nicht einmal, was sie wollen, und stecken sie, ganz unabhängig von ihren Fähigkeiten, in jene Berufe, in denen wir sie laut Arbeitsmarktstatistik gerade brauchen oder in denen sie eine Tradition fortsetzen. Und in dieser gefangen leben sie dann nicht selten wie in einer Endlosschleife das Leben ihrer Eltern.

AUS DER TRAUM

Viele Eltern können gar nicht abschätzen, welche Konsequenzen falsche Weichenstellungen in der Schule für das Leben ihres Kindes haben. Woher sollen sie es auch wissen? Meistens haben sie niemanden, der sie berät, und selbst zu wenig Wissen darüber, welche Begabungen ihr Kind hat. Manchmal wird leider mehr Zeit in die Auswahl des richtigen Pauschalangebotes für die jährliche Urlaubsreise investiert als in die Suche nach der besten Schule für das Kind. Die für die Eltern am besten erreichbare Schule hat dann Vorrang vor der für die ganz individuellen Talente ihres Kindes besten Schule. Dazu kommt natürlich, dass das Angebot an guten Schulen auf dem Land leider oft sehr begrenzt ist.

Wer fragt Kinder denn in der Schule schon:

Was ist dir wichtig?

Was willst du?

Wie geht es dir?

»Ein Mensch darf nie aufhören zu träumen. Der Traum ist für die Seele das, was Nahrung für den Körper bedeutet«, sagt der brasilianische Autor Paulo Coelho.

Genau diese Fähigkeit, zu wünschen und zu träumen, steht in der Schule nicht auf dem Lehrplan. Kinder lernen nicht, zu leben – sondern: zu überleben.

Noch ein »Fall« von Tatjana Schröder-Halek. Eine Elfjährige wendet sich an sie, in der Angst, eine schwere Krankheit zu haben, weil sie ganz plötzlich auf der Toilette zu bluten begonnen und Bauchschmerzen habe. Sie habe jedoch von einer Freundin, der sie sich anvertraut habe, gehört, dass dies bei Frauen passieren könne. Ganz genau wisse die Freundin allerdings auch nicht Bescheid. Schröder-Halek beruhigt das Mädchen, »klärt es auf« und rät ihm, sich an seine Mutter zu wenden. Das Mädchen lehnt ab. Schröder-Halek versucht herauszufinden, weshalb das Mädchen nicht mit seiner Mutter sprechen möchte. Es zeigt sich der übliche Konflikt zwischen den Generationen. »Die Welt, in der dieser stattfindet, hat sich verändert. Natürlich«, sagt Schröder-Halek, »die Begrifflichkeit ist eine andere. Die Sprachlosigkeit zwischen vielen Eltern und ihren Kindern aber ist immer dieselbe.« Die Barriere ist keine inhaltliche, sondern eine emotionale. Schließlich stellt sich heraus: Die Mutter des Mädchens ist Gynäkologin.

Tatjana Schröder-Halek auf meine Frage, warum sie in den letzten vier Jahren 16 000 E-Mails von Teenagern bekommen hat, die sie nicht einmal persönlich kennen: »Natürlich ist da meist etwas, was diese Jugendlichen loswerden möchten. Fragen, Kummer, Ängste. Häufig sind sie aber auch einfach auf der Suche nach jemandem, der sich für sie interessiert, der ihnen zuhört.« Schröder-Halek beantwortet jede E-Mail persönlich.

Die zwölfjährige Sabine hat einen Vater, der Alkoholiker ist, der sie und die Mutter ständig schlägt, auch ihren jüngeren Bruder. Sabine versucht ihre Mutter von der Scheidung zu überzeugen. Wenn Sabine, die eine sehr schlechte Schülerin ist, einmal eine gute Note nach Hause bringt, zeigt sie diese als Erstes ihrem Vater, um ihn zu besänftigen. »Du Sau, niemand hat dich gewollt«, bekommt sie daraufhin von ihrem Vater zu hören. Sie schlägt jetzt manchmal zurück, um sich und ihren kleinen Bruder zu schützen.

Sabine hat vor einiger Zeit begonnen, sich zu »ritzen«, das heißt, sich selbst mit Rasierklingen blutende kleine Wunden zuzufügen. Sie lässt die blutigen Taschentücher in ihrem Zimmer liegen, in der Hoffnung, dass ihre Mutter sie findet und mit ihr darüber redet. Die Mutter findet die Taschentücher, wirft diese weg und schweigt weiter. Sabine geht in keine Beratungsstelle, weil sie Angst hat, »Schande über ihre Familie zu bringen«. Und der Pfarrer des kleinen Ortes könnte erfahren, was sich bei ihr zu Hause abspielt. Die beste Freundin bringt sie mit viel Überredungskunst zum Klassenvorstand. Der sagt ihrer Freundin, sie möge sie nicht aus den Augen lassen und gut auf sie aufpassen. Die Freundin fühlt sich verantwortlich und überfordert.

Kinder »akzeptieren« körperliche Gewalt, weil sie selbst meinen, sie zu verdienen, und weil sie nie etwas anderes kennengelernt haben. Die furchtbaren Spuren, die diese Entwürdigung bei ihnen hinterlässt, können sie nicht ahnen. Noch viel schlimmer als Gewalt empfinden es Kinder subjektiv, wenn sie das Gefühl haben, niemand sei für sie da und sie seien in ihrer Familie völlig isoliert. »Ich habe das Gefühl, ich bin unsichtbar«, schrieb ein Mädchen an Schröder-Halek. Die meisten Jugendlichen begehren ihrer Erfahrung nach gegen unfassbare Zustände zu Hause lange Zeit nicht auf, sondern versuchen erst einmal verzweifelt, die Erwartungen der Eltern zu erfüllen und so ihre Zuneigung zu gewinnen.

Mobbing gegen Schüler ist leider nicht nur ein reißerisches Thema in den Medien, sondern bestimmt an immer mehr Schulen den Alltag. Ein bisschen zu dick, eine uncoole Schultasche, das falsche Handy, und schon wird man zum Gespött der Mitschüler. Gab es früher in vielen Klassen einen Außenseiter und einen besonders aggressiven Tyrannen, so nimmt die Zahl der Täter und der Opfer zu.

Petra wird von ihren Klassenkameraden gemobbt. Sie stinke, sie sei eine Streberin, und böse Gerüchte über ihre Mutter werden in Umlauf gesetzt. Die Burschen finden, dass die Zwölfjährige »einen geilen Arsch« habe, und beginnen diesen auch immer öfter anzufassen. Es ist ihr zu peinlich, mit der Mutter darüber zu reden, das könne sie einfach nicht. Sie entschließt sich, zum Klassenvorstand zu gehen. Dieser gibt ihr den Rat, sich möglichst unauffällig zu benehmen, dann werde das schon vorbeigehen.

Viele Lehrer reagieren auf Mobbing mit Gleichgültigkeit und Hilflosigkeit. Sie wurden nie auf diese Situationen vorbereitet. Tatsächlich erlebt Schröder-Halek den Umgang von Hauptschullehrern mit diesen Problemen in vielen Fällen als wesentlich engagierter als bei jenen an Gymnasien. Eine Einschätzung, die von vielen meiner Gesprächspartner geteilt wird.

Die dargestellten Fälle sind offensichtlich keine Einzelfälle, sondern Indiz für eine teilweise von ihren Eltern vernachlässigte Generation. So argumentiert auch Klaus Hurrelmann, Sozialforscher an der Universität Bielefeld und Leiter der jüngsten Shell-Jugendstudie:[2]

Er ist der Meinung, dass wir Eltern heute die absolute Schlüsselrolle bei der Erziehung zubilligen, im Vertrauen darauf, dass sie alles richtig machen. Das funktioniere aber nur bei einem Drittel der Eltern. Nur diese haben die notwendige erzieherische Kompetenz und Bildung sowie auch die wirtschaftliche Basis. Ein weiteres Drittel wurschtelt sich irgendwie durch. »Und dann gibt es das untere Drittel. Wenn ich in diese Familien hineinschaue, sträuben sich mir die Nackenhaare. Die großen Potenziale der Kinder werden leichtfertig verschüttet. Viele Eltern etwa stehen noch immer zu der Aussage: Eine ordentliche Tracht Prügel zur rechten Zeit kann nicht schaden. Die Forschung zeigt, dass dies falsch ist, weil es Kinder entwürdigt. Hinzu kommt oft eine schlechte gesundheitliche Situation: falsche Ernährung, falsche Tageseinteilung, mangelnde Hygiene. Viele Dinge, von denen wir dachten, wir hätten sie längst überwunden, kommen wieder. Es gibt eine Vielzahl regelrecht verwahrloster Familien. Deren Probleme kriegen wir nicht mehr allein durch Freiwilligkeit in den Griff.«

Klaus Hurrelmann ist ein Verfechter der Idee des Elternführerscheins. Er plädiert für eine Koppelung des ausbezahlten Kindergelds an den Besuch von Elternkursen. Nehmen die Eltern nicht daran teil, wird es gekürzt. »Das klingt rigide, aber der Staat überweist den Familien Geld aus Steuermitteln und darf schon fragen, ob es gezielt zum Wohle der Kinder eingesetzt wird. Es werden heute leider mehr Kinder von jenen Eltern in die Welt gesetzt, die nicht genügend reflektieren, was es bedeutet, ein Kind zu bekommen. Sie investieren wenig in den Nachwuchs, weil sie die Folgen nicht bedacht haben. Und die, die viel investieren könnten, entscheiden sich oft gegen Kinder – das wirkt sich auf Dauer auf die Bildungsressourcen eines ganzen Landes aus.«

Für Martina Leibovici-Mühlberger, eine Psychotherapeutin, die auf Familienprobleme spezialisiert ist, sind das alles Symptome der Überindividualisierung unserer Gesellschaft, das heißt, es wird nur die Verantwortlichkeit für das eigene Leben gespürt. Sie meint, die individuelle Lebensplanung der Eltern hat Top-Priorität bekommen, verbindliche Erziehungsnormen gibt es dagegen nicht mehr.

DIE SCHULE DARF SICH IHRER VERANTWORTUNG NICHT ENTZIEHEN

Unsere Schulen stehen vor drei Herausforderungen, auf die sie derzeit nicht vorbereitet sind:

1. Wir haben es zum Teil mit einer unerzogenen Generation zu tun, der von ihren Eltern oft die wichtigsten Regeln und Werte im zwischenmenschlichen Umgang nicht mitgegeben wurden. Viele dieser Kinder können sich in keine Gemeinschaft einpassen und werden immer aggressiver.

2. Wir haben es zum Teil mit einer vernachlässigten Generation zu tun, die von ihren Eltern nicht die notwendige Zeit und menschliche Zuwendung, ja manchmal noch

ärger: nicht einmal ein Frühstück vor der Schule, bekommt. Viele dieser Kinder verwahrlosen und sind sich selbst völlig allein überlassen.

3. Wir haben es zum Teil mit einer überforderten Generation zu tun, der von ihren oft überehrgeizigen Eltern deren eigene Lebenskonzepte und Glückserwartungen aufgezwungen werden. Viele dieser Kinder zerbrechen an diesen übersteigerten Erwartungen an sie.

All diese Probleme lasten wie Mühlsteine auf den Schultern der Lehrer, belasten den Unterricht und kosten Unmengen von Energien. Natürlich sind diese Probleme nicht neu. Nur wurden sie früher vor allem durch ein sehr autoritäres Schulsystem, das Kinder mit Prügeln und Angst vor Strafe und Eltern mit dem Gewaltmonopol des Staates »disziplinierte«, unterdrückt. Heute haben wir glücklicherweise diesen Untertanenstaat überwunden und leben in einer freieren Gesellschaft mit mehr Bürger- und Kinderrechten. Dieser neu gewonnene Freiraum lässt die lange verdrängten Wertekonflikte nun an die Oberfläche gelangen, und der Ort, wo sie für uns alle sichtbar werden, ist die Schule. Diese soziale Druckkochtopfsituation in den Schulen wird vor allem in den Großstädten noch durch den hohen Anteil ausländischer Kinder zusätzlich aufgeheizt. Nachdem viele ausländische Kinder dem Islam angehören, kommt es auch immer stärker zu einem Aufeinanderprallen religiöser Grundüberzeugungen. Selbst wenn daher die große Mehrheit der Eltern einer Klasse ihre Erziehungsaufgaben sehr gut erfüllt, ist heute die Wahrscheinlichkeit, dass die Klassenatmosphäre durch ein oder mehrere problematische Kinder völlig zerstört wird, größer als noch vor zehn Jahren.

Kindererziehung ist eine sehr fordernde Aufgabe, und das

erste Kind stellt darum für die Eltern immer eine völlig neue Herausforderung dar. Können daher Eltern nicht auf positive eigene Erfahrungen zurückgreifen, weil sich schon ihre Eltern nicht ausreichend um sie gekümmert haben, dann fehlt ihnen auch die notwendige Erfahrung, ihre Kinder entsprechend zu erziehen. Diese Eltern fühlen sich dann überfordert und antworten den Vorwürfen der Lehrer in den Sprechtagen: »Ich weiß selber nicht, was ich tun soll. Auf mich hören sie auch nicht. Was soll ich tun?«

Andere Eltern sind aber nach wie vor gegenüber der Schule in einer falsch verstandenen Autoritätsgläubigkeit verhaftet, die sich dann oft in dem Satz: »Das müsst ihr schon selber wissen, wie ihr mit diesen Problemen meines Kindes zurechtkommt. Dafür seid ihr ja da« widerspiegelt. Die gleichen Eltern, die von Pontius zu Pilatus laufen, um gegen ein ihrer Meinung nach ungerechtes Strafmandat beim Falschparken anzukämpfen, resignieren bei der Aufgabe, sich für mehr Rechte ihres Kindes in der Schule einzusetzen.

Es macht wenig Sinn, jenen Eltern, die mit ihrer Aufgabe – aus welchen Gründen auch immer – überfordert sind, die Schuld zuzuschieben. Den Kindern und ihren Talenten hilft das gar nicht. Und wie der langjährige Direktor der deutschen Eliteschule Schloss Salem Bernhard Bueb[3] daran zu glauben, dass man das Rad der Zeit einfach zurückdrehen könne, indem man sich wieder auf Disziplin als wichtigste Kerntugend der Erziehung besinnt, bleibt wohl ein frommer Wunsch. Wie groß die Sehnsucht vieler Menschen nach derartigen einfachen Rezepten ist, zeigt aber die Tatsache, dass sein Buch »Lob der Disziplin – Eine Streitschrift« trotz vernichtender Kritiken fast aller Erziehungswissenschaftler und Leitartikler bereits seine 13. Auflage erreicht hat!

Der Staat kann bestenfalls versuchen, Eltern durch sanften Druck wie mit dem vorgeschlagenen Elternführerschein oder mit verpflichtenden Vorschulen zu motivieren, ihre Erziehungsaufgabe besser wahrzunehmen. Wann immer das aber nicht gelingt, muss der Staat selbst die Verantwortung für die Talente der Kinder übernehmen. Wer sonst? Die Schule ist für diese Kinder die einzige Chance, wo zumindest neun Jahre die Möglichkeit besteht, positiven Einfluss zu nehmen, auszugleichen, was im Elternhaus verabsäumt wurde, und zu verhindern, dass Talente unweigerlich verloren gehen. Denn zu glauben, dass die Unteroffiziere des Bundesheers die nötige pädagogische Kompetenz haben, um zumindest bei den jungen Männern in wenigen Monaten die vernachlässigte Erziehung nachzuholen, glaubt im 21. Jahrhundert wohl nur eine sehr überschaubare Minderheit. Um daher diese ungeheure Aufgabe erfüllen zu können, benötigen wir dringend ein völlig anderes Modell von Schule. Wir brauchen vor allem aber auch ein neues Verständnis der Rolle des Lehrers, und wir müssen ihn natürlich auch entsprechend ausbilden.

Die neue Rolle der Lehrer

Was können nun Lehrer tun, die sich im Extremfall in einer Klasse einer Mischung von unerzogenen Kindern, die sich nicht einordnen können, von vernachlässigten Kindern, die sich völlig isoliert fühlen, und von überforderten Kindern, die mit den Erwartungen ihrer Eltern an sie nicht zurechtkommen, gegenübersehen? Von ihnen zu erwarten, die Rollen des Löwenbändigers, des Sozialarbeiters, des Psychotherapeuten, des Showmasters im Unterricht, der Fachkapazität und des Talententdeckers perfekt zu erfüllen, ist wohl zu viel verlangt.

Wir dürfen aber auf der anderen Seite den Lehrer nicht nur auf seine Funktion als Wissensvermittler reduzieren, wie wir das leider in der Vergangenheit getan haben.

Lehrer haben immer zwei Aufgaben gehabt:

- Wissen zu vermitteln
- Bezugsperson für die Kinder zu sein und somit auch Erziehungsverantwortung auszuüben

Die heute wichtigere Aufgabe des Lehrers als Mensch und Bezugsperson wird weder honoriert noch gefördert und oft auch gar nicht erwartet. Lehrer wurden dafür auch nicht ausgebildet.

In den vielen Filmen, in denen Lehrer Helden sind – »Der Club der toten Dichter« mit Robin Williams oder »Dangerous Minds« mit Michelle Pfeiffer sind zwei der bekannteren –, geht es immer um dieselben Verhaltensweisen der Lehrerhelden:

- Den Kindern zuzuhören, auch wenn sie scheinbar nicht reden wollen.
- Den Kindern das Gefühl zu geben, dass man sie in ihrer Welt versteht und akzeptiert.
- Die Kinder Verantwortung für das eigene Leben zu lehren.

Um nicht missverstanden zu werden: Lehrer und Sozialarbeiter sind unterschiedliche Berufe mit verschiedenen Kompetenzen – und sollen das in Zukunft auch bleiben. Der Lehrer der Zukunft wird aber sicher verstärkt Fähigkeiten von Sozialarbeitern benötigen, um seine Aufgabe erfüllen zu können, denn Sozialberufe sind natürlich beide. Wir werden aber auch echte Sozialarbeiter in den Schulen brauchen. Die oft nur wenige Stunden zur Verfügung stehenden Schulpsychologen werden für die immer größere Anzahl von vernachlässigten Kindern in Zukunft sicher nicht ausreichen.

Und wer soll das alles bezahlen?, werden Sie jetzt zu Recht fragen. Wenn wir die aufgezeigten Probleme nicht bereits zum Großteil in der Schule lösen können, dann werden sie später explodieren. Immer mehr Studien zum Thema *Sozialkapital*[4] zeigen eindeutig, wie wichtig es für eine Gesellschaft ist, in die kleinsten sozialen Einheiten wie Schulen, Vereine und andere lokale Beziehungsnetzwerke zu investieren. Das ist langfristig weit kostengünstiger, als später die Kosten für mehr Polizei, Gefängnisse, Arbeitslosengeld oder teure soziale Betreuungseinrichtungen zu tragen. Die brennenden Banlieues in Paris und die katastrophale soziale Situation in vielen US-amerikanischen Großstädten sollten uns eine Warnung sein, wie schnell das Gefühl einer vernachlässigten Generation, die sich ungerecht und chancenlos fühlt, in Wut und Kriminalität umschlägt.

GIBT ES AUSWEGE FÜR DIE VERNACHLÄSSIGTE GENERATION?

Als in Amerikas Schulen die Gewalttentate immer mehr zunahmen, fragte die Politik verzweifelt, wie man das verhindern könnte. Die Antwort Robert Resslers, Mentor des Kriminalpsychologen Thomas Müller, bei einem Vortrag im Rahmen der FBI-Akademie war ganz klar: »Stellt nicht

10 000 Polizisten vor die Schulen, sondern schickt 10 000 Psychologen in die Schulen.«

Das war natürlich nicht das, was die Politiker hören wollten, die schnell öffentlichkeitswirksame Aktionen präsentieren wollten. Müller ist der Meinung, dass Lehrer, allein schon zeitlich gesehen, einfach nicht in der Lage sein können, mit wirklich problematischen Kindern psychologisch richtig umzugehen. Jeder Mensch und daher jeder Schüler ist total verschieden. Eigentlich brauchten wir für 28 Schüler daher 28 Klassen mit eigenen Lehrern. Umso schwieriger wird es aber, wenn sich unter den 28 Schülern ein echtes Problemkind befindet. Dieses eine Kind kann das Klassenzimmer für alle anderen 27 und für den Lehrer zur Hölle machen. Ganz besonders schlimm wird es, wenn der Lehrer, selbst extrem labil und oft uneinsichtig für Hilfestellung, zum Täter werden könnte. Dann kann er die Lebenswege von Generationen von Schülern zerstören. Und fast jedem von uns ist so ein Schüler oder Lehrer in seiner eigenen Schulzeit mindestens einmal begegnet. Im besten Fall nicht in der eigenen, sondern in der Nachbarklasse. Jeder Direktor weiß natürlich ganz genau, wer die Problemschüler und die Problemlehrer an seiner Schule sind. Den Schüler kann er an eine andere Schule weiterreichen, den Lehrer wird er nie wieder los.

Genug Zeit für Gespräche mit den eigenen Kindern ist für Müller das wichtigste Rezept im Kampf gegen die immer stärkere Brutalisierung an unseren Schulen. Beim ersten Anzeichen von Realitätsflucht von Problemkindern tritt er dafür ein, die Last der Verantwortung von den in anderen Bereichen ausgebildeten Lehrern zu nehmen und bereits in der Frühphase entsprechend ausgebildete Sozialarbeiter oder Psychologen zur Unterstützung der Pädagogen einzusetzen.

Wie die gelebte Praxis der Zusammenarbeit zwischen Lehrern und Sozialarbeitern aussehen kann, zeigt ein Bericht über die Hauptschule Wendstattgasse im zehnten Wiener Gemeindebezirk, der in »Die Zeit« erschienen ist.[5] Das Gebäude liegt in der Per-Albin-Hansson-Siedlung, einem großen Gemeindebau, in dem sich geballter sozialer Sprengstoff angesammelt hat.

»Viele sehen unsere Schule als Sackgasse. Egal, wie engagiert wir sind«, erzählt Direktor Christian Tucheslau. Eltern antworten einfach oft gar nicht auf Briefe der Schule, Sprechtage seien schlecht besucht, und in den Zeitungen werden Hauptschulen überhaupt als »Deppenschulen« dargestellt.

Viele Eltern lassen ihre Kinder mit ihren Schulpflichten allein. Das beginne schon beim Frühstück. Ein Großteil der Kinder käme morgens mit leerem Magen zur Schule. Ihr erster Weg in der Früh führe zum Schulbuffet. Eine Packung Kakao koste 60 Cent, ein Apfel 30 Cent. Daher sind die Lehrer an der Hauptschule gleichzeitig Sozialarbeiter und Familienersatz. Unterstützt werden sie dabei zehn Stunden in der Woche von einer besonders ausgebildeten Beratungslehrerin.

Susanne Mayerhofer war früher selbst Hauptschullehrerin und sieht sich als »Feuerwehr«. Ihr Job sei, Eskalationen zu verhindern. Lehrer wenden sich an sie, wenn ihnen Schüler besonders auffallen. Manche Kinder hätten Angst vor dem Nachhausegehen und wären plötzlich besonders aggressiv oder verschlossen. Ihr steht ein eigener kleiner Raum zur Verfügung, in dem sie mit den Kindern unzensiert und vertraulich sprechen kann. In einer Ecke dieses Zimmers steht ein schwarzer Punchingball. Schüler können zu ihr kommen und ganz einfach darauf einschlagen. »Wenn ich nicht da bin, schieben mir die Kinder oft Zettel unter der Tür durch.«

Dass man mit großem Engagement und einer klaren Vision auch in den härtesten Schulen der Welt erfolgreich sein kann, beweist Bill Strickland seit 20 Jahren mit seinem Manchester Bidwell Training Center. Strickland wurde in einer der ärmsten Gegenden von Pittsburgh als Afroamerikaner geboren. Nachdem er seinen Job als Pilot eines Jumbojets Boeing 747 wegen einer der vielen Luftfahrtkrisen verloren hatte, entschied er sich eines Tages, ein Ausbildungszentrum für hoffnungslose Jugendliche zu bauen. Doch er versuchte nicht etwa, ein heruntergekommenes Gebäude von der Stadtverwaltung zu mieten und einige arbeitslose Lehrer zu rekrutieren. Er ging seinen Traum ganz anders an.

Er gewann einen Schüler des legendären Architekten Frank Lloyd Wright dafür, ein 5700 Quadratmeter großes Gebäude zu entwerfen. Er trieb 6,5 Millionen Dollar auf, um das Projekt auch zu verwirklichen. Vor dem Gebäude wurde eine riesige Wasserfontäne errichtet, innen war viel Licht und Wasser, Orchideen wurden von den Jugendlichen gezüchtet, und es gab nur ausgezeichnetes Essen. »Das Schlimmste, was dir Armut antut, ist nicht der Mangel an Geld, sondern wie sie deine Seele verändert. Licht und Wasser wurden von Gott nicht nur für die Luxusvillen der Reichen gegeben. Ich wollte eine Atmosphäre für die Jugendlichen schaffen, die ihnen zeigte, wie schön das Leben sein konnte.« Ich hatte die große Freude, mit Bill Strickland 2007 drei Tage im Stift Melk zu verbringen, und empfehle allen, die daran glauben, dass man die Welt sehr wohl auch als Einzelner verbessern kann, sich mit ihm und seinem Projekt auseinanderzusetzen.[6] Nur eine Zahl, die seinen großartigen Erfolg dokumentiert: In den ersten fünf Jahren erreichten fast 80 Prozent der vorher völlig chancenlosen Jugendlichen, die sein Programm besuchten, einen Abschluss und absolvierten ein College.

Was wir aber von diesem führenden Sozialreformer für die Situation in unseren schlimmsten Klassenzimmern lernen können, ist, dass es immer Hoffnung gibt. Respekt und Wertschätzung sind die wichtigsten Waffen, die Bill Strickland und seine Lehrer jeden Tag einsetzen, um die verlorenen Jugendlichen seiner Heimatstadt Pittsburgh für das Leben zurückzugewinnen. Seine Schule ist übrigens die einzige im ganzen Viertel, in der die Schüler nicht mit Metalldetektoren auf Waffen untersucht werden.

Bill Strickland hat den Traum, 100 Ausbildungszentren für benachteiligte Jugendliche auf der ganzen Welt zu gründen. Demnächst wird eines in Costa Rica eröffnet. Er dient als Beispiel dafür, wie hoch qualifizierte und motivierte Einzelkämpfer noch vieles retten können, was ein schlimmes soziales Umfeld angerichtet hat. Und Gott sei Dank gibt es auch in Österreich und Deutschland viele ähnliche engagierte Menschen.

Nur: Auch noch so viele Einzelkämpfer werden nie ausreichen, um die Talente jener Kinder zu retten, deren Eltern mit ihrer Erziehung einfach überfordert sind. Die Schule hat in Zukunft gar keine andere Wahl, als es zu einer ihrer Hauptaufgaben zu machen, Verantwortung für diese Kinder zu übernehmen. Denn viele dieser Kinder werden selbst wieder Eltern sein. Manche früher, als es für sie gut ist. Die Sehnsucht nach einer glücklichen Familie steht bei der jungen Generation ganz oben in der Werteskala – noch weit vor materiellen Werten. Dort liegt auch die Chance.

Noch vor 200 Jahren waren Kinder Investitionsobjekte. Man bekam sie, weil es sich wirtschaftlich lohnte, sie auf den

Feldern mitarbeiten mussten oder man einen Nachfolger für den Betrieb brauchte. Kinder waren eine Altersversorgung. Sie waren einfach nützlich.

Heute sind Kinder in der Regel Wunschkinder. Kinder zu erziehen ist spannender als jeder Beruf und jeden Tag ein neues Abenteuer. Es geht dabei um Zeit, Zuneigung, Zärtlichkeit.

Kinder sind die einzige unkündbare Beziehung im Leben eines Menschen.

Anmerkungen:

1 Bericht des Bundesinstituts für Bevölkerungsforschung
2 Klaus Hurrelmann in einem Gespräch über: Brauchen wir den Elternführerschein?, in: GEO WISSEN 37.
3 Bernhard Bueb, Lob der Disziplin. Eine Streitschrift. Berlin: List 2007[13]
4 Ernst Gehmacher: Die soziale Klimakatastrophe, in: Conturen 4/07.
5 Wenn die Kinder nicht stottern, dann ist alles okay, in: Die Zeit, 10.5.2007.
6 www.manchesterbidwell.org

Das Schwarze Loch
oder
Wohin die Talente vieler junger Menschen
auf dem Weg zum Erwachsenen verschwinden

Denn es ist wie bei einem Menschen, der verreisen wollte, seine Knechte rief und ihnen seine Güter übergab; dem einen gab er fünf Talente, dem andern zwei, dem dritten eins, einem jeden nach seiner Kraft, und reiste ab.

Da ging der, welcher die fünf Talente empfangen hatte, hin und handelte mit ihnen und gewann fünf andere. Das Gleiche tat, der die zwei Talente empfangen hatte. Er gewann auch zwei andere. Der aber das eine empfangen hatte, ging hin, grub die Erde auf und verbarg das Geld seines Herrn.

Nach langer Zeit kommt der Herr dieser Knechte und hält Abrechnung mit ihnen. Da trat der hinzu, der die fünf Talente empfangen hatte, brachte noch fünf andere Talente herzu und sprach: »Herr, du hast mir fünf Talente übergeben; siehe, ich habe damit fünf andere gewonnen.« Sein Herr spricht zu ihm: »Gut, du braver und treuer Knecht! Du bist über wenigem treu gewesen, ich will dich über vieles setzen; gehe ein zu deines Herrn Freude!« Da trat auch der hinzu, welcher die zwei Talente empfangen hatte, und sprach: »Herr, du hast mir zwei Talente übergeben; siehe, ich habe zwei andere Talente gewonnen.« Sein Herr spricht zu ihm: »Gut, du braver und treuer Knecht! Du bist über wenigem treu gewesen, ich will dich über vieles setzen; gehe ein zu deines Herrn Freude!« Da trat auch der hinzu, der das

eine Talent empfangen hatte, und sprach: »Herr, ich wusste,
dass du ein harter Mann bist; du erntest, wo du nicht gesät,
und sammelst, wo du nicht ausgestreut hast; und ich fürchtete
mich, ging hin und verbarg dein Talent in der Erde. Siehe, da
hast du das Deine!« Aber sein Herr antwortete und sprach
zu ihm: »Du böser und fauler Knecht! Wusstest du, dass ich
ernte, wo ich nicht gesät, und sammle, wo ich nicht ausge-
streut habe? Dann hättest du mein Geld den Wechslern brin-
gen sollen, so hätte ich bei meinem Kommen das Meine mit
Zinsen zurückerhalten. Darum nehmt ihm das Talent weg
und gebt es dem, der die zehn Talente hat! (Matthäus 25,
14–28)

Im Neuen Testament erzählt Jesus diese Geschichte über
Talente. Ein »Talent« war damals eine Währungseinheit.
Aber man kann in dieser Geschichte das Wort »Talent«
sicher auch im übertragenen Sinn verstehen, nämlich als Begabung. Diese Stelle gilt als eine der schwierigsten im Mat-
thäus-Evangelium, denn sie gibt Raum für eine Vielzahl von
Interpretationen. Finden Sie, dass der Herr ungerecht ist?
Schließlich hat er dem einen Knecht fünf Talente gegeben,
dem anderen zwei und dem dritten gar nur eines. Ist es nicht
unfair, dem, der ohnehin ganz wenig bekommen hat, dann
vorzuwerfen, dass er mit allen Mitteln verhindern wollte,
das Wenige auch noch zu verlieren? Was ist die Moral dieser
ganzen Geschichte?

Eines wird in dieser Geschichte nie in Frage gestellt – nämlich, dass Gott gerecht ist – und dass es an uns selbst liegt,
was wir aus Begabungen machen, die er uns mitgegeben hat.

Agnostiker oder Atheisten sind wohl eher davon überzeugt, dass ihre Veranlagungen stark von den mittlerweile
wissenschaftlich schon sehr gut erforschten Gesetzen der

Genetik bestimmt sind. Zwei der führenden Genetiker der Welt, Richard Dawkins und Craig Venter, dem es als erstem Forscher gelungen ist, die menschliche DNA zu entschlüsseln, sind überzeugte Atheisten. Ob gläubig oder Atheist, die für jeden spannende Frage ist, welche Einflussfaktoren insgesamt darüber entscheiden, ob eine angeborene Begabung im Laufe des Lebens genutzt wird oder ob sie in jenem Schwarzen Loch endet, in dem der dritte Knecht sein Talent selbst vergraben hat.

DEM ERFOLG UND SCHEITERN VON TALENTIERTEN TEENAGERN AUF DER SPUR

Genetiker sagen: »Die Gene sind Bleistift und Papier, aber die Geschichte schreiben wir selbst.« Das Talent eines Menschen hängt von vier Faktoren ab:

- der genetischen Veranlagung
- dem Umfeld von Gesellschaft, Eltern, Lehrern und Freunden
- der Eigenmotivation
- dem Zufall

Welche dieser Faktoren entscheiden tatsächlich darüber, ob junge Menschen ihr Talent gut umsetzen können oder ob es verloren geht – und wer ist dafür verantwortlich?

Eine aufwendige Studie von Mihaly Csikszentmihalyi untersuchte 208 ausgewählte talentierte Teenager[1] von ihrem Eintritt in die Highschool, die amerikanische Form unserer Oberstufe, bis zu ihrem Schulabschluss. Alle wurden von ihren Lehrern vor dem Beginn der Highschool als besonders begabt in den fünf Fächern Kunst, Sport, Mathematik, Musik und Naturwissenschaften identifiziert.

Im Zentrum der Untersuchung stand die Frage, wie die große Lücke zwischen dem hohen Prozentsatz talentierter Kinder und dem weit geringeren Prozentsatz besonders begabter Erwachsener entsteht. Die Ausgangsthese war, dass die Weiterentwicklung von Talenten eines der wichtigsten Ziele der Gesellschaft sein sollte, um den humanitären Fortschritt gewährleisten zu können. Ich will mich bei der kompakten Darstellung der Ergebnisse dieser Studie vor allem auf drei Aspekte konzentrieren:

1. Welche Rolle spielt die Gesellschaft dabei, ob sich Talente auf bestimmten Gebieten entfalten können?
2. Was sind die Gründe, warum manche der besonders begabten Jugendlichen ihr Talent während der Schulzeit weiterentwickeln können, während andere es verschwenden?
3. Welchen Einfluss hat die Schule auf die Entwicklung von Talenten?

Dem vierten wichtigen Aspekt – der Rolle der Eltern – habe ich das ganze Kapitel *Prinzip Selbstverantwortung oder Wie Eltern die Talente ihrer Kinder richtig fördern können* gewidmet.

Um eines gleich vorwegzunehmen: Erwarten Sie keine einfachen Antworten. Talent ist keine natürliche Eigenschaft wie ein hoher IQ oder künstlerisches Genie, das einem Menschen angeboren ist, sondern ein komplexes soziales Phänomen. Schon allein was in einer Gesellschaft als besonders wertvolle Eigenschaft gewertet und daher anerkannt wird, ist sehr unterschiedlich. So galt Epilepsie in manchen Kulturen als göttliche Gabe und wurde hoch verehrt. In unserer Gesellschaft gelten Menschen, die einen IQ von höher als 130 haben, als besonders begabt, das hängt aber mit dem sehr hohen Stellenwert zusammen, den wir dem abstrakten logischen Denken geben.

Talent kann man sich daher am besten als eine Entwicklungschance vorstellen, und nicht als etwas, das man hat oder nicht. Talent ist ein Prozess, der sich über Jahre entfaltet, und nicht etwas, mit dem man geboren ist und das man für den Rest seines Lebens besitzt. Talent bei Kindern bedeutet daher immer nur die Möglichkeit, dass etwas Besonderes daraus wird. Oder, um es eindeutiger zu formulieren: Talente haben leider eine besonders hohe Kindersterblichkeitsrate.

1. Die Rolle der Gesellschaft

Angeborenes Talent auf einem bestimmten Gebiet erhöht die Wahrscheinlichkeit, auch bessere Leistungen zu erzielen. Voraussetzung dafür sind immer Umweltbedingungen, die überhaupt erst ermöglichen, dass sich ein Talent entwickeln kann. Wenn Mozart in Afrika aufgewachsen wäre, wo es kein Klavier gab, gäbe es heute seine Oper »Die Zauberflöte« nicht. Genauso wenig könnte ein junger Mensch, der mathematisch genial begabt ist, ein großer Mathematiker werden, wenn es keine Fachexperten, keine wissenschaftlichen Institutionen und vor allem keine gesellschaftliche Anerkennung der Mathematik in seiner Gesellschaft gäbe, wie das Beispiel von Srinivasa Ramanujan Aiyangar zeigt.

Sein insgesamt neun Seiten langer Brief, der am 16. Januar 1913 an den damals führenden Mathematiker der Welt, Godfrey Harold Hardy, gerichtet war, enthielt eine Vielzahl mathematischer Sätze, allerdings ohne Beweise. Hardy erkannte das Talent des jungen Inders und war tief beeindruckt von dessen Formeln. Ein einfacher Blick reichte Hardy, um zu erkennen, dass diese nur von einem Mathematiker höchster Klasse entwickelt worden sein könnten. Hardy lud Ramanujan nach England ein. Und es sollte sich zeigen, dass Hardy nicht nur selbst ein grandioser Mathematiker, sondern auch als Talententdecker Weltklasse war. Ramanujan entwickelte sich zu einem der größten Mathematikgenies seines Jahrhunderts und wurde »Fellow of the Royal Society«, eine der höchsten wissenschaftlichen Auszeichnungen seiner Zeit. Für die meisten seiner revolutionären Formeln lieferte er keine Beweise, sie wurden aber von Mathematikern späterer Generationen bestätigt. Doch dies soll kein Buch über die Entdeckung der Geheimnisse der Mathematik sein, das kann Rudolf Taschner wahrlich besser.

Die spannende Lebensgeschichte von Ramanujan soll nur aufzeigen, wie knapp die Grenze zwischen Ruhm und Bedeutungslosigkeit ist – auch großes Talent muss erst entdeckt werden. Nicht einmal sein Ehrgeiz und seine hohe Eigenmotivation hätten ausgereicht, um es in Indien zu mehr als einem tüchtigen Buchhalter in der Hafenverwaltung mit einem seltsamen Hobby zu bringen. Mathematik war in Indien damals weder ein besonders angesehenes Gebiet, noch war das Land mit den führenden Experten auf der Welt vernetzt. Die große Leistung von Ramanujan bestand darin, sich erst die Aufmerksamkeit und dann den Zugang zu jener Welt zu erkämpfen, in der man sein Talent überhaupt erkennen konnte.

Angeborenes Talent auf einem bestimmten Gebiet erhöht die Wahrscheinlichkeit, auch bessere Leistungen zu erzielen. Voraussetzung dafür sind immer Umweltbedingungen, die überhaupt erst ermöglichen, dass sich ein Talent entwickeln kann. Ramanujan wuchs zumindest in einem Umfeld und in einer sozialen Schicht auf, in der er Lesen, Schreiben und Rechnen lernte. Wir können uns aber leicht vorstellen, wie viele hoch entwickelte genetische Anlagen der Menschheit durch die Tatsache verloren gehen, dass viele Menschen nie richtig lesen und schreiben lernen wie in armen Dritte-Welt-Ländern. Allein dieses Faktum zeigt, wie leicht widerlegbar die Behauptung ist, dass sich Begabung ohnehin im Leben immer durchsetze. In einer Kultur, die bestimmten Fachgebieten keine Relevanz gibt, oder in Ländern, denen die ökonomischen Möglichkeiten fehlen, der Mehrheit der Bevölkerung auch nur Lesen und Schreiben beizubringen, geht zweifellos eine Vielzahl von Talenten verloren, ganz unabhängig davon, wie ehrgeizig und begabt ein junger Mensch ist.

Beschämend ist, dass auch reiche Länder wie die USA, Deutschland und Österreich nicht in der Lage sind, allen Kindern zumindest Lesen und Schreiben in einer ausreichenden Qualität beizubringen, wie die erschreckend hohen Analphabetismusraten von bis zu 21 Prozent in diesen Ländern zeigen. Für dieses Versagen gibt es keine Entschuldigung.

2. Worin sich talentierte Kinder unterscheiden

> *»Viele Menschen suchen nach dem Glück wie ein Betrunkener nach seinem Haus. Sie können es nicht finden, aber sie wissen, dass es existiert.«*
>
> *Voltaire*

Die 208 in der Studie von Csikszentmihalyi interviewten Jugendlichen wiesen große Unterschiede darin auf, wie gerne sie ihre Begabung auch tatsächlich ausübten. Obwohl sie alle über ein sehr hohes Begabungsniveau verfügten, litten manche sehr unter dem großen Leistungsdruck, dem sie von ihren Eltern und Lehrern her ausgesetzt waren. Einige der mathematisch Begabten waren sehr selbstbewusst, was ihre Fähigkeiten betraf, während andere, die objektiv gesehen gleich begabt waren, sich für nicht klug genug hielten. Manche wählten freiwillig Kurse, die unter ihrem Niveau waren, um ihre Eltern mit guten Noten zu befriedigen. Andere waren so motiviert, dass sie es nicht erwarten konnten, jeden Tag in die Schule zu gehen.

Ein wesentliches Ergebnis ist, dass talentierte Schüler, deren Hauptmotivation aus der Ausübung ihrer Begabung kommt, nicht nur langfristig erfolgreicher, sondern – und das ist noch viel wesentlicher – auch glücklicher mit ihrem Leben sind. Ähnlich talentierte Schüler, die primär durch Druck oder in Erwartung von zukünftigen Belohnungen motiviert sind, verlieren oft die Lust an ihrem Talent, hören auf, es auszuüben, und es ist für sie selbst und für alle verloren. Diese und andere Studien zeigen auch, wie groß die Gefahren sind, dass Begabungen die Pubertät nicht »überleben«. Die Wahrscheinlichkeit, dass eine Begabung, die in der Pubertät nicht mit viel Konzentration, hoher Intensität und Freude ausgeübt wird, im späteren Leben wieder genutzt wird, ist sehr gering. Bestenfalls wird einmal ein Hobby daraus.

Die Studie weist auch nach, dass es für die langfristige Ausübung des Talents sehr wichtig ist, dass die jungen Naturwissenschaftler früh erleben, dass Forschen auch Freude macht und nicht nur Pflicht ist. Dagegen ist es für junge Künstler entscheidend, rechtzeitig zu beginnen, über den langfristigen Nutzen ihres Schaffens nachzudenken.

Von der Persönlichkeitsstruktur her zeichnen sich die begabten Kinder, die ihr Talent auch während der Pubertät weiterentwickeln können, vor allem durch zwei Eigenschaften aus, die unabhängig vom Ausmaß und dem Gebiet ihrer Begabung sind:

Erstens sind sie offen für das tiefe positive Erleben, das ihnen die Ausübung ihres Talents ermöglicht, und sie lassen sich weniger von anderen Dingen ablenken als vergleichbare Altersgenossen. Sie geben der Ausübung ihres Talents mehr Priorität als dem Verbringen von Zeit mit Freunden, Fernsehen, aber auch Tätigkeiten wie Hausarbeit oder Hobbys.

Zweitens brauchen sie auch mehr Zeit des Alleinseins, um ihr Talent vertiefen zu können. Das führt mitunter zu emotionalen Schwankungen und düsteren Stimmungen, die sie aber durch die Glücksgefühle, die sich durch das Ausleben ihres Talents einstellen, ausgleichen können.

3. Die Schule als Talentfalle

Die positive Wirkung einer harmonischen Familie, die ihr Kind fördert und unterstützt, kann von demotivierenden negativen Lernerfahrungen in der Schule völlig unterminiert werden. Der Einfluss der Schule kann gar nicht überschätzt werden, wenn es darum geht, ob Talente in der schwierigen Zeit der Pubertät überleben oder im Schwarzen Loch versinken.

Csikszentmihalyi verwendete in der Studie spezielle Pager, die die Schüler nach dem Zufallsprinzip mehrmals am Tag aufforderten, bestimmte Fragen zu ihrer Tätigkeit im jeweiligen Augenblick auf Notizblöcken zu notieren. Dabei stellte sich heraus, dass die Schüler sich am wohlsten auf den Gängen und im Buffet gemeinsam mit ihren Freunden fühlten. Dagegen empfanden sie 75 Prozent der Dinge, die sie im offiziellen Unterricht tun mussten, als demotivierend. Interessant ist, dass sowohl die Motivation als auch die Aufmerksamkeit bei freiwilligen Übungen, die außerhalb des offiziellen Unterrichts stattfanden, durchaus hoch war. Es ist folglich keineswegs mangelndes Interesse zu lernen, sondern ganz offensichtlich die Art des klassischen Schulunterrichts, die Schüler so abstieß. Die offizielle Zeit im Unterricht wurde von der überwiegenden Mehrzahl als langweilig empfunden – Zeit, die man als verloren betrachtete. Überspitzt formuliert kann man sagen, das Positive an der Schule waren für die Schüler die Pausen, die gemeinsame Zeit mit den Klassenkameraden und die Freude aufs Nachhausegehen, um dann endlich das tun zu können, wofür sie sich wirklich interessierten. Das galt besonders für hoch talentierte Schüler. Ein verheerender Befund, den die Schüler den Schulen ausstellten. Warum fühlen sich Schüler so unwohl während der Unterrichtsstunden?

Wieder einmal hängt fast alles von den Lehrern ab. Die Schlüsselrolle der Schule bei der Förderung der Talente nehmen Lehrer ein, die sich nicht mit der Rolle des technokratischen theoretischen Wissensvermittlers zufriedengeben, sondern Begeisterung für ihr Fach wecken können und auch persönliche Beziehungen zu ihren Schülern aufbauen. Diese Lehrer unterrichten nicht defensiv nach der »Und täglich grüßt die Langeweile«-Methode, sondern ihnen ist es ein leidenschaftliches Anliegen, ihre Schüler stark im Unterricht zu aktivieren und sie nach ihren Leistungsmöglichkeiten zu fordern. Viele Jugendliche finden das Leben der Erwachsenen, die sie kennen, also das ihrer Eltern und Verwandten, total langweilig und sinnentleert. Enthusiastische Lehrer vermitteln ihren Schülern dagegen, dass das Leben mehr ist, als seine Zeit lustlos im Beruf abzudienen, jeden Monat sein Geld zu erhalten und sich auf das Wochenende zu freuen – »Starlehrer« sind einfach interessante Menschen. Sie werden dann auch zu Idolen der Jugendlichen, die im Laufe des Lebens durchaus länger in Erinnerung bleiben als die vielleicht kurzfristig verehrten Popstars und Filmhelden ihrer Jugend. Es war bei den vielen Gesprächen, die ich für dieses Buch geführt habe, immer wieder faszinierend, mit welcher Begeisterung Menschen über ihren Lieblingslehrer sprechen. Beim Mathematiker Rudolf Taschner war das sein Chemielehrer, der Dichter und Geigenspieler war, der Kafka während chemischer Experimente rezitierte und die Verbindung von Goethes »Wahlverwandtschaften« mit den Elementen aufzeigte.

Zusammenfassend die Ergebnisse der Studie von Csikszentmihalyi über talentierte Teenager:

Die Chance, dass ein individuelles Talent entdeckt und ausgeübt werden kann, ist sehr von der Wertschätzung abhängig, die eine Kultur einem bestimmten Fachgebiet entgegenbringt. Daher geht schon eine Vielzahl von Talenten verloren, weil sowohl die wirtschaftlichen als auch die praktischen Möglichkeiten fehlen, damit sich bestimmte Talente überhaupt entwickeln können. Die wichtigste Aufgabe der Erziehung besteht darin, ein Umfeld zu schaffen, das bei Schülern Glückserlebnisse auslöst, wenn sie ihre Talente ausüben – zu ihrem eigenen Nutzen und dem der Gesellschaft. Der wichtigste individuelle Faktor, der über Erfolg oder Scheitern begabter Kinder entscheidet, ist, dass die späteren Erfolgreichen in der Pubertät sehr konzentriert und mit hohem Zeitaufwand ihr Talent ausüben, es zu ihrem wichtigsten Lebensinhalt machen. Sie lassen sich weniger als vergleichbare Teenager von anderen Dingen ablenken.

Der Schule kommt eine Schlüsselrolle bei der Förderung von Talenten zu, und sie versagt in vielen Fällen leider kläglich bei dieser Aufgabe. Je talentierter ein Kind ist, umso frustrierter reagiert es auf schlechten und langweiligen Unterricht. Obwohl das emotionale Band zwischen Lehrer und Schülern natürlich nie die gleiche Stärke wie zwischen Eltern und Kindern erreichen kann, sind engagierte Lehrer oft die einzige Chance für talentierte Schüler, wenn sie zu Hause nicht unterstützt werden. Lehrer liefern auch die entscheidenden Rollenvorbilder für Schüler, wie Experten eines bestimmten Fachgebietes aussehen. Und je nachdem, wie attraktiv dann ein Lehrer auf den Schüler wirkt, umso eher kann er sich vorstellen, sich seinem Talent auf diesem Gebiet hinzugeben, um auch einmal so zu werden wie sein Lieblingslehrer.

Diese Prozesse spielen sich natürlich unbewusst ab. Man unterschätzt die Vorbildfunktion, die Lehrern für die von ihnen vertretenen Fachgebiete zukommt. Schüler müssen das Gefühl haben, dass sie zu einem bestimmten Fachgebiet ihres Talents einmal etwas Wertvolles werden beitragen können. Und dazu benötigen sie die Bestätigung durch einen enthusiastischen Lehrer.

Das folgende Beispiel zeigt, wie heikel und fordernd die Beziehung zwischen einem großen Lehrer und einem einzigartigen Talent sein kann – und wie schmal der Pfad zwischen dem Absturz ins Schwarze Loch und dem Aufstieg ins Rampenlicht der Welt ist.

1981 landete der aus Kiew ausgewanderte Boris Kuschnir ohne Geige und ohne Geld in der Tasche in Wien. Er spielt Zubin Mehta vor, und durch eine Reihe von glücklichen Zufällen wird der hochbegabte Geiger, der am Moskauer Tschaikowsky-Konservatorium studiert hat, Erster Konzertmeister am Brucknerorchester in Linz. Sein größtes Talent entdeckt er aber auch durch einen Zufall.

Im Alter von acht Jahren spielt ihm der damals völlig unbekannte Julian Rachlin vor. Rachlin wurde von einigen Lehrern, denen er vor Kuschnir vorgespielt hat, durchaus großes Talent bescheinigt, das schlummernde Genie entdeckte aber keiner. Woran er denn das Genie von Rachlin erkannt habe, frage ich Boris Kuschnir, der ja zuvor überhaupt nicht als Lehrer tätig war. »Der kleine Rachlin hat großartig Hunderte von Noten gespielt, wie so viele andere besonders begabte junge Musiker, aber da gab es eine Note, eigentlich eine halbe Note, die war genial. Es war wie ein Schatten, den ich erkannt habe. Und ich habe von diesem Augenblick an versucht, ihm zu helfen, die zweite Hälfte dieser halben Note selbst zu entdecken.«

Boris Kuschnir erkannte durch Julian Rachlin die Gnade seines eigenen Talents. Er konnte junge Talente wie mit Röntgenstrahlen durchleuchten. Es geht wie in jeder guten Ausbildung darum, ein Fundament aufzubauen, das dann viele Jahre hält. Viele große Talente gehen der Musik etwa mit zwanzig Jahren verloren, weil die Musiker beim Spielen Haltungsfehler haben, die ihnen dann schwer zu schaffen machen.

Die Herausforderung im Umgang mit Talenten ist nicht,

Dinge vorzuschreiben. Man darf sich nicht einmischen, sondern nur dem Talent bei seiner Entfaltung helfen. Sonst besteht die große Gefahr, dass »der kleine Rachlin wie der große Kuschnir spielt – aber er soll ja sein eigenes Genie entfalten, darauf kommt es an.«

Der Lehrer, so Kuschnir, müsse die Größe haben, um mit einem Genie auf einem Niveau kommunizieren zu können, aber ohne es zu bevormunden. Viele Schüler verlassen ihren Lehrer leider viel zu früh und kommen daher über ein bestimmtes Niveau nie hinaus.

Unser Schulsystem kann mit derartigen Ausnahmebegabungen leider nur sehr schlecht umgehen. Selbst an dem Musikgymnasium, das Rachlin besuchte, herrschte wenig Verständnis dafür, dass die wichtigste Zeit zum Üben für ihn zwischen acht und vierzehn Uhr war, also in der Zeit des regulären Unterrichts. Nach der Schule seien Kinder einfach sehr müde, und der Zwang der Hausaufgaben tue sein Übriges. Man könne keine Ausnahmen zulassen, für ein einziges Kind könne nicht alles anders sein, wurde dann oft aufseiten der Schule argumentiert. Die einzige ehrliche Antwort, die der Schüler Rachlin natürlich nicht geben kann, wäre: »Ich bin eine Ausnahme, weil ich genial bin.« Besondere Menschen brauchen besondere Regeln – und die sind in unserem System leider nicht vorgesehen. Zumindest nicht so lange, bis der große Ruhm ausbricht.

1988 gewann Julian Rachlin als Dreizehnjähriger den begehrten »Young Musician of the Year«-Preis der Eurovision in Amsterdam. Über Nacht erntete er internationale Lobeshymnen. Nach diesem Erfolg lud ihn Lorin Maazel zu den Berliner Festwochen mit dem Orchestre National de France ein und wenig später zu einer Tournee durch Europa und Japan mit dem Pittsburgh Symphony Orchestra. Mit fünfzehn Jahren spielte Rachlin als jüngster Solist, der je zusammen mit den Wiener Philharmonikern musiziert hat, unter der Leitung von Riccardo Muti.

Schnell meldeten sich einige »Freunde« des talentierten Schülers bei seinen Eltern. Er müsse jetzt nach Amerika, er brauche die berühmtesten Lehrer, er müsse die wirtschaftlichen Chancen durch ausgedehnte Tourneen nutzen. Julian Rachlin hatte kluge Eltern, die höflich, aber bestimmt antworteten: »Wir sind sehr zufrieden mit seinem Lehrer. Wir bleiben in Wien, weil er sich hier wohlfühlt.«

Was treibt den Meisterlehrer Boris Kuschnir eigentlich selbst an, was macht ihn glücklich? »Wenn ich Menschen helfen kann, dann bin ich glücklich. Wenn mich große Musiker aus der ganzen Welt anrufen, um mir einen Schüler vorzuschlagen, dann bin ich natürlich stolz.«

Es mag für den hoch motivierten Hauptschul- oder AHS-Lehrer, der in unserem System nicht die Wertschätzung bekommt, die er verdient, wenig Trost sein, dass auch ein Meisterlehrer wie Boris Kuschnir in Österreich seine Niederlagen einstecken musste. Kuschnir ist zwar seit vielen Jahren Professor der »Konservatorium Wien Privatuniversität« und »ordentlicher Professor« an der Kunstuniversität Graz, aber als er sich vor einigen Jahren um eine von zwei vakanten Professuren an der Universität für Musik und darstellende Kunst in Wien bewarb, kamen trotz seines hervorragenden Probeunterrichts andere zum Zuge. Und das bei jemandem, der mit Julian Rachlin und Nikolaj Znaider zumindest zwei Musiker an die Weltspitze geführt hat...

Unzweifelhaft hat eine Gesellschaft sehr wohl Einfluss darauf, welchen Stellenwert bestimmte Talente haben und wie man besonders günstige Bedingungen für sie schafft.

Österreich und Deutschland sind daher gut beraten, sich weniger auf die nächsten genetisch bedingten Supergenies wie Mozart oder Goethe zu verlassen, sondern die individuelle Förderung von Talenten auf möglichst vielen, heute vielleicht auch gar nicht als bedeutend erkannten Gebieten zur nationalen Priorität zu machen. Uns sollte sehr zu denken geben, welchen Stellenwert Singapur seinen Lehrern gibt und welche Ergebnisse dieser erst 1965 gegründete Staat damit schon erzielt hat. Singapur, das keinerlei natürliche Rohstoffe oder Anbauflächen besitzt, hat erkannt, was der wichtigste Rohstoff einer Nation ist: das geistige Potenzial seiner Kinder.

Abseits von allen volkswirtschaftlichen Wettbewerbsüberlegungen mit dem Ziel, sich nationale Vorteile zu verschaffen, gibt es einen wesentlich wichtigeren Grund, warum wir dem Entdecken und Fördern von Talenten einen viel höheren Stellenwert in unserer Gesellschaft geben sollten. Und der betrifft uns alle. Es geht um unser persönliches Glück. Viele Studien bestätigen, dass Geld, Sicherheit und ein bestimmtes Maß an Komfort für uns durchaus notwendig sein mögen, aber nicht entscheidend sind. Für ein glückliches Leben brauchen wir das Gefühl, dass unsere Talente wertvoll sind und anerkannt werden. Voraussetzung dafür ist, dass diese Begabungen rechtzeitig erkannt und gefördert werden.

Um es zum Schluss ganz einfach zu machen: Aus einem talentierten Kind wird dann ein auf seinem Gebiet erfolgreicher Erwachsener, wenn es ihm selbst große Freude macht, sein Talent möglichst intensiv auszuleben. Eine unterstützende Familie erweist sich dabei als sehr hilfreich, und enthusiastische Lehrer können einen entscheidenden Beitrag dazu leisten, damit Begabungen nicht ins schwarze Loch abstürzen. Der wichtigste Faktor ist eindeutig die Eigenmotivation des talentierten Kindes. Wir haben unser Schicksal selbst in der Hand.

»Du schreibst die Geschichte deines Lebens selbst – und du kannst deine eigene Legende schaffen, oder auch nicht«, meint die chilenische Schriftstellerin Isabel Allende.

Anmerkungen:

1   Mihaly Csikszentmihalyi: Talented Teenagers: The Roots of Success and Failure. Cambridge: Cambridge University Press 1993.

Prinzip Selbstverantwortung

oder
Wie Eltern die Talente ihrer Kinder richtig fördern können

Geben Sie bitte einmal den Begriff »smart baby« bei www.amazon.com in Ihren Computer ein. Bei mir führte dieses kleine Experiment zu 114 Nennungen von Büchern, die von Titeln wie »How to Multiply Your Baby's Intelligence« über »Smart Baby, Strong Baby« bis zu »How Smart is Your Baby?« reichten. Diese Bücher enthalten natürlich alle die bei amerikanischen Büchern typischen Checklisten wie »Die Entwicklung Ihres Babys Woche für Woche und wie Sie helfen können«. Wenn Sie die Übung auf Deutsch mit den Begriffen »Baby Intelligenz« versuchen, kommen Sie durchaus auch auf interessante Ergebnisse.

Sollte Ihr Interesse geweckt sein, den US-Topbestseller von Glenn und Janet Doman zu diesem Thema gibt es natürlich auch schon lange auf Deutsch mit dem Titel: »Wie Sie die Intelligenz Ihres Babys vervielfachen. Wer früh beginnt...«

Nur wie früh sollte Begabungsförderung beginnen?

Das Wichtigste für ein Kind sind unumstritten die ersten drei Lebensjahre. Eine intensive emotionale Beziehung zur Mutter oder zu einer anderen fixen Bezugsperson ist die entscheidende Prägung für die psychische Gesundheit und Stabilität der Persönlichkeit für den Rest des Lebens. Um es an einem krass überzeichneten Beispiel klarzumachen: Vergleichen wir die Chancen für eine gesunde Persönlichkeitsentwicklung für zwei Kinder: Im Fall A hat es bis zum dritten Lebensjahr eine tiefe und glückliche Beziehung zu seiner Mutter, diese stirbt dann aber durch einen Unfall, und das Kind landet in einem Waisenhaus oder bei entfernten, wenig sorgenden Verwandten. Im Fall B wächst das Kind in den ersten drei Lebensjahren bei einer Mutter auf, die, aus welchen Gründen auch immer, nicht in der Lage ist, eine warmherzige Beziehung zu ihrem Kind aufzubauen, und dieses fühlt sich emotional abgelehnt. Anschließend wird ihr Kind von besonders fürsorglichen Eltern adoptiert, die sich aufrichtig bemühen, dem Kind eine fördernde Erziehung mit allen Möglichkeiten zukommen zu lassen. Die Wahrscheinlichkeit, eine emotional gefestigte und beziehungsfähige Persönlichkeit zu werden, sind für das Kind im Fall A deutlich besser. Die tiefe Verletzung der ersten drei Jahre im Fall B ist sehr schwer wiedergutzumachen. Die emotionale Geborgenheit ist für das Kleinkind also das Wichtigste.

Doch wie steht es mit dem Lernen? Wann und wie sollen verantwortungsvolle Eltern beginnen, den natürlichen Lerntrieb ihres Kindes zu fördern? Im Prinzip zeigt uns die Hirnforschung, dass ein Kind desto schneller Neues lernt, je mehr es schon weiß.[1] Langzeitstudien belegen, dass Kinder, die sich frühzeitig mit mathematischen Phänomenen beschäftigt haben, noch Jahre danach leichter rechnen lernen. Die Neurowissenschaften weisen nach, dass Lernen ein aktiver und assoziativer Vorgang ist, das heißt, Informationen lassen sich eben nicht beliebig in unseren Kopf hineinstopfen, wie viele Lehrer glauben. Das Gehirn selektiert aus der Flut von Reizen jene, die ihm bedeutsam erscheinen, und das sind vor allem Fakten, Klänge und Bilder, die mit früheren Erfahrungen zusammenhängen. Die Lernforschung im

Labor bestätigt also, dass Lernen theoretisch genau so stattfindet, wie Howard Gardner es in seinem Konzept der multiplen Intelligenzen darstellt.[2] Diese wissenschaftlichen Erkenntnisse haben einen Trend zur frühkindlichen Förderung ausgelöst, dessen Angebote leider oft auf der vorschnellen Nutzung von populärwissenschaftlichen Ratgebern basieren.

Von der Mongolei über New York, von Hamburg bis Wien stressen sich wohlhabende Eltern mit einer großen Herausforderung: ihr Kind in der richtigen Vorschule unterzubringen. Startete der Kampf um die besseren Karrierechancen für den eigenen Nachwuchs früher meistens damit, das richtige Gymnasium oder Internat für den zehnjährigen Sprössling oder die höhere Tochter zu finden, beginnt dieser Wettbewerb für manche Kinder bereits mit zwei bis drei Jahren. Das schlechte öffentliche Schulsystem, Arbeitsplatzsorgen und Angst vor einer noch härteren Konkurrenz in einer globalisierten Welt plagen zunehmend nicht nur die begüterte Oberschicht, sondern auch den Mittelstand.

»Ich will bei meinem Kind nichts versäumen. Ich habe es spät bekommen, und es wird auch bei einem Kind bleiben – ihm will ich alles bieten«, sagt eine Mutter,[3] die ihr Kind in einem »Früh-Englisch«-Kurs untergebracht hat. »Am liebsten würde ich für meine dreijährige Tochter auch noch einen Spanisch- und einen Französisch-Kurs buchen. Für mich ist das die Liebe, die ich weitergebe.«

An dieser Liebe ehrgeiziger Eltern gedeiht ein explodierender Markt für Frühförderung. Die Palette reicht von »Benimmkursen« oder Beschallungen in diversen Sprachen zur rechtzeitigen Herausbildung von Synapsen im Gehirn bis zur Yamaha-Musikakademie, die man schon ab sechs Monaten besuchen kann. Auch die alleinerziehende Verkäuferin, die sich die 39 Euro monatlich für den »Früh-Englisch«-Kurs mühsam absparen muss, kann sich diesem Druck nicht entziehen: »Damit mein Kind es einmal leichter hat als ich.«

Ob man seinen Kindern damit wirklich etwas Gutes tut? Die Fotos in dem Artikel »Der Kult um die Kleinsten«, erschienen in »GEO WISSEN 37«, hinterlassen einen anderen Eindruck. Sie zeigen begeisterte und engagierte Mütter, die »One, two, three« deklamierend durch den Saal hüpfen oder gemeinsam mit ihren Kindern auf dem Schoß »Bodybuilding« für Gehirn machen. Die Kinder wirken auf den Fotos dagegen teilnahmslos bis apathisch. Bilder sagen manchmal mehr als Worte. Und was sagt die Wissenschaft?

Die weltweit angesehene Expertin Patricia Kuhl vom »Institut für Lernen und Gehirnwissenschaften« der Universität Washington in Seattle warnt davor, neurowissenschaftliche Erkenntnisse vorschnell auf die Erziehung zu übertragen, wie sie selbst erfahren musste. Als sie vor zehn Jahren veröffentlichte, dass Babys Laute aller Sprachen erfassen, beschallten ehrgeizige Eltern ihre Kinder mit Sprachkassetten. Kuhl untersuchte daraufhin Babys, die mit Mandarin (!) beschallt wurden, um schon frühzeitig auf die vermeintlich neue Weltsprache Chinesisch programmiert zu werden. Der gewünschte Effekt blieb aus. Denn Kleinkinder lernen die Nuancen einer Sprache nur im direkten Kontakt mit den Eltern und anderen Bezugspersonen. Hörten sie den Text dagegen vom Band oder aus dem Fernsehapparat, war das völlig sinnlos. Ein Kleinkind kann zwar problemlos zwei Fremdsprachen akzentfrei sprechen lernen, allerdings eben nur dann, wenn es tatsächlich zweisprachig aufwächst.

Für verlässliche Antworten auf viele Fragen der frühkindlichen Lernforschung ist es noch zu früh, um sie seriös auf Familien und Kindergärten zu übertragen. Es wird noch Jahre dauern, bis wir wissen,

- wann ein Kind eine Fremdsprache erlernen soll.
- wie Kinder am besten soziale Kompetenz erwerben.
- ob pädagogische Software für Kleinkinder wirklich ratsam ist.

Viele Eltern haben aber nicht die notwendige Geduld, um abzuwarten, und wollen ihren Kindern unter allen Umständen einen Startvorteil im Leben verschaffen. Nach dem Motto: Hilft es nicht, dann schadet es zumindest nicht. Was leider nicht stimmt.

Durch übertriebene Förderung leide die Eltern-Kind-Bindung, warnt der Göttinger Hirnforscher Gerald Hüther.[4] Er sieht »mit Sorge die Instrumentalisierung des Kindes zur Erhöhung des eigenen Selbstwertes«. Der Erwartungsdruck der Eltern führe zur »Angst des Kindes, es den Eltern nicht recht zu machen«. Diese negative Lernerfahrung wird dann im Gehirn gespeichert.

Oft spielen auch die Sorge um den eigenen Status[5] und das Prestige einer Schule für die Eltern eine wesentlichere Rolle als die Bedürfnisse des Kindes. Ob man seinem Kind mit einer »standesgemäßen Erziehung« im sozialen Ghetto, wo dieses ausschließlich mit Kindern von Ärzten, Rechtsanwälten, Spitzenmanagern und Politikern durchaus aller politischer Richtungen zusammenkommt, wirklich etwas Gutes tut, ist keinesfalls erwiesen. Denn die Berührung mit der Lebenswirklichkeit kommt dann oft umso schockartiger.

Wie einfach es ist, seinem Kind Gutes zu tun, bringt Andrew Meltzoff, ein Kollege von Patricia Kuhl an der Universität Washington, auf den Punkt: »Eltern haben alles, was nötig ist, um Kinder zur Entdeckung ihrer sozialen Umwelt anzuregen: Gesichter und Mimik, eine Stimme, Hände, Körperwärme. Keine Software, kein elektronisches Spielzeug kann das ersetzen.«

Was Eltern wirklich tun können

Die Studie über »Talentierte Teenager«[6] von Mihaly Csikszentmihalyi weist empirisch nach, dass das familiäre Umfeld einen wesentlichen Einfluss darauf hat, ob sich das Talent eines Kindes entfalten kann. Entbehrungen, Konflikte und Ablehnung des Kindes durch die Eltern sind die ganz großen Feinde des talentierten Kindes. Aber auch wenn Eltern zum Beispiel aufgrund ihrer persönlichen Werte dem abstrakten Denken keinen hohen Stellenwert geben oder Kunst ablehnen, färbt diese Einstellung schnell auf das Kind ab, und es wird nur sehr selten sein Talent auf diesem Gebiet ausleben. Eine harmonische Familie, die das talentierte Kind unterstützt, aber auch im richtigen Ausmaß fordert, erhöht maßgeblich die Chance dafür, dass sich dieses auf die Ausübung seines Talents konzentrieren kann und auch möglichst oft dabei positive *flow*-Erlebnisse erreicht. Genau diese besonderen Glücksgefühle motivieren das Kind wiederum innerlich, so viel Zeit wie möglich in sein Talent zu investieren. Eine positive Verstärkungsspirale wird dadurch ausgelöst, wie ich im Folgenden darstellen werde.

Woher sollen Eltern wissen, wann sie und vor allem wie sie die besonderen Talente ihrer Kinder fördern können? Drei Dinge können Eltern tun:

- *Wissen:* Ohne selbst das notwendige Rüstzeug und Grundverständnis auf dem Gebiet zu haben, auf dem ein Kind besonders talentiert ist, werden Eltern das Talent oft gar nicht erkennen, aber jedenfalls nicht fördern können. Das führt natürlich auch zu der Problematik, dass Eltern primär Begabungen in ihren Kindern auf Gebieten entdecken oder zu entdecken glauben, für die sie sich interessieren oder auf denen sie selbst begabt sind. Umso wichtiger ist das Urteil von unabhängigen Experten. Es ist aber ohne jeden Zweifel die Hauptaufgabe der Schule, echte Begabungen zu entdecken. Den meisten Lehrern fehlt dafür leider das Wissen, weil sie nie dafür ausgebildet wurden.
- *Motivation:* Mit emotionaler Unterstützung und positiver Ermutigung können Eltern ihren Kindern den harten Weg vom talentierten Kind zum anerkannten Meister einer Disziplin wesentlich erleichtern. Vor allem die für die Entwicklung von Talenten sehr kritische Zeit der Pubertät fordert von Eltern das richtige Maß an Führung und Bereitschaft zum Loslassen.
- *Konzentration:* Ohne die konsequente und intensive Auseinandersetzung mit einem bestimmten Gebiet über einen langen Zeitraum ist die Erbringung außergewöhnlicher Leistungen nicht möglich.

Zu den schon ausgeführten Bereichen Wissen, Motivation und Konzentration kommen die ständige Neugier, das Gebiet weiter zu erforschen, die emotionale Ausgeglichenheit, um auch in Phasen der Einsamkeit, beim Training oder der Arbeit durchzuhalten, und vor allem die Fähigkeit, innere Freude und Befriedigung bei der Ausübung des Talents zu empfinden. Damit meint Csikszentmihalyi vor allem den von ihm entdeckten *flow*-Effekt, also das völlige Aufgehen in einer Aufgabe. Für ihn ist das überhaupt das Erfolgsgeheimnis glücklicher Menschen: Sein Talent zu nutzen, macht glücklich.

»Ich habe Künstler, Sportler und Wissenschaftler beobachtet, die ihre Tätigkeit absolut lieben, die nichts anderes tun wollen als das, womit sie sich beschäftigen. Und sie machen das nicht, um später etwas dafür zu bekommen, sie machen es nicht für Geld und auch kaum für Ruhm. Auch die Anerkennung durch die Kollegen ist ihnen nicht das Wichtigste, sie machen es, weil es für sie so wichtig ist, weil es ihnen so viel Freude bereitet und auch so viel Erfüllung bringt.«

Eltern können diesen *flow*-Effekt auch an sich selbst und an ihren Kindern nutzen, um die Motive für ihre eigene Motivation, das Talent ihres Kindes zu fördern und die des Kindes selbst besser zu verstehen.

- Empfinden Sie tiefe innere Befriedigung dabei, wenn Sie Ihr Kind bei seinem Talent unterstützen, unabhängig davon, ob Sie dafür Anerkennung von anderen Eltern und der Öffentlichkeit bekommen? Überwiegt diese Freude im Augenblick den berechtigten Stolz, den Sie empfinden, wenn andere das Talent Ihres Kindes sehen?

Und die wichtigste Frage, die Sie sich stellen sollten, um die Grenzen auszuloten, bis zu welchem Ausmaß die Konzentration auf das Talent Ihres Kindes zu rechtfertigen ist:

- Erfüllt die Ausübung seines Talents Ihr Kind mit tiefer innerer Freude? Ist diese innere Befriedigung für Ihr Kind die stärkste Quelle – wichtiger als eine gute Note, ein gewonnener Wettbewerb oder eine verliehene Auszeichnung?

Die Glücksforschung hat herausgefunden, dass Menschen, die in Tätigkeiten wie beim Sport, in der Religion, beim Singen, Tanzen oder Theaterspielen, aber auch beim Forschen innere Glücksgefühle, also *flow*-Erlebnisse haben, diese ständig wiederholen werden – einfach deshalb, weil es ihnen Freude bereitet. Diese positiven Gefühle können sich unabhängig davon einstellen, ob man mit seinem Kind einfach nur spielt oder eine schwierige mathematische Aufgabe löst. Es ist also ganz wichtig zu verstehen, dass »angestrengtes konzentriertes Arbeiten« eben nicht automatisch zu Unlustgefühlen führen muss. Eltern sollten daher nicht in die »Bestechungsfalle« tappen, ihr Kind erst mit Druck zu zwingen, zwei Stunden zu üben, um es dann dafür zu belohnen, weil es so brav war. Sinnvolle Talentförderung erfordert von den Eltern viel Genauigkeit, Aufmerksamkeit und Kreativität.

Denn eine der wichtigsten Voraussetzungen, damit ihr Kind Freude an der Ausübung seines Talents hat, ist das richtige Maß, zwischen Unterforderung, die zur Langeweile führt, und Überforderung, die in Frustration endet, zu finden. Solange ein Kind sich auf diesem Pfad der richtigen Herausforderung bewegt, wird es sein Talent nicht nur durch Lernen und Anstrengung weiterentwickeln, es wird auch große Freude dabei empfinden. Dieser schmale Pfad ist aber nicht leicht zu finden. Und wenn man einmal vom Weg abgekommen ist, dann bietet sich eine Vielzahl von anderen Möglichkeiten für ein Kind oder einen Jugendlichen an, seine Zeit zu verbringen – mit passiven Dingen wie Musik hören, Fernsehen oder mit Freunden herumhängen.

Die Studie zeigt auch, dass talentierte Jugendliche gerne

mehr Zeit mit ihrer Familie verbringen als durchschnittlich begabte, und sie bevorzugen vor allem Vieraugengespräche innerhalb der Familie. Je mehr sie sich harmonisch in ihre Familie eingebunden und unterstützt fühlen, umso mehr können sie sich auf die Ausübung ihres Talents konzentrieren. Das bevorzugt natürlich Kinder aus Familien, deren finanzielle Situation sie nicht zwingt, sehr viel im Haushalt mithelfen und auch nicht zu viele Neben- bzw. Hilfsjobs annehmen zu müssen. Die Studie zeigt, dass Nebenjobs keinen positiven Einfluss auf die Talententwicklung haben. Die Zeit, die talentierte Kinder in ihre Begabung investieren, ist weit wichtiger als die mögliche praktische Erfahrung in Nebenjobs. Ja, sogar scheinbar simple Dinge spielen eine Rolle: Wie lange am Tag läuft der Fernseher, kann das Kind sich in Ruhe zurückziehen, und wie viel Zeit wird für das tägliche Auswählen der Kleidung aufgewendet? Von Albert Einstein ist ja die Tatsache bekannt, dass er die gleichen Kleidungsstücke in einer Vielzahl besaß, weil er einfach nicht jeden Morgen darüber nachdenken wollte, was er anziehen soll. Das ist natürlich eine extreme Form des Zeitsparens, die dem sehr eigenwilligen Charakter Einsteins entsprach.

Das Beste, was Eltern tun können, ist, ihren Kindern dabei zu helfen, für sich selbst herauszufinden, welche Tätigkeiten sie wirklich mit Freude erfüllen. Daher verzichte ich in diesem Buch auch bewusst darauf, Begabungstests oder Checklisten für bestimmte Talente anzubieten. Mir ist der Zusammenhang zwischen dem talentierten Schüler, aus dem ein glücklicher und beruflich erfüllter Erwachsener wird, viel wichtiger.

Je geringer die Freude wird, sein Talent auszuüben, umso mehr Druck ist von den Eltern und der Schule dann notwendig. Und das ist genau der falsche Weg, der das Kind zum Feind seines eigenen Talents werden lässt.

Der 12. Dezember 2000 war kein guter Tag im Leben von Al Gore. Der Oberste Gerichtshof hatte mit fünf zu vier Stimmen gegen eine neuerliche Nachzählung der Stimmen im umstrittenen US-Bundesstaat Florida entschieden. Damit war endgültig klar, dass George W. Bush der 43. Präsident der Vereinigten Staaten von Amerika sein würde, obwohl Al Gore 532 994 Stimmen mehr im Land bekommen hatte. Sein ganzes bisheriges Leben war er von seinen Eltern, der Vater war selbst schon Senator in Tennessee gewesen, darauf vorbereitet worden, einmal Präsident der USA zu werden. Diesem Ziel wurde alles untergeordnet. Er hat acht Jahre lang all die Demütigungen der Ära Clinton als in Wirklichkeit völlig machtloser Vizepräsident ertragen, sich von den besten Coaches der Welt in Leutseligkeit und Lockerheit für seine Fernsehauftritte trainieren lassen, um dann den härtesten Wahlkampf seines Lebens gegen das aus seiner Sicht intellektuelle Leichtgewicht George W. Bush zu verlieren. Alles war umsonst gewesen – sein Lebenstraum zerplatzte wie eine Seifenblase. Das Schlimmste für Gore: Er hatte versagt. Er hatte die in ihn gesetzten Hoffnungen enttäuscht.

Gore verfiel in eine tiefe Depression. In dieser Phase half ihm ein Buch. Er war so begeistert von diesem Buch, dass er es all seinen Freunden und Unterstützern schickte. Dieses Buch hieß »Das Drama des begabten Kindes« und stammte von der Schweizer Psychotherapeutin Alice Miller.[7]

Der am 31. März 1948 geborene Al Gore wohnte während seiner Schulzeit in einem Hotel-Apartment in Washington und ging dann auf die Eliteschule St. Albans. In den Schulferien half er seinen Eltern auf ihrer Farm in Tennessee. Danach besuchte er das Harvard College, absolvierte seinen Militärdienst und studierte an der Vanderbilt University in Nashville Theologie und Jura, allerdings ohne einen Abschluss zu erreichen. Bereits mit 28 Jahren wurde er als Abgeordneter ins US-Repräsentantenhaus gewählt. Mit 36 Jahren wurde er Senator von Tennessee. Mit 44 Jahren war er bereits Vizepräsident von Bill Clinton. Der offensichtlich glücklichen Ehe mit seiner Frau Tipper entsprangen vier Kinder. Ein Leben wie aus dem Bilderbuch – möchte man meinen.

»Nach der vorherrschenden Meinung müssten diese Menschen – der Stolz ihrer Eltern – ein starkes und stabiles Selbstbewusstsein haben. Aber gerade das Gegenteil ist der Fall. Alles, was sie anpacken, machen sie gut bis hervorragend, sie werden bewundert und beneidet, sie ernten Erfolg, wo es ihnen immer wichtig ist, aber alles das nützt nichts. Dahinter lauert die Depression, das Gefühl der Leere, der Selbstentfremdung, der Sinnlosigkeit ihres Daseins – sobald die Droge der Grandiosität ausfällt, sobald sie nicht ›on top‹ sind, mit Sicherheit der Superstar, oder wenn sie plötzlich das Gefühl bekommen, vor irgendeinem Idealbild ihrer selbst versagt zu haben. Dann werden sie gelegentlich von Ängsten oder schweren Schuld- und Schamgefühlen geplagt. Was sind die Gründe einer so tiefen Störung bei diesen begabten Menschen?« [8]

Es ist eine gewagte Spekulation von mir, dass es vielleicht genau diese gerade zitierten Zeilen ziemlich am Beginn in Alice Millers Buch »Das Drama des begabten Kindes« waren, die Al Gore zwangen, weiterzulesen und immer tiefer in die Verstrickungen seines eigenen Lebens einzutauchen. Denn Gore ist nur ein besonders prominentes Beispiel dafür, wie Kinder ihre eigenen Lebensträume den ehrgeizigen Projektionen ihrer Eltern opfern.

Was viele der Kindheitsgeschichten der sehr erfolgreichen Klienten von Alice Miller gemeinsam hatten, ist das völlige Ausbleiben von echtem emotionalem Verstehen und Ernstnehmen des eigenen Kindheitsschicksals sowie die völlige Ahnungslosigkeit in Bezug auf die eigenen wahren Bedürfnisse jenseits der Leistungszwänge. Die Verinnerlichung des ursprünglichen Dramas ist so vollkommen gelungen, dass die Illusion der guten Kindheit gerettet werden kann. In Wirklichkeit war ihre Kindheit durch mangelnden Respekt, Kontrollzwang, Manipulation und Leistungsdruck charakterisiert, oft gekoppelt mit Verachtung und Ironie bis zu Spott und Zynismus.

Miller macht klar, dass es ein ureigenes Bedürfnis jedes Kindes ist, von Anfang an als das, was es jeweils ist, beachtet und ernst genommen zu werden. In einer Atmosphäre der Achtung und Toleranz für die Gefühle des Kindes kann es in der Trennungsphase die Symbiose mit der Mutter aufgeben und die notwendigen Schritte zur Autonomie vollziehen. Eltern, die selbst unter diesen gesunden Voraussetzungen aufgewachsen sind, tun sich viel leichter, ihrem Kind das Gefühl der Sicherheit und Geborgenheit zu vermitteln, in dem sein Vertrauen wachsen kann. Eltern, die das selbst nicht mitbekommen haben, sind bedürftig und suchen ihr ganzes Leben lang, was ihnen ihre eigenen Eltern nicht zur rechten Zeit geben konnten:

Ein Wesen, das ganz auf sie eingeht, sie ganz versteht und ernst nimmt. Die Gefahr, dass jene Eltern diesen ungestillten Zwang, endlich wirklich geliebt und angenommen zu werden, an ihren Kindern befriedigen wollen, ist sehr groß.

Da sich diese Prozesse unbewusst abspielen, geht es auch überhaupt nicht um die Schuldfrage. Die Gefahr dieser Ersatzbefriedigung wird durch die erstaunliche Fähigkeit des

Kindes, die Bedürfnisse der Eltern intuitiv zu spüren und positiv zu beantworten, noch verstärkt. Das Kind übernimmt dann, oft bis zum Tode der Eltern, die ihm zugeteilte Funktion und sichert sich damit die »Liebe« der Eltern. Es spürt, dass es gebraucht wird, gibt damit seinem Leben eine Existenzberechtigung.

Ich habe dieses Thema mit Absicht in dieses Kapitel, das sich mit der Rolle der Eltern bei der individuellen Begabungsförderung auseinandersetzt, eingefügt. Die Warnung, die im »Drama des begabten Kindes« so deutlich aufgezeigt wird, richtet sich an die Eltern. Nicht immer nimmt das Drama des begabten Kindes so ein Happy End wie bei Al Gore – und auch bei ihm hat die Suche nach seinem wahren Selbst fast bis zu seinem 60. Lebensjahr gedauert. Gerade weil im öffentlichen Schulsystem so nachlässig mit den Talenten unserer Kinder umgegangen wird, versuchen viele Eltern zu Recht, selbst Verantwortung zu übernehmen. Das ist auch durchaus etwas sehr Positives und sogar Notwendiges.

DAS WELTWISSEN DER SIEBENJÄHRIGEN

Nun, hoffentlich mit der nötigen Vorsicht gegenüber zu viel Ehrgeiz der Frühförderung den eigenen Kindern gegenüber gewappnet, möchte ich auch die Gegenposition von Alice Miller darstellen. »Um uns in der Welt schrittweise einquartieren zu können, sind wir darauf angewiesen, dass man sie uns zeigt«, schreibt Donata Elschenbroich in ihrem Bestseller das »Weltwissen der Siebenjährigen«. Donata Elschenbroich arbeitet am Deutschen Jugendinstitut auf dem Gebiet der international vergleichenden Kindheitsforschung und stellt die Frage: Was sollen Eltern ihren Kindern in den ersten Lebensjahren vermitteln, womit sollen sie in Berührung kommen? »Die eigene Anwesenheit als positiven Beitrag erleben, einen Schneemann bauen, in einer anderen Familie übernachten« sind nur einige Erfahrungen, die Siebenjährige einer Umfrage zwischen 1996 und 1999 zufolge nach Meinung von Menschen jeden Alters, aller Schichten und Bildungshintergründe gemacht haben sollten.

Elschenbroich ist intelligent genug, keine Patentrezepte oder Checklisten, welches Wissen Kindern vermittelt werden sollte, anzubieten. »Im Kind die Kraft zu bestärken, sein eigener Lehrer zu sein, darum geht es«, so die Autorin. Donata Elschenbroich gibt daher Anregungen, das Kind bestmöglich zu fördern und ihm wichtige Erfahrungen nahezubringen – Inspirationen für Eltern, die sich gezielter mit der frühkindlichen Erfahrungswelt beschäftigen möchten.

Jedes Kind sollte schon einmal ein Baby massiert, ein chinesisches Schriftzeichen geschrieben, auf der Bühne gestanden haben. Es sollte einen Streit aus zwei Positionen erzählen können und wissen, was Heimweh ist. Die Palette reicht von ganz schlichten, einfachen Dingen (zum Beispiel andere Wahrnehmungsformen fördern, etwa Geruchs- oder Geschmackssinn), über kleine Experimente zur sanften Hinführung auf einfache physikalische Zusammenhänge (»Wie kann ein Gummibärchen trocken auf den Grund einer mit Wasser gefüllten Schüssel tauchen?«) bis hin zu ausgefallenen Ideen (ein fremdsprachiges Lied lernen, in einen Bach springen). Dass dieser Kanon Weltwissen der Siebenjährigen, den Donata Elschenbroich aufstellt, heftige Diskussionen unter Eltern und in pädagogischen Fachkreisen ausgelöst hat, wird Sie nicht verwundern.

Die Titel »Das Weltwissen der Siebenjährigen« und »Wie

Sie die Intelligenz Ihres Babys vervielfachen« treffen den Zeitgeist wahrscheinlich weit besser als »Das Drama des begabten Kindes«. Wir leben in einer Zeit, in der die meisten Eltern ihr Kind eher möglichst früh auf den zu erwartenden harten Wettbewerb um die beste Ausbildung und gute Berufschancen vorbereiten wollen, als dass sie von den Selbstzweifeln und Schuldgefühlen geplagt werden, die Alice Miller bei vielen ausgelöst hat. Die Wahrheit für verantwortungsvolle Eltern liegt wohl wie so oft in der Mitte. Eine einfache Selbstprüfung kann Ihnen vielleicht manchmal helfen, die schwierige Gratwanderung zwischen dem Besten für Ihr Kind und zu viel des Guten zu schaffen: Wann immer Sie in die Augen Ihres Kindes schauen, sehen Sie da die Wünsche, Träume und Hoffnungen Ihres Kindes oder Ihre eigenen?

DIE ROLLE DER VÄTER

Wurde in diesem Kapitel sehr oft von den Müttern gesprochen, soll nun ausdrücklich auf die wichtige, weil teilweise unterschiedliche Verantwortung der Väter hingewiesen werden. Väter haben eine ganz besondere Art, mit Kindern umzugehen. Sie leisten einen einzigartigen Beitrag zu deren Entwicklung, fasst die Mainzer Psychologin Inge Seiffge-Krenke den Forschungsstand zusammen. Im Alter zwischen fünf und acht Jahren sind es vor allem die Väter, die für Bewegung sorgen und mit Sportarten wie gemeinsames Laufen, Drachensteigen, Fußballspielen oder Radfahren die Autonomie des Kindes fördern. In schulischen, beruflichen und politischen Fragen sind oft die Väter der wichtigste Ansprechpartner sowohl für die Söhne als auch für die Töchter. Die Soziologen Paul Amato und Alan Booth von der Pennsylvania State University wiesen in einer langjährigen Studie den positiven Zusammenhang zwischen dem Bildungsgrad und Einkommen der Väter und dem Bildungserfolg der Kinder nach.[9]

Faktum ist aber, dass wir zunehmend in einer väterlosen Gesellschaft leben und es auch immer weniger männliche Lehrer – im Volksschulbereich sind sie fast völlig verschwunden – gibt. Vor allem für die Buben fehlen daher die männlichen Rollenvorbilder. Der amerikanische Schriftsteller Robert Bly hat in seinem heftig diskutierten Buch »Eisenhans: Ein Buch über Männer« das gleichnamige Märchen der Brüder Grimm psychologisch analysiert und vor allem die Wichtigkeit männlicher Bezugspersonen für Buben in ihrer Erziehung dargestellt. Diese seien unersetzlich für deren balancierten Umgang mit ihrer Männlichkeit in ihrem späteren Leben. Bly zeigt in seiner stark archetypisch geprägten Untersuchung auf, dass von den primitiven Stämmen bis zur Nachkriegsgeneration vor allem die Großväter für die Sozialisation junger Männer verantwortlich waren. Durch die Auflösung der traditionellen Familienformen fehlen nicht nur die Väter, sondern auch die Großväter, was für Bly ein zentrales Problem unserer Gesellschaft darstellt.

Der Zusammenhang zwischen einer verantwortungsvollen Rolle der Väter und den Lebenschancen der Kinder ist unbestritten. In einer Studie des Oxford Centre for Research into Parenting wurde herausgefunden, dass Söhne, deren Väter in der Erziehung engagiert waren, deutlich seltener straffällig wurden und Töchter später im Leben besser mit psychischem Stress umgehen konnten.

IQ – MEHR ALS EIN MYTHOS?

Gerade weil ich, wie in diesem Buch oft dargestellt, ein bekennender Anhänger von Howard Gardners Ansatz der multiplen Intelligenz und des Konzepts der emotionalen Intelligenz von Daniel Goleman bin und daher auch die völlig einseitige Überbewertung der kognitiven Begabung in unserem Schulsystem immer wieder massiv in Frage stelle, möchte ich davor warnen, das Kind, das Intelligenzquotient (kurz IQ) heißt, mit dem Bade auszugießen. Ohne auf die ganze Problematik der Messung der kognitiven Begabung mittels des IQ einzugehen, sollte man eines klar festhalten:

Es gibt den IQ, er spielt faktisch eine wichtige Rolle in unserer Gesellschaft und – er ist in einem hohen Maß genetisch vorgegeben und nicht wesentlich steigerbar. Gezielte Förderung, das belegen vor allem amerikanische Studien, kann die Leistung schwächerer Kinder verbessern und sogar den Intelligenzquotienten heben. Sobald aber diese Förderung endet, verblassen die Erfolge schnell. Eine etwas schwächere Intelligenz ließe sich durch Fördermaßnahmen zwar ausgleichen, aber nur dann, wenn die ohnehin Intelligenten dabei nicht ebenfalls gefördert würden. In diesem Fall profitieren diese sogar überproportional, sodass ihr Vorsprung sich vergrößern könne.[10]

Sowohl der Humangenetiker Markus Hengstschläger als auch Csikszentmihalyi als evolutionsorientierter Sozialwissenschaftler stimmen überein, dass Intelligenz einen starken genetischen Anteil habe. Hengstschläger geht davon aus, dass bis zu drei Viertel des IQ erblich bedingt sind. Der Londoner Verhaltensgenetiker Robert Plomin meint dazu:

»Die Beweise für starke genetische Einflüsse auf die generelle kognitive Denkfähigkeit sind klarer als für irgendetwas anderes im Bereich der Psychologie.«

Eine interessante Studie zu dieser These möchte ich Ihnen zum Abschluss des Themas IQ nicht vorenthalten: An einem Junitag 1932 hatten in Schottland alle elfjährigen Schüler den gleichen Intelligenztest ausfüllen müssen. Mehr als sechs Jahrzehnte später entdeckte der britische Psychologe Ian Deary zufällig die Ergebnisse in einem Bunker wieder.

»Als wir den Staub von den Unterlagen bliesen, dämmerte uns, wie wertvoll diese Daten waren«, erinnert sich Deary. Über Zeitungsanzeigen spürte sein Forschungsteam die Getesteten wieder auf und ließ sie den Test noch einmal machen – 66 Jahre später. Bei einigen hatte sich die Leistungsfähigkeit des Gehirns verringert, zum Beispiel bei einem an Alzheimer erkrankten Teilnehmer. Doch im Großen und Ganzen, so Deary, »tendierten die Menschen, die 1932 gut abgeschnitten hatten, auch 1998 zu guten Ergebnissen. Wer als Kind hingegen bescheidene Leistungen gezeigt hatte, blieb auch jetzt meist im unteren Bereich.«

DIE FREUDEN UND LEIDEN DER ELTERN
EINES HOCHBEGABTEN KINDES

Wenn eine Mutter von ihrem knapp dreijährigen Sohn gefragt wird: »Mama, was ist eine Dolchstoßlegende?«, dann wird ihr endgültig bewusst, dass ihr Sohn etwas anders ist. Als der kleine Jonas zu sprechen begann, redete er von Beginn an in ganzen Sätzen und nicht alterstypisch in der Babysprache. Ein herumliegendes Nachrichtenmagazin »profil«, das Jonas offensichtlich gelesen hatte, löste dann die Frage nach der Dolchstoßlegende aus. Es stellt sich schnell heraus, dass sich Jonas Lesen und Rechnen selbst beigebracht hatte. Mit fünf Jahren wird er dann »eingeschult«.

Wie hat unser Schulsystem auf ein Kind reagiert, das im Prinzip beim Schuleintritt so weit war, wie es nach vier Jahren Volksschule hätte sein sollen? »Sehr rüde«, antwortet mir die Mutter von Jonas, Frau Brigitte Kraft. Die Eltern entschieden sich daher, das Kind in eine Montessori-Volksschule zu geben, wo zwei Lehrer Zeit für zehn Kinder hatten. Dieses dem Hauslehrersystem ähnliche Modell kam Jonas sehr entgegen. Wirklich schwierig wurde es für ihn und vor allem für seine Eltern, als Jonas in die AHS-Unterstufe gehen sollte. Sein Wissensvorsprung gegenüber gleichaltrigen Kindern hatte sich in der Volksschule noch weiter vergrößert. Die Eltern versuchten, diese Herausforderung durch die im Gesetz auch vorgesehene Möglichkeit des Überspringens einzelner Klassen zu lösen. Der Teufel steckte jedoch im Detail. Im Wiener Stadtschulrat war ursprünglich ein Jurist für dieses »Problem« zuständig, dem einfach jedes Verständnis dafür fehlte, was ein hochbegabtes Kind ist. Jonas nannte ihn spaßhalber immer »Dr. G'setz«. Zur Ehrenrettung der Beamten des Wiener Stadtschulrates muss man sagen, dass es dann dank dem legendären Karl Blüml doch gelang, den Sieg der bürokratischen Dummheit über ein hochbegabtes Kind zu verhindern. Jonas Kraft durfte letztendlich zwei Klassen überspringen und absolvierte die Unterstufe des Bundesrealgymnasiums 19 in zwei Jahren. Diese zwei Jahre waren mit viel Leid für Jonas und mit übermenschlichen Anstrengungen für seine Eltern verbunden. Die Lehrer in unserem Regelschulsystem haben leider in ihrer Ausbildung wenig bis gar nichts über Hochbegabung gelernt. Im BRG 19 hatte Jonas zumindest das Glück, dass an dieser Schule drei Lehrer unterrichteten, die gleichzeitig auch an Österreichs erster Schule für Hochbegabte, der »Sir Karl Popper Schule«, lehrten. Es war logisch für Jonas, die Oberstufe dort zu absolvieren.

»Die Popper-Schule war ein Segen für Jonas. Endlich wurde er als Gleicher unter Gleichen akzeptiert. Es war keine Schande mehr, dass er gerne Russisch lernte und unbedingt mehr Chemieunterricht wollte. Er konnte so reden, wie ihm der Schnabel gewachsen war. Der Unterricht fand auf Augenhöhe statt. Die Lehrer der Popper-Schule zeichneten sich einfach durch eine ganz andere Haltung gegenüber den Schülern aus.« Jonas Kraft ist heute 17 Jahre alt und studiert Technische Chemie.

Ich kenne den Fall von Jonas Kraft fast von Anbeginn an, weil mich die Eltern als Mitbegründer der »Sir Karl Popper Schule« kontaktiert hatten. Sein Beispiel zeigt, wie schwer wir es besonders begabten Kindern und ihren Eltern machen. Das Ehepaar Kraft hat auch einen körperbehinderten Sohn, für den es problemlos erhöhte Kinderbeihilfe bezieht und auch sonst eine Vielzahl von Unterstützungen erhält. Auf die besonderen Bedürfnisse hochbegabter Kinder ist unsere Gesellschaft aber nicht vorbereitet.

Die Familie Kraft, die nicht zu den Spitzenverdienern zählt, hatte rein finanziell eine ungeheure Last allein zu tragen: drei Jahre Montessori-Volksschule 7848 Euro, 1152 Euro für die Nachmittagsbetreuung an der öffentlichen »Sir Karl Popper Schule«, die Kosten der Privatlehrer vom 3. bis zum 9. Lebensjahr von 21 Euro pro Stunde sowie der Aufwand für unzählige Bücher und zusätzliche Lehrmaterialien. Der Staat hat sich dagegen bei der Familie Kraft ein ordentliches »Körberlgeld« verdient, wenn man etwa nur berücksichtigt, wie viel Geld durch das Überspringen der Klassen durch Jonas gespart wurde. Unser Umgang mit hochbegabten Kindern erfordert ein radikales Umdenken. Dieses beginnt damit, dass alle (!) Lehrer in ihrer Ausbildung zumindest die Grundkenntnisse im Umgang mit besonderen Begabungen lernen. Die Schulbürokratie muss Hochbegabte als Glücksfälle und nicht als Probleme erkennen. Und die Eltern verdienen, dass man sie nicht die gesamte finanzielle Last allein tragen lässt.

WORAN ELTERN GUTE LEHRER ERKENNEN

Wenn Sie Ihr Kind nach dem Nachhausekommen fragen: »Was war denn heute in der Schule?«, fordern Sie es in Wirklichkeit auf: »Erzähl mir eine Geschichte.« Und das ist eigentlich der beste Test für die Qualität der Lehrer und der Schule. Denn an diesen Geschichten, die Ihr Kind erzählt, erkennen Sie den guten Lehrer.

Wenn Ihnen Ihr Kind jedes Mal die genaue Unterrichtsstunde zu Hause erzählt und einfach nicht mehr zu stoppen ist, dann ist Ihr Kind in besten Händen. Wenn es sich, und das ist leider oft die Regel, auf die Frage, was denn heute in der Schule war, mürrisch in sein Zimmer zurückzieht, dann war das wohl wieder so ein verlorener Tag.

Woody Allen hat einmal gesagt, die häufigste Frage, die sich alle Kinobesucher auf der Welt nach der Filmvorführung stellen, lautet: »Wohin gehen wir jetzt essen?« Und doch gibt es immer Filme, die uns nicht loslassen, über die wir dann bis in die Nacht mit unserem Partner diskutieren wollen. Filme, die wir allen unseren Freunden erzählen und unbedingt wollen, dass sie diese dann auch sehen. Auf gute Filme, die einem Freunde empfohlen haben, freuen wir uns dann auch besonders. Vielleicht haben gute Filme und gute Tage in der Schule viel gemeinsam. Fragen Sie Ihr Kind.

Es gibt ein paar ganz einfache Regeln, an denen Sie gute Lehrer erkennen:

1. Geht Ihr Kind gerne in die Schule? Freut es sich auf diesen Lehrer?
2. Würden Sie selbst gerne bei diesem Lehrer nochmals in die Schule gehen?
3. Haben Sie das Gefühl, dass Ihr Kind in guten Händen ist, wenn es mit diesem Lehrer zum Beispiel auf Schikurs fährt?
4. Nimmt der Lehrer jedes einzelne Kind ernst?
5. Geht der Lehrer in der Sprechstunde nicht nur auf die Schwächen, sondern auch ausführlich auf die Stärken Ihres Kindes ein?
6. Erzählt Ihnen der Lehrer auch Neues und Überraschendes über die menschlichen Qualitäten Ihres Kindes, die Ihnen bisher selbst nicht aufgefallen sind?
7. Bewertet er nicht nur die objektive Leistung, sondern auch die subjektive Motivation Ihres Kindes und den Fortschritt, den es macht?
8. Lässt er die Kinder wesentlich den Unterricht mitgestalten?
9. Akzeptiert der Lehrer, dass er manchmal auch Schüler hat, die intelligenter sein können als er selbst? Dies zu verstehen, ist eine der ganz großen Herausforderungen für alle Lehrer.
10. Wenn Sie sich bei einem Lehrer unsicher sind, dann wenden Sie die goldene Regel an: Ein Lehrer ist dann gut, wenn er seine Schüler mag und sie ihn mögen. Wenn

dies nicht der Fall ist, dann kommt trotz vielleicht bester Fachkenntnis und didaktischer Tricks wenig Fruchtbares heraus.

Die wichtigste Verantwortung von Eltern besteht darin, alles zu tun, damit ihre Kinder die bestmöglichen Lehrer bekommen – und diese Entscheidung nicht nur als gottgegeben zu akzeptieren. Es gibt sogar Kinder, die mit Absicht durchfallen, nur um einem bestimmten Lehrer zu entgehen, von dem sie sich verfolgt fühlen. So schwierig das meistens aufgrund der äußeren Umstände auch sein mag, im Ernstfall ist es dann notwendig und richtig, die Schule zu wechseln, bevor Jahre des Kindes vergeudet werden.

Fazit: Bestimmte Eigenschaften Ihres Kindes wie das Aussehen, die Intelligenz oder das Temperament sind in hohem Maße genetisch vorgegeben und können daher durch Erziehung nur sehr bedingt verändert werden. Ich gehöre zu jenen, die es gut finden, dass zum Beispiel die Augenfarbe und die Intelligenz von Kindern nicht von den Eltern in einem Katalog vor der Zeugung ausgewählt werden können. Und sollte das einmal möglich sein, dann wird auf diese Elterngeneration eine Vielzahl von moralischen Fragen zukommen, die wir uns heute nicht einmal vorstellen können.

Eltern haben aber eine Vielzahl von sehr wirksamen Möglichkeiten, um ihren Kindern zu helfen, ihre positiven Anlagen mit Freude selbst zu entwickeln. Je mehr Eltern selbst über die Disziplinen wissen, in denen ihre Kinder Begabungen haben, umso leichter tun sie sich. Die Hauptaufgabe von Eltern besteht darin, optimale Bedingungen dafür zu schaffen, damit aus der kindlichen Begabung ein reifes Talent werden kann, das auch die vielen Ablenkungen durch die Pubertät überlebt. Sie selbst sind genauso wie die Lehrer der entscheidende Teil in der Umgebung des Kindes, der ungemein viel helfen oder fast alles zerstören kann.

Kinder nehmen mehr von ihren Eltern und Lehrern mit, als diesen oft bewusst ist. Ein Talent, das seine Bestimmung erfüllt, kann zu einer Quelle des Glücks und auch des beruflichen Erfolgs werden, die ein Leben lang kräftig fließt.

Anmerkungen:

1 Wie das Lernen gelingt, in: GEO WISSEN 31.
2 Das Konzept der multiplen Intelligenzen von Howard Gardner habe ich ausführlich im Kapitel *Individuelle Begabung als Störfall* dargestellt.
3 Der Kult um die Kleinsten, in: GEO WISSEN 37.
4 Ebd.
5 Alain de Botton: Status Angst. Frankfurt am Main: S. Fischer 2004[2].
6 Mihaly Csikszentmihalyi: Talented Teenagers: The Roots of Success and Failure. Cambridge: Cambridge University Press 1993.
7 Alice Miller: Das Drama des begabten Kindes. Frankfurt am Main: Suhrkamp 2004[24].
8 Ebd., S. 16.
9 GEO WISSEN 37, S. 30 ff.
10 GEO WISSEN 31, S. 174–175.

Schule als Kampftraining
oder
Der harte Weg der Selbsterziehung

»Was nützt es uns, zum Mond zu fliegen,
wenn wir die Kluft, die uns von uns selbst trennt,
nicht überwinden können.
Das ist die wichtigste aller Entdeckungsreisen,
und ohne sie sind alle übrigen nutzlos.«
Antoine de Saint-Exupéry

Im März 1892 flüchtete Hermann Hesse aus dem Seminar Maulbronn und wurde erst einen Tag später auf freiem Feld aufgegriffen. Es folgten heftige Konflikte mit den Eltern und eine Odyssee durch verschiedene Schulen. Hermann Hesse wurde von seinen Eltern mit 15 Jahren in eine Anstalt für Geistesschwache und Epileptiker gesteckt, wo er beim Unterricht geistig behinderter Kinder helfen musste. Seine tragische Schulzeit arbeitete er schon in jungen Jahren in seinem ersten Buch »Unterm Rad« auf. Welterfolge wie »Siddhartha«, »Der Steppenwolf«, »Narziss und Goldmund« und »Das Glasperlenspiel« führten 1946 zur Verleihung des Nobelpreises für Literatur.

Auch Paulo Coelho war ein Rebell, der gegen Vorstellungen und Ziele seiner Eltern aufbegehrte. Sie wiesen ihn mit 17 Jahren zweimal in die psychiatrische Anstalt »Casa de Saúde Dr. Eiras« ein, weil sie dachten, er sei geisteskrank. Die Erfahrung stationärer psychiatrischer Behandlung schilderte der brasilianische Schriftsteller später in seinem Roman »Veronika beschließt zu sterben«. »Im Vergleich zu den Folterkellern der brasilianischen Militärdiktatur war die Zeit in der Psychiatrie durchaus angenehm«, erzählt Paulo Coelho über diese Erfahrung. Der Autor wird heute von Millionen Menschen in 150 Ländern der Welt gelesen und zählt zu den erfolgreichsten Schriftstellern der Welt.

Manfred Eigen, der 1967 den Nobelpreis für Chemie gewann, musste die Schule mit 15 Jahren verlassen, um an der Flak zu dienen. Er wurde drei Jahre später von den sowjetischen Truppen gefangen genommen, konnte aber flüchten, wanderte durch ganz Deutschland, um an der Universität von Göttingen zu inskribieren, die einen hervorragenden Ruf in den Naturwissenschaften hatte. Obwohl er nie eine Schule abgeschlossen hatte, promovierte Eigen mit 22 Jahren.

Diese und viele andere Beispiele zeigen auf, dass wirklich außergewöhnliche Begabungen über viel Beharrlichkeit und Durchhaltevermögen verfügen. Und sie legen den Schluss nahe: Genies setzen sich immer durch.

Viele Leser mögen dieser Aussage wahrscheinlich spontan zustimmen. Und auch ich selbst, als ein begeisterter Leser von Biografien, bin versucht, daran zu glauben, dass die wirklich großen Begabungen der Geschichte sich gegen alle Widerstände durchgesetzt haben. Doch Vorsicht. Ich spüre, dass sich ein Feind des talentierten Kindes – die Macht des Vorurteils – in meinem Denken auszubreiten droht. Denn wir wissen natürlich nicht, wie viele große Geister der Menschheit verloren gegangen sind, weil ihr Talent eben nie die Chance hatte, sich zu entfalten.

An dem eindeutig nachweisbaren Faktum, dass weit mehr Kleinkinder eines Jahrgangs ein hohes oder zumindest auf einem Gebiet überdurchschnittliches Begabungspotenzial haben, als es dann später begabte Erwachsene gibt, kann niemand vorbei. Die Frage, wie viele dieser Begabungen bereits im Kindergarten, in der Schule und in der Pubertät verloren gehen, lässt sich nicht redlich beantworten.

Mir geht es aber in diesem Buch nicht primär um die Frage, wie viele Nobelpreisträger und große Künstler der Welt verloren gegangen sind, sondern um eine Frage, die uns alle betrifft: Was können wir tun, damit das Besondere, das Außergewöhnliche, das Andere, das Revolutionäre, das Naive, das Mutige, das Gute und das Schöne, das in so vielen Kindern keimt, so weit gefördert und unterstützt wird, damit es seinen Feinden nicht wehrlos ausgeliefert ist?

Ich möchte Ihnen die Schulkarrieren von zwei Menschen vorstellen, die heute in ihrem Beruf sehr erfolgreich und glücklich sind. Ihre Lebenswege zeigen, wie viel Kraft und Mut, aber auch Zufall und Hilfe von »unerwarteten Verbündeten« notwendig sind, um sich gegen die Feinde des eigenen Talents durchzusetzen.

DIE SCHULE DER JEDERMÄNNER

»Auf zu Gott!« Mit diesem Ruf des Präfekten, der dazu sein Brevier laut zusammenklappte, wurden die 150 Kommilitonen des Konvikts Josephinum St. Paul im Lavanttal in Kärnten jeden Morgen um Punkt sechs Uhr aus ihren Träumen gerissen. Auf sie wartete ein weiterer Tag, der durch archaische Gleichförmigkeit geprägt sein würde. Oberstes pädagogisches Prinzip war die geplante Ereignislosigkeit. Dem Aufstehen folgte das gemeinsame Waschen mit eiskaltem Wasser entlang langer Wasserrinnen. Selbst das Essen gehorchte einem Speiseplan, der Jahr für Jahr die gleichen 12 bis 14 Gerichte auf die fünf bis sechs Meter breiten Tische im Speisesaal brachte. Es gab weder Servietten noch Tischtücher, die Teller standen auf grauen, abwischbaren Eternitplatten, die von einer schmierigen Fettschicht überzogen waren.

Das Spektrum der Persönlichkeitstypologien der Lehrer reichte von manisch korrekt bis sadistisch bösartig, von willkürlich und zynisch bis harmlos lieb. Am schlimmsten war jedoch das Gefühl des Eingesperrtseins in diesem grauen Klotz, der die imposanten Ausmaße von zwei Fußballfeldern hatte. Nur in Ausnahmefällen und nie länger als 30 Minuten durfte man diese Trutzburg der Erziehung verlassen. Die schönsten Zeiten im Jahr waren daher jene, wenn man nach Hause fahren durfte, also zu Weihnachten, Ostern, Pfingsten und natürlich im Sommer. Leider waren das auch immer die Termine, an denen die Trimesterzeugnisse verteilt wurden. Für schlechte Schüler war die Freude, dem Konvikt in Richtung nach Hause entfliehen zu dürfen, daher stets durch unliebsame Diskussionen mit ihren Eltern getrübt, die ihren Tadel auch noch mit der einen oder anderen Ohrfeige handgreiflich unterstützten.

Peter Simonischek, von seinen Kollegen »Simse« genannt, war nicht nur ein schlechter, sondern ein miserabler Schüler. Als er im Jahr 1956 in das Konvikt St. Paul »einrückte«, wusste er noch nicht, dass er dort nicht nur die vorhergesehenen acht Jahre seines Lebens verbringen würde. »Dort blieb ich dann neun Jahre, in denen alles Fremde und Unheimliche, alles Unpersönliche und Unbeseelte zum vertrautesten, beseeltesten, persönlichsten Eigentum meines Herzens wurde.«

In dieser von Unterdrückung, Ungerechtigkeit und eiserner Strenge aufgeladenen Atmosphäre gab es einen Hoffnungsschimmer im Leben des jungen Simonischek. Im Gegensatz zu den meisten Jugendlichen in seinem Alter wusste er, was einmal seine Bestimmung – sein Lebenstraum – sein würde. Sein Vater nahm ihn mit 16 Jahren zur Wiedereröffnung des Grazer Schauspielhauses mit. Helmut Lohner spielte den Hamlet so zerbrechlich und durchlässig, dass dieser Abend zu einem Erweckungserlebnis für Simonischek wurde. Schauspieler werden und sonst nichts, das war von jenem Augenblick an klar für ihn.

Zum Glück für ihn gab es im Konvikt St. Paul eine Theatergruppe, die vom Zeichenlehrer Hanzer, liebevoll »Wölli« genannt, geleitet wurde. Bis spät in den Abend bauten die Schüler mit diesem Lehrer, in dem eine Künstlerseele steckte, Kulissen. Das erste Stück war »Barrabas«, ein biblisches Werk, dann folgte die Posse »Einen Jux will er sich machen« von Nestroy. Simonischeks sehnlichster Wunsch nach einer Hauptrolle im »Jux« wurde aber nicht erfüllt. Die guten Rollen bekamen die braven Schüler, also jene mit guten Noten – nicht etwa die schauspielerisch begabten wie er. Es wäre den Eltern gegenüber nicht zu rechtfertigen gewesen, dass ein Schulversager wie Simonischek »Theater spielte, anstatt zu lernen«. Das eherne Gesetz unseres Schulsystems, dass man dort, wo man herausragendes Talent besitzt, unter keinen Umständen gefördert werden darf und man dafür mit aller Macht dazu gezwungen wird, dort im besten aller Fälle mittelmäßig zu werden, wo es einem an Begabung mangelt, herrschte gerade in einer Traditionsanstalt wie St. Paul, die ihren guten Ruf zu verteidigen hatte. Die Zeit mit der Theatergruppe und mit seinem geliebten »Wölli« war der einzige Lichtblick am offiziellen Stundenplan des Konvikts. Simonischek ahnte nicht, dass es gerade sein Lieblingslehrer sein würde, der ihm die bitterste menschliche Enttäuschung seiner Internatszeit bereiten würde.

Simonischek und seine Mitschüler begannen ihren eigenen Lehrplan – neben dem offiziellen, der wie an jedem anderen Realgymnasium von den Fächern Latein, Mathematik und Physik dominiert wurde – zu entwickeln. Die Schüler erzogen sich selbst und machten aus dem autoritären, von Druck und Angst geprägten Konvikt ihre eigene Schule der großen Gefühle. Auf diesem geheimen Lehrplan standen Gegenstände wie Freundschaft, Hoffnung, Enttäuschung, Hass, Liebe, Intrigen und die tiefe Einsamkeit und Verzweiflung. Vor allem der Umgang mit der ganz systematisch eingesetzten Ungerechtigkeit seitens der Lehrer war eine große Herausforderung.

Gerhard, der beste Freund Simonischeks, benötigte bei der letzten Schularbeit in Latein vor der Jahresnotenkonferenz beim berüchtigten Pater Michael zumindest ein »Genügend«. Diese Situation kennend, war Gerhard sehr gut vorbereitet und wurde auch von den Besten der Klasse während der Arbeit gut versorgt. Da er eine besonders schöne große Schrift hatte, war bei der Hälfte der Arbeit sein Heft voll. Er hob die Hand und fragte den Professor brav, was er denn jetzt tun solle. Dieser nahm zwei leere Seiten aus Gerhards Vokabelheft, signierte diese und forderte ihn auf, diese der Arbeit beizulegen. Gerhard schrieb die Arbeit zu Ende und gab sein Heft mit den beiden in der Mitte eingelegten Seiten als Erster ab. Bei der Stunde der Wahrheit zwei Wochen später verteilte Pater Michael die üblichen »Sehr gut«, »Gut« und »Nicht genügend«, um dann sehr zu bedauern, dass bei Gerhard leider die halbe Arbeit fehle und er sie daher mit »Nicht genügend« beurteilen müsse. Was ihm sehr leidtäte, da die erste Hälfte quasi fehlerfrei geschrieben sei. An die eingelegten Seiten konnte sich der Pater nicht mehr erinnern, und dieses »Nicht genügend« zwang Gerhard, zur Nachprüfung im Herbst anzutreten. Er fiel durch und musste die Klasse wiederholen.

Auch Simonischek fiel in der siebten Klasse in Mathematik und Latein durch. Als Simonischek das Ergebnis der entscheidenden Prüfung, dem sogenannten »Todeszapf«, erfuhr, reagierte er auf seine Weise. Er griff zur Gitarre und komponierte aus den Worten des Mathematiklehrers nach der Prüfung ein Lied: »Schauen Sie, Simonischek, was soll ich denn machen, wenn Sie nicht können die einfachsten Sachen?« Alle Mitschüler im Studiersaal fielen in den Kanon ein, und aus der Niederlage wurde zumindest kurzfristig ein emotionales Gemeinschaftserlebnis. Doch das war erst der Beginn der schulischen Leidensgeschichte von »Simse«. Bei der Wiederholung der siebten Klasse fiel Simonischek zum zweiten Mal in Mathematik durch, und das hätte das Verlassen der Schule zur Konsequenz gehabt. Doch wie in vielen spannenden Theaterstücken traten auch in der »Schule des Lebens« des Konvikts St. Paul unerwartete Verbündete auf. Der Mathematiklehrer hatte offensichtlich seine Durchfallsrate so weit überzogen, dass es eine Sammelbeschwerde mehrerer betroffener Eltern beim Landesschulrat gab. »Simse« und einige andere Schüler wurden mit einem Beschluss des Landesschulrates in die achte Klasse befördert. Sogar der strenge Vater von Simonischek riet dem Sohn nun, die Schule zu wechseln, um nicht ein weiteres Jahr diesem Lehrer ausgesetzt zu sein und die Matura endgültig zu gefährden. »Ich wollte St. Paul nicht als Verlierer verlassen«, entschied Simonischek.

Es war eindeutig, dass er Nachhilfeunterricht benötigen würde, um das achte Schuljahr zu schaffen. Er wandte sich also an seinen geliebten »Wölli«. Mit den Worten: »Simonischek, dir kann ich keine Nachhilfe geben, ich muss mit den Kollegen solidarisch sein« lehnte sein Lieblingslehrer aber sein Ansinnen ab, was ihn tief enttäuschte. Das war die Rache des Systems an der Entscheidung des Landesschulrates gegenüber einem Lehrer des Konvikts. Auch ohne diese Unterstützung schaffte Peter Simonischek den Schulabschluss in neun Jahren. Gelernt hatte er dort eine Menge, vor allem für seinen zukünftigen Beruf als Schauspieler.

Mich hat die Schulkarriere von Peter Simonischek als Autor dieses Buches vor allem deshalb interessiert, weil ich herausfinden wollte, warum ein und dieselbe Schule im Lavanttal zwei spätere *Jedermänner,* nämlich Attila Hörbiger und eben Peter Simonischek, hervorgebracht hat. Paul Hörbiger und Hugo Wolf sind ebenfalls »St. Pauler«. Interessanterweise war auch Klaus Peters, ein von seinen Schülern bewunderter Lehrer und wesentlicher Geburtshelfer der »Sir Karl Popper Schule«, ein Leidensgefährte und Klassenkollege von Simonischek in St. Paul. Hatte ich ursprünglich gehofft, in St. Paul einem unentdeckten Meisterlehrer auf die Spur zu kommen oder eben einer ganz besonderen Pädagogik, die dem Schauspieltalent junger Menschen seit Generationen zum Durchbruch verhalf, stand ich nach dem Gespräch mit Simonischek vor einem Rätsel. Ganz offenkundig war den großen Künstlern eher trotz und nicht wegen St. Paul später der Durchbruch geglückt. Oder gab es doch eine geheime Quelle in dieser totalitären Erziehungsanstalt, die junge Schauspieler speiste? Jedenfalls sprach ich Peter Simonischek darauf an, ob es ein reiner Zufall gewesen sei, dass St. Paul so herausragende Schauspieler produziert hat. »Man lernt nirgends so gut zu lügen wie in einem Internat«, antwortete er spontan.

Von St. Paul sei ihm vor allem die Solidarität unter den Kameraden in bester Erinnerung. Der Druck und die Ungerechtigkeit von oben waren so eklatant, dass es zu einer Verbrüderung wie unter Widerstandskämpfern im Kampf gegen eine Diktatur gekommen sei. Immerhin gab es in dieser katholischen Diktatur keine Stasi. Jemand anderen an die Lehrer zu verraten, kam unter den Mitschülern nicht vor. Niemand hätte sich leisten können, gegen die Gruppensolidarität zu verstoßen, man wäre für immer geächtet worden. Das Zusammengehörigkeitsgefühl seiner Klasse sei nach wie vor so stark, dass bei Maturafeiern meist alle kämen.

»Alle für meine Schauspielerkarriere notwendigen emotionalen Stimmungen habe ich in St. Paul gelernt. Es hat in meinem Leben und in meinen Rollen fast nie eine Situation gegeben, für die ich keine entsprechende Erinnerung aus meiner Internatszeit habe. Ich habe für mich gelernt, dass es gar nicht so sehr darum geht, ob die Schulzeit eine Summe von glücklichen Ereignissen oder von Enttäuschungen ist, sondern was man daraus lernt. In diesem Sinne waren die neun Jahre im Konvikt St. Paul ein ganzes reiches, erfülltes Leben, in dem fast alles, was mir später begegnet ist, schon einmal geschah.«[1]

EIN RELIGIONSLEHRER ALS RETTENDER ENGEL

Eine Einladung des Bundespräsidenten ist für die meisten Österreicher etwas Besonderes. Für Anna T., die nervös im barocken Vorzimmer von Theodor Körner wartete, ging es um ihre Existenz. Sie hatte in ihrer Verzweiflung einen Brief an den damaligen Bundespräsidenten geschrieben, in dem sie auf ihre heute für viele sicher unvorstellbare Situation hinwies. Sie lebte als alleinerziehende Mutter mit ihren vier Buben in einer Zimmer-Küche-Wohnung – fünf Menschen in einem Raum. Als sie zum Bundespräsidenten vorgelassen wurde, lag ihr Brief auf dessen Schreibtisch, einige Passagen rot angestrichen. Theodor Körner fragte höflich, aber genau nach, ob denn alle Fakten der Wahrheit entsprachen. Als sie dies bejahte, wurde sie mit den Worten: »Sie werden von mir hören« entlassen.

Und zu ihrer großen Überraschung erhielt sie tatsächlich drei Wochen später einen sogenannten Bezugschein für eine 67-Quadratmeter-Wohnung mit vier Zimmern in der Rustenschacher Allee nahe den Praterauen. Für ihre vier Kinder war das ein Paradies, weil sie viel Zeit in dieser »grünen Lunge« der Stadt verbringen konnten. An der extrem angespannten finanziellen Situation änderte das natürlich nichts.

Der als drittes Kind geborene Gerhard war in der Volksschule ein aufgewecktes Kind mit einer strengen, aber guten Lehrerin. Seine Brüder waren trotz aller finanziellen Schwierigkeiten auf das Gymnasium gegangen. Gerhard merkte aber den ungeheuren Druck, der auf seiner Mutter und den Brüdern, die große Probleme im Gymnasium hatten, lastete. Er zog für sich den Schluss, dass ein weiteres Kind, das mit dem schulischen Überleben am Gymnasium kämpfen würde, die ohnehin sehr labile und angespannte Atmosphäre in der Familie endgültig zum Überkochen bringen würde. Gerhard entschied sich daher für die Hauptschule, besuchte den Ersten Klassenzug und schloss als Bester ab.

Nach der Hauptschule machte er die Aufnahmeprüfung an der Handelsschule und erzielte ein so gutes Ergebnis, dass der Direktor der Schule der Mutter empfahl, das begabte Kind doch an die Handelsakademie zu geben. Doch Gerhard traf selbst die Entscheidung, einfach so schnell wie möglich in drei Jahren die Handelsschule abzuschließen, um den beengten Verhältnissen zu Hause entfliehen zu können und endlich auf eigenen Beinen zu stehen.

Die erste Klasse der Handelsschule bestand er ohne größere Probleme, in der zweiten Klasse kam es zu einem deutlichen Leistungsabfall, der in der dritten Klasse, dem Jahr des geplanten Abschlusses, in einen Totalabsturz mündete. Mit 17 Jahren hatte er jede Lust an der Schule verloren, und das Halbjahreszeugnis zeigte ihm eine aussichtslose Perspektive. Er hatte in fünf Gegenständen ein »Nicht genügend« und sich durch seine Respektlosigkeit auch das Missfallen von allen entscheidenden Lehrern gesichert. Ein »Befriedigend« in Betragen war der Lohn, damals ein verheerendes Signal an potenzielle Arbeitgeber. Gerhard verfiel in resignierende Stimmung, die Konflikte mit der Mutter eskalierten, und die Aussicht, noch ein weiteres Jahr Schule anhängen zu müssen, zerstörte alle Hoffnungen auf ein selbstbestimmtes Leben.

Es gab einen einzigen Lehrer, der Gerhard T. faszinierte und für den er große Achtung empfand. Der Religionslehrer Prof. K., der auch an der Universität unterrichtete, beeindruckte ihn sowohl mit seiner unkonventionellen Unterrichtsmethode als auch mit seinem großen Wissen. Prof. K. bot seinen Schülern zwei Möglichkeiten. Denen, die sich für seinen Unterricht interessierten, würde er alle Fragen beantworten und mit ihnen auch über Themen reden, die nichts mit Religion zu tun hatten. Diejenigen, die sich nicht interessierten, konnten in seinen Stunden machen, was sie wollten, sogar essen oder Hausaufgaben abschreiben, solange sie die anderen nicht störten.

In Religion mutierte Gerhard T. zum Musterschüler, der ein Heft führte wie ein Bilderbuch, der mit Eifer und Fleiß bei der Sache war, tief beeindruckt davon, dass Prof. K., wenn er einmal keine Antwort auf eine Frage wusste, dies zugab, dafür aber umso umfassender in der nächsten Stunde darauf einging. »Er hat meine Seele berührt. Gerade weil man bei ihm keinen Zwang erlebte, fiel bei mir jeder Anreiz weg, gegen ihn aufzubegehren, wie ich das bei allen anderen Lehrern tat.«

Als Prof. K. vom drohenden schulischen Debakel des Gerhard T. in der Lehrerkonferenz erfahren hatte, nahm er diesen ins Gebet. »Das wird so nicht kommen, dafür werde ich sorgen. Aber du musst dich ab sofort total ändern.«

Und tatsächlich pilgerte Gerhard zu allen fünf Lehrern, bei denen er hoffnungslos auf ein Durchfallen zusteuerte, und fragte jeden einzelnen: »Was muss ich tun, um bei Ihnen positiv abschließen zu können?« Die Hürden reichten von: »Ich muss Sie drei Mal prüfen« des Buchhaltungslehrers bis zu: »Lernen Sie das Buch auswendig bis in die Fußnoten« des Staatskundelehrers. Die meisten Lehrer merkten noch an: »Das ist doch völlig aussichtslos bei Ihnen.« Doch Gerhard T. begann zu lernen, Tag und Nacht auf engstem Raum zu Hause, er kämpfte von Prüfung zu Prüfung. Sein Religionslehrer motivierte ihn und bestätigte ihm nochmals, dass er einem »Befriedigend« in Betragen niemals zustimmen werde.

Am Tag der Zeugnisverleihung ließ der Klassenvorstand den Namen T. an der im Alphabet vorgesehenen Stelle aus und rief ihn erst als Letzten auf. »Wie Sie es geschafft haben, nach diesem Halbjahreszeugnis noch positiv abzuschließen, kann ich mir noch irgendwie vorstellen. Aber Ihre Betragensnote ist mir wirklich unbegreiflich: Gerhard T. Betragen ›Sehr gut‹.«

Gerhard T. war ganz klar, dass dies nur der Religionslehrer gewesen sein konnte. Er hatte offensichtlich die ganze Lehrerkonferenz in Geiselhaft genommen, um seinem Schützling eine Chance auf dem Arbeitsmarkt zu eröffnen. Und die nutzte der Handelsschulabsolvent besser als fast alle mir bekannten Wirtschaftsuniversitätsabgänger – mich selbst eingeschlossen.

Nach einigen Jobs als Sachbearbeiter wurde ihm das Sammeln und Schichten von Belegen bald langweilig. Er landete bei einem Kreditvermittler für Wohnungskredite. Sein Bruder arbeitete mittlerweile für einen Bauträger, der Eigentumswohnungen verkaufte. Gerhard T. erkannte schnell, dass es billiger war, ein ganzes Mietshaus zu kaufen als eine Eigentumswohnung. Mit 22 Jahren machte er sich selbstständig, bald darauf kaufte er seinen ersten Anteil an einem Mietshaus, deren noch viele weitere folgen sollten. Seit vielen Jahren betreibt er mit drei Partnern eine Immobilienentwicklungsgesellschaft, die zu den erfolgreichsten Mitspielern auf dem boomenden Immobilienmarkt zählt. Existenzielle Sorgen plagen ihn schon lange nicht mehr – die entscheidende Weichenstellung zwischen einem gescheiterten Handelsschulabbrecher und einem etablierten Unternehmer verdankt er einem Religionslehrer.

Wie hart darf Schule sein?

Sie werden jetzt am Ende dieses Kapitels vielleicht sagen, dass Peter Simonischek einfach so ein Riesentalent war, dass es sich auch gegen die harte Schule von St. Paul durchgesetzt hat – oder vielleicht sogar gerade deshalb. Aber in diesem Kapitel geht es nicht primär um Peter Simonischek. Es geht um jene unzähligen jungen Menschen, die nicht das Ausnahmetalent von Simonischek haben und daher an Ungerechtigkeit und Gleichgültigkeit im Schulsystem zerbrechen. Es geht um jene dreißig anderen in einer Klasse, die wie Gerhard T. darauf angewiesen sind, dass es zumindest einen engagierten Lehrer gibt, der für sie kämpft.

Um es ganz klar zu sagen: Ein Schulsystem, das jeden Schüler ständig lobt und ihn auf einem Ruhekissen der Selbstzufriedenheit bettet, wäre völlig verfehlt. Wir brauchen intelligente Schulen, die ihre Schüler fordern, ja manchmal sogar bewusst überfordern, um sie auch den Umgang mit dem eigenen Versagen zu lehren. Aber die Schule darf ein Kind niemals brechen.

Wenn ich einen Wappenspruch für alle Schüler vorschlagen dürfte, die durch ein unbarmherziges System gezwungen sind, den harten Weg der Selbsterziehung zu gehen, dann würde der so lauten:

Traue dich! Engagiere dich! Scheitere! Steh wieder auf! Versuche es nochmals! Scheitere wieder! Versuche es nochmals!

Aber höre niemals auf weiterzugehen. Der Fortschritt für die Menschheit wird von jenen gemacht, die diesen Kampf aufnehmen. Nicht von jenen furchtsamen Seelen, die sich von Traditionen unterdrücken lassen, die Verantwortung scheuen, die Schuld immer bei anderen suchen und ständig Angst davor haben, scheinbar mächtigen Autoritäten zu missfallen.[2]

Anmerkungen:

1   Als Quellen für den Beitrag über die Schulzeit von Peter Simonischek dienten mir ein persönliches Gespräch mit ihm und sein Buch »Ich stehe zur Verfügung«, in dem er ein ganzes Kapitel mit dem Titel »Erzogen haben wir uns selbst« seiner Zeit im Konvikt St. Paul gewidmet hat.

2   Der Schlusssatz ist von einem Zitat von Tom Peters, dem großen US-Trainer, Guru und Mitautor des meistverkauften Business-Bestsellers aller Zeiten – »Auf der Suche nach Spitzenleistungen« – inspiriert.

Der Feind in uns selbst
oder
Was die Freunde des talentierten Schülers von Harry Potter lernen können

Der rote Faden, der die großen archetypischen Heldengeschichten von Tolkiens »Der Herr der Ringe« über George
Lucas' »Krieg der Sterne« bis Joanne Rowlings »Harry Potter« verbindet, ist der Umstand, dass es einen klaren Feind
gibt, den der Held zu besiegen hat. 1100 Seiten im Buch oder
568 Minuten in der Filmfassung kämpft der kleine Hobbit
Frodo Beutlin gegen den übermächtigen Sauron, um ihn
am Ende zu überwinden. Und auch Harry Potter bezwingt
Voldemort nach 4340 Seiten.

In diesen Geschichten kann man durchaus eine Menge
über die menschliche Seele lernen. Denn die schwierigsten
Schlachten haben Frodo und Harry Potter dann zu schlagen,
wenn ihre mächtigen Feinde versuchen, sich ihrer Seele zu
bemächtigen. In »Krieg der Sterne« verfällt der junge Held
Anakin sogar der dunklen Seite der Macht und wird Lord
Darth Vader. Erst sein Sohn Luke rettet dann die Welt vor
dem bösen Imperator. Doch die Botschaft aller drei Romane,
die Millionen von Menschen bewegt haben, ist klar und einfach: Der größte Feind sitzt immer in dir selbst. Und sogar
im edelsten Helden sind immer auch die abgründigen Seiten
seines Feindes verborgen.

Der talentierte Schüler hat leider nicht nur einen klar erkennbaren – und daher leicht zu besiegenden – Feind. Er

sieht sich, wie in den Kapiteln davor dargestellt, einer Allianz von Feinden gegenüber. Gemeinsam sind diese Feinde stark genug, um einem begabten Kind das Leben völlig zu verpfuschen.

Eines haben die Feinde des talentierten Schülers mit Sauron, Voldemort und dem Imperator gemeinsam: Wie diese Bösewichter sind auch die Feinde des talentierten Schülers, mit ihren zerstörerischen Eigenschaften, in uns allen gut versteckt – und das macht sie umso gefährlicher.

Wer sind also die Feinde des talentierten Schülers? Fragen Sie einmal im Freundeskreis, wer denn an der Misere in unseren Schulen schuld sei. Sie werden mit hoher Wahrscheinlichkeit eine heftige Diskussion damit auslösen. Sind Lehrer anwesend, werden diese Ihnen sehr glaubhaft erzählen, wie sehr sie unter Kindern zu leiden haben, die von zu Hause einfach gar nichts mehr mitbekommen, im schlimmsten Fall nicht einmal ein Frühstück. Die Eltern werden sich beklagen, dass in der Schule überhaupt nicht auf die individuellen Bedürfnisse ihres Kindes eingegangen werde. Und dann gebe es da einen Lehrer, der sei schon von drei Schulen weitergereicht worden und einfach völlig ungeeignet. Wenn unter Ihren Freunden welche dabei sind, die gerade nicht unmittelbar durch eigene Kinder betroffen sind, erhöht das die Wahrscheinlichkeit, dass zusätzlich noch eine heftige politische Diskussion über Gesamtschule und PISA ausbricht, in der sich die Kontrahenten »unwiderlegbare« Fakten an den Kopf werfen. Wenn die Diskussion gerade wieder einmal einen Höhepunkt erreicht hat, dann fragen Sie Ihre Freunde, was es für Konsequenzen hätte, wenn wir mit den Patienten im Gesundheitssystem so umgehen würden wie mit den Schülern im Schulsystem.

Gesundheit und persönliche Begabungen sind die beiden

wichtigsten Güter, über die ein Mensch für sein Leben verfügt. Beide werden uns in einem bestimmten Ausmaß in die Wiege gelegt – manchen sehr viel, manchen sehr wenig –, aber was wir aus diesem Kapital im Laufe unseres Lebens machen, dafür sind wir zu einem wesentlichen Teil selbst verantwortlich.

Geht uns eines dieser Güter, Gesundheit und Begabung, verloren (oder im schlimmsten Fall beide), dann können wir uns auf die Suche nach den Verantwortlichen dafür begeben. Die üblichen Verdächtigen sind dann leicht ausgemacht: der liebe oder böse Gott, die Launen der Natur, die Eltern, die Schule, ein schlechter Lehrer, ein schlechter Arzt, zu wenig Geld, Pech, Schicksal, die Politik oder das System insgesamt.

In der Notaufnahme eines Spitals wird nicht darüber diskutiert, wer für den Unfall verantwortlich war, sondern welche Maßnahmen notwendig sind, um das Leben des Patienten zu retten. Bei Elternsprechtagen und Lehrerkonferenzen steht weniger die Rettung von Talenten als die Suche nach den Schuldigen für das Versagen eines Schülers im Vordergrund. Gehen wir noch einen Schritt weiter. Stellen wir uns vor, die Maxime der Gesundheitspolitik wäre zu sagen, dass eine mittelmäßige medizinische Versorgung durchaus ausreichend sei, weil genetisch besser veranlagte Menschen ohnehin gesund bleiben würden. Und Menschen, die ständig zu Krankheiten neigten, haben einfach Pech gehabt. Jenen, die trotz aller Appelle weiter ungesund leben, sei ohnehin nicht zu helfen, und jeder übertriebene medizinische Aufwand letztlich sinnlos.

Genau so gehen wir im Schulsystem mit Schülern um, die nicht mit einem hohen IQ geboren oder von sich aus nicht besonders lernwillig sind – wir geben sie einfach auf. Während wir beim Gesundheitssystem außer Frage stellen, dass jeder Arzt auch bei einem Patienten, dessen Gesundheit, vorbestimmt durch schlechte Gene oder sogar selbst verschuldet durch Alkohol, Nikotin oder Fresssucht, angeschlagen ist, selbstverständlich sein Bestes geben muss, ist unser Anspruch an unser Schulsystem ein weit geringerer. Vom Lehrer oder vom Schulsystem erwarten wir erst gar nicht, dass sie mit der gleichen Vehemenz für das Talent jedes Kindes kämpfen, wie wir das beim Arzt und beim Gesundheitssystem tun, wenn es um unsere Gesundheit geht. Zwischen den Ansprüchen an die Mindestqualität, die wir an das Gesundheitswesen und das Schulsystem stellen, liegen Welten. Beide Themen betreffen jeden Einzelnen von uns so unmittelbar und auch persönlich wie kein anderes.

Ich lade Sie jetzt zu einem kleinen Test ein, den Sie mit sich selbst oder mit unserer imaginären Diskussionsrunde machen können. Er besteht aus zwei einfachen Fragen.

Beantworten Sie bitte die folgenden Fragen mit einem Prozentsatz zwischen null und 100. Null Prozent heißt, dass alle anderen gemeinsamen Faktoren verantwortlich sind, oder 100 Prozent heißt, nur Sie selbst sind verantwortlich.

1. Zu wie viel Prozent sind Sie für Ihre Gesundheit selbst verantwortlich?
2. Zu wie viel Prozent sind Sie für die Entwicklung Ihres eigenen Talents und das Ihres Kindes selbst verantwortlich?

Zu welchen Ergebnissen sind Sie gekommen? 90 Prozent Eigenverantwortlichkeit für Ihre Gesundheit und 50 Prozent Verantwortung für das Talent Ihres Kindes? Ein bisschen mehr bei der einen Frage, ein bisschen weniger bei der anderen Frage?

Egal, denn es gibt nur eine richtige Antwort auf beide Fragen. Sie ahnen es schon oder haben es ohnehin die ganze Zeit gewusst, worauf ich hinauswill?

Sie haben recht, es ist meine tiefe innere Überzeugung, dass nur zweimal 100 Prozent auf beide Fragen die richtige Antwort sein kann. Dafür kann ich natürlich im Gegensatz zu vielen anderen von mir in diesem Buch vertretenen Thesen keine wissenschaftlichen Beweise oder Studien vorlegen.

Sie können sogar argumentieren, dass das, was wir tun, überhaupt in seinen Auswirkungen weit überschätzt wird. Hat das, was wir als Einzelne tun oder unterlassen, jenen Einfluss auf die Welt wie das berühmte Fahrrad, das in China umfällt, oder wie die Libelle, die mit ihrem Flügelschlag einen Tornado auslöst? Wir wissen es nicht. Das Einzige, das wir sicher wissen, ist, dass es kein Leben und keinen Fortschritt auf der Welt gäbe, wenn nicht irgendwann Menschen ein Fahrrad erfunden hätten oder nicht ständig Libellen mit den Flügeln schlagen würden.

Wir sind alle sterblich. Um unsere individuelle Lebenserfahrung für die evolutionäre Weiterentwicklung des Menschen nutzen zu können, muss diese in Form von Geschichten erhalten werden. Diese Geschichten helfen den Menschen seit Urzeiten als Führer bei der Reise durch ihr eigenes Leben. Wir können diese alten Weisheiten in unserem Inneren entdecken – in unseren Träumen und Fantasien – und in der äußeren Welt – in unseren Mythen, Legenden, Heldengeschichten und Sagen. Jede Heldengeschichte bringt uns eine Herausforderung und ein Lernerlebnis. Was können wir von unseren anfangs zitierten Helden über die Frage nach der Selbstverantwortung lernen?

Was sagt Frodo Beutlin, als ihm der weise Gandalf den Ring gibt und ihm den Auftrag erteilt, den Kampf gegen den allmächtigen Sauron aufzunehmen? Frodo lehnt erst voller Angst ab, um sich dann doch auf die Reise zu machen. Der kleine Hobbit mit den dicken bloßen Füßen gegen Sauron in seiner uneinnehmbaren Festung Mordor.

Was antwortet der junge Luke Skywalker, als ihn die Jedi-Ritter auffordern, mitzukommen und mit ihnen gegen den Imperator zu kämpfen? Er habe Verantwortung für seine Mutter und könne daher nicht mitkommen. Doch schließlich bricht er doch auf.

»Du musst einen Fehler gemacht haben. Ich kann unmöglich ein Zauberer sein«, ist Harry Potter überzeugt, als ihm der Riese Hagrid die Einladung des Schulleiters Dumbledore an die Hogwarts-Schule für Zauberei überbringt. Trotzdem besteigt er dann den Zug, der ihn in eine andere Welt führt.

Und diejenigen Leser, die mit Hollywoodfilmen nicht viel am Hut haben: Was berührt uns so an der Geschichte von Oliver Twist in Charles Dickens' Erzählung? Gerade der kleine Waisenjunge Oliver Twist hätte alle Gründe der Welt gehabt, anderen die Schuld an seiner misslichen Lage zu geben und sich seinem Schicksal zu überlassen. Deshalb geht seine Geschichte seit Generationen den Menschen nah.

Die Botschaft, die uns Harry Potter, Luke Skywalker, Frodo Beutlin, Oliver Twist und viele andere mitgeben wollen, ist immer die gleiche – und sie hat nicht nur Bedeutung in ihren Geschichten. Die größten Helden sind jene, die ihre Zweifel überwinden und die nicht den bequemen Weg der Schuldzuweisung an andere gehen.

Stellen wir uns daher nochmals die Kernfrage dieses Buches: Wer sind die Feinde des talentierten Schülers?

Sind es die Eltern, die zu nachlässig und zu bequem sind, um die Verantwortung für das einzigartige Talent ihres Kindes zu übernehmen?

Sind es die Lehrer, die die Kinder zu wenig lieben und die die Begeisterung für die Sache verloren haben oder gar nie hatten?

Ist es das System Schule insgesamt, das Wettbewerb, Freude und Leistung verhindert und sich völlig von unserer Gesellschaft abgeschottet hat?

Es ist so leicht für Eltern, die ganze Verantwortung für das Talent ihrer Kinder der Schule und den Lehrern zu geben. Schließlich haben sie die positive Entscheidung getroffen, überhaupt Kinder in die Welt zu setzen. Das bedeutet viel persönlichen Verzicht und finanzielle Einschränkungen. Sie haben sechs Jahre die gesamte Verantwortung für die Erziehung ihrer Kinder übernommen und, vor allem die Mütter, oft ihre Karriere zurückgestellt. Nun erwarten die Eltern zu Recht, dass die Schule das tut, wofür sie auch genug Steuern zahlen – den Kindern das notwendige Wissen beizubringen und auch ihre Persönlichkeit weiterzuentwickeln, damit sie bestens auf das Leben vorbereitet sind. Das ist wohl nicht zu viel verlangt.

Und wie leicht haben es erst die Lehrer, die Verantwortung für die Schulmisere von sich zu schieben. Sie haben ihren Beruf ergriffen, weil sie gerne mit Kindern arbeiten und ihnen Neues beibringen wollen. Sie sehen sich aber auf einmal einer Klasse gegenüber, wo sie es mit schwer vernachlässigten jungen Menschen zu tun haben, mit solchen, die es nicht gewöhnt sind, sich auch nur an irgendwelche Regeln zu halten. Einige sind offensichtlich verhaltensauffällig, andere kommen aus einer ganz anderen Kultur und beherrschen die deutsche Sprache nicht. Auf all das wurden Lehrer nicht ausreichend vorbereitet. Sie können nicht in wenigen Monaten bei bis zu 30 Kindern gutmachen, was deren Eltern bis dahin verabsäumt haben. Sie fühlen sich überfordert, allein gelassen, schlecht bezahlt und in der Öffentlichkeit noch als Faulpelze mit einem Halbtagsjob und drei Monaten Ferien denunziert. Sie finden zu Recht, dass das ganze System einfach nicht stimmt.

Und besonders berechtigt ist es daher, einfach dem gesamten Schulsystem die Verantwortung zuzuschieben. Denn das stimmt in jedem Fall. Dieses völlig überalterte und leistungsfeindliche System verkörpert ja wahrlich alle negativen Eigenschaften der dunklen Seite der Macht. Immer wieder glauben wir, die finsteren Gestalten Saurons, des Imperators oder des großen Feindes von Harry Potter, »*Du weißt schon wer*«, genau erkennen zu können. Und dieses System ist leider wahrlich ein mächtiger Feind des talentierten Schülers, der mit allen Waffen bekämpft und besiegt werden muss.

WAS KÖNNEN WIR TUN?

Wir haben wenig Einfluss darauf, dass manche Eltern, die ihre Kinder durchaus sehr lieben, nicht das nötige Rüstzeug besitzen, um diesen auch das Beste bieten zu können, das ihre Kinder brauchten. Elternführerscheine, kostenlose Kindergärten, Vorschulen, die Benachteiligungen ausgleichen, und ausgebildete Sozialarbeiter in den Schulen sind aber wichtige Maßnahmen, an deren sofortiger Umsetzung uns niemand hindert.

Wir haben sehr wohl einen großen Einfluss darauf, die Besten für den Beruf des Lehrers zu gewinnen und diesen dann auch die hohe Wertschätzung zu geben, die dieser wichtigste aller Berufe verdient.

Wir haben die Verpflichtung, ein Schulsystem zu schaffen, das den individuellen Talenten unserer Kinder würdig ist und sie auf die große Verantwortung als Bewohner eines Planeten vorbereitet, auf dem bald zehn Milliarden Menschen leben werden.

In diesem letzten Kapitel über die Tabus in unserem Schulsystem geht es aber nicht um die äußeren Feinde des talentierten Schülers, sondern um den gefährlichsten Feind – den Feind in uns selbst.

Denn den größten Einfluss haben wir auf uns selbst – unser eigenes Denken und Handeln. Die größten Reformer der Welt waren immer jene, die bei sich selbst begonnen haben. Das Abschieben der Verantwortung für die Entdeckung und die Förderung der Talente auf den jeweils anderen ist das süße Gift, das viele junge Menschen langsam auffrisst. Noch schlimmer ist, dass wir oft nicht einmal merken, was wir anrichten. Denn zu leicht vergessen wir die Zeit, als wir selbst noch Schüler waren. Und es hat sich nichts geändert seit den Tagen, als wir noch die Schulbank gedrückt haben. Wann immer wir an Sprechtagen oder aus anderen Gründen eine Schule betreten, erinnert uns der unverwechselbare Geruch sofort an unsere eigene Zeit als Schüler.

Und an diesen Gefühlen hat sich bis heute nichts geändert, wenn die Schüler am Morgen unbarmherzig vom Wecker aus dem Schlaf gerissen werden. Nein, die meisten Schüler gehen noch immer nicht gerne in die Schule. Unendliche Langeweile für die einen, Angst für die anderen, die sie jeden Tag erdulden müssen. Lehrer, die wie ferngesteuerte Maschinen ihren Stoff herunterbeten, ohne zu merken, dass ihnen niemand zuhört. Doch die Langweiler sind noch besser als diejenigen, die uns ihre Macht immer wieder spüren lassen und uns gnadenlos an der Tafel vor allen Mitschülern demütigen. Die immer wieder in die Wunden dessen, was wir gar nicht verstehen konnten, weil es nie erklärt wurde, tief eindringen, um uns fühlen zu lassen, wie dumm und unfähig wir eigentlich sind. Die wenigen Höhepunkte des Tages sind die Pausen, in denen wir unsere Freunde treffen können, wenn wir nicht gerade Aufgaben abschreiben müssen. Wir bewundern die zwei Mutigen in der Klasse, die das einzig Richtige machen – sie kommen nur sporadisch und schwänzen einfach die Schule. Die Lehrer haben sie längst aufgegeben. Die Glücklichen. Und wir bewundern die ein bis zwei großartigen Lehrer, die es verstehen, uns mit ihrer Leidenschaft anzustecken, und die uns eine Ahnung davon geben, wie Schule eigentlich sein könnte. So sitzen wir unsere Zeit einfach ab, flüchten in unsere eigenen Fantasiewelten oder quatschen mit unserem Nachbarn. 50 Minuten können endlos sein. Wer immer sich das einmal ausgedacht hat – Schule ist ein langer, langer Jammer.

Um das durchzustehen, braucht der talentierte Schüler viele Freunde. Es lohnt sich, selbst Verantwortung für das Talent seines Kindes zu übernehmen und diesem beim Kampf gegen die Übermacht seiner Feinde zu helfen. In einer Welt, die sich zu oft mit dem Mittelmäßigen zufriedengibt, ist es wert, für das Besondere in jedem Kind zu kämpfen. Die Freunde des talentierten Schülers unterstützen diesen dabei, seinen eigenen Weg zu gehen. Wenn er einmal stürzt, richten sie ihn wieder auf, wenn er aufgeben will, geben sie ihm Zuversicht, wenn er scheitert, helfen sie ihm dabei, neu anzufangen, und wenn er gerade einen großen Erfolg erreicht hat, sorgen sie dafür, dass ihm dieser nicht zu Kopfe steigt – denn er wird wieder fallen.

Der österreichische Schriftsteller Stefan Zweig hat einmal gesagt: »*Die größte Leistung von Christoph Kolumbus war nicht, dass er in der Neuen Welt angekommen ist und Amerika entdeckt hat – sondern dass er den Mut hatte aufzubrechen.*«

Jeder kann ein Freund des talentierten Schülers werden, der ihn darin bestärkt aufzubrechen, um den unerforschten Kontinent seiner Begabungen zu entdecken. All die Abenteuer von Harry Potter, Frodo Beutlin, Oliver Twist und Luke Skywalker werden ihn auf dieser Reise erwarten.

Viel Lärm
um zwei Nebenkriegsschauplätze

Warum die Frage, ob der Weg ins Paradies über die Gesamtschule führt, religiösen Charakter bekommen hat

In Douglas Adams' herrlich absurdem Roman »Per Anhalter durch die Galaxie« beschließen außerirdische Wesen, den Streit über den Sinn des Lebens durch den Bau eines Supercomputers zu lösen. »Deep Thought«, so sein Name, braucht schlanke siebeneinhalb Millionen Jahre, bis er zu einer Antwort gelangt. Mit *»unendlicher Erhabenheit und Ruhe«* verkündet der Supercomputer schließlich seine Erkenntnis: Zweiundvierzig.

Würden die Regierungen in Deutschland und Österreich heute gemeinsam einen derartigen Supercomputer bauen, um den seit Jahrzehnten schwelenden ideologischen Streit über die Gesamtschule zu entscheiden, wäre die Antwort des Computers vermutlich eine ähnliche wie in der Geschichte von Douglas Adams.

Das Problem der Erbauer von »Deep Thought« lag ganz offensichtlich darin, dass sie sich eine Antwort auf eine Frage erhofften, ohne sich über den Sinn dieser Frage klar zu sein.

Seit der Diskussion über die Gefahren und Chancen der Atomenergie wurde keine Diskussion mehr mit so viel Fanatismus, ideologischer Verblendung, intellektueller Selbstfesselung und manipulierten Statistiken geführt wie die Frage, ob eine gemeinsame Schule aller Zehn- bis Vierzehnjährigen zu mehr Chancengerechtigkeit oder zu einer noch größeren Nivellierung nach unten führt.

Glaubenskriege sind in der Geschichte nicht durch Argumente, sondern durch Schlachten entschieden worden – mit Millionen von Toten. Heute tragen wir zumindest in der westlichen Welt die Frage, ob es Gott gibt, mit Büchern wie »Der Gotteswahn« von Richard Dawkins gegen »Jesus von Nazareth« von Papst Benedikt XVI. aus. Trotz hoher Intellektualität, die sowohl der langjährige Theologieprofessor Joseph Ratzinger als auch der Oxforder Evolutionsbiologe Richard Dawkins besitzen, werden sie über diese Frage nie einen auf Fakten basierenden Konsens erzielen können. Der eine glaubt – der andere nicht.

Und genau so ist es mit der Gesamtschule. Die einen glauben an sie, die anderen nicht. Die Fakten sind erdrückend – dafür und dagegen. Je nachdem, was man beweisen will oder welche Frage man stellt:

- Die PISA-Siegerländer Finnland, Korea und Hongkong haben ein Gesamtschulsystem.
- In Deutschland, dem einzigen Land im PISA-Test, das sowohl ein Gesamtschul- als auch ein differenziertes Schulsystem innerhalb eines Landes hat und daher Vergleiche unter gleichen Bedingungen zulässt, schneidet das differenzierte tendenziell besser ab als das Gesamtschulsystem.
- Eine der besten deutschen Schulen im PISA-Test, die »Helene-Lange-Schule« in Wiesbaden, ist eine Gesamtschule.
- Am besten in fast allen Kategorien schneidet in Deutschland das differenzierte System in Bayern ab.
- Die frühe Trennung der Zehnjährigen in Österreich in

Hauptschüler und höhere Schüler ist fast ein weltweites Unikum.

- In vielen Ländern, die ein Gesamtschulsystem haben wie zum Beispiel die USA und Großbritannien, existiert eine florierende Landschaft an teuren exklusiven Privatschulen, die erst recht eine Zweiklassengesellschaft schaffen, die nicht begabte Kinder, sondern Kinder mit reichen Eltern besonders begünstigt.

So weit ein paar Fakten, man könnte ein ganzes Buch damit füllen. Und jetzt erlauben Sie mir bitte, Ihnen meine sehr persönliche Meinung über die intellektuelle Unredlichkeit, mit der die Gesamtschuldebatte sowohl von der SPÖ als auch der ÖVP in Österreich geführt wird, darzulegen.

Fangen wir mit der Partei an, deren Abgeordneter ich viele Jahre war – der ÖVP.

1. Die ÖVP ist aus tief verwurzelten ideologischen Gründen gegen die Gesamtschule.
2. Der ÖVP sind im Zweifelsfall die Interessen der begabten Kinder wichtiger als das Gesamtniveau aller Kinder eines Jahrgangs.
3. Die ÖVP verteidigt die Zukunftschancen der Kinder aus dem Bildungsbürgertum, verkennt aber, dass wir uns die systembedingte Diskriminierung von begabten Kindern aus Arbeiter- und Migrantenfamilien nicht länger werden leisten können, weil diese einen immer größeren Anteil der Schulpflichtigen ausmachen.
4. Die große Sorge um die Wahlfreiheit der Eltern ist die getarnte Sorge um die Standesinteressen der bestens in der ÖVP verankerten AHS-Lehrer.
5. Die ÖVP verteidigt nach wie vor die heile Welt, dass un-

sere Hauptschulen dem handwerklich talentierten Kind eine wunderbare Karriere als Facharbeiter oder gar Unternehmer eröffnen. Ihre führenden Funktionäre denken nicht im Traum daran, ihre eigenen Kinder auf diesen Karriereweg zu schicken.

Nun zur SPÖ:

1. Die SPÖ ist aus tief verwurzelten ideologischen Gründen für die Gesamtschule.
2. Der SPÖ ist im Zweifelsfall die Chancengleichheit der Kinder aus Arbeiterfamilien wichtiger als das Recht jedes begabten Kindes auf maximale individuelle Begabungsförderung.
3. Die SPÖ erkennt nicht, dass soziale Benachteiligungen am besten vor dem Schuleintritt oder spätestens in der Volksschule ausgeglichen werden müssen, und nicht erst zwischen 10 und 14 Jahren.
4. Die SPÖ hat noch immer eine innere Distanz zum Leistungsprinzip und vertraut eher dem Einfluss des Staates, um eine bessere Gesellschaft zu schaffen.
5. Die SPÖ stellt die Gesamtschule als ein Paradies dar, in dem die individuellen Begabungen maximal gefördert werden. Ihre führenden Funktionäre denken nicht im Traum daran, ihre eigenen Kinder an eine Gesamtschule zu geben – nicht einmal öffentliche Gymnasien sind gut genug für ihre Kinder.

Die Fakten sind widersprüchlich, die Standpunkte unverrückbar. Da eine deutliche Mehrheit der Journalisten in Österreich für die Gesamtschule und eine deutliche Mehrheit der Eltern dagegen ist, ist die notwendige Waffengleichheit gegeben, um diese Schlacht noch lange weiterzuführen. Das gibt beiden Parteien die Möglichkeit, sich auch weiterhin um die wirklich notwendigen Veränderungen zu drücken.

Beide Parteien bekämpfen sich mutig und begeistert an der Nebenfront Gesamtschule und sind daher zu beschäftigt und auch ein bisschen zu feige, sich den wirklich entscheidenden Fragen des österreichischen Schulsystems zu stellen. Um auf diese zu kommen, muss man nicht erst den Supercomputer »Deep Thought« programmieren und braucht auch keine siebeneinhalb Millionen Jahre, um die Antworten zu finden:

1. Die Interessen des Schülers an die oberste Stelle unseres Schulsystems zu stellen und die Macht den Lehrergewerkschaftlern zu entreißen, die hauptverantwortlich für die Blockierung aller notwendigen Veränderungen sind.
2. Begabungsunterschiede aufgrund sozialer Herkunft schon vor dem Schuleintritt auszugleichen, im Zweifelsfall auch mit sanftem Druck auf unwillige Eltern.
3. Noch bessere Lehrer für die Volksschulen zu gewinnen und in diesen dann eine wirklich individuelle Förderung jedes Kindes zu ermöglichen.
4. Nach der Volksschule eine fließende Übergangsphase in andere, möglichst vielfältige Schulformen zu schaffen. Die Entscheidung darüber von den Schultern eines einzigen Volksschullehrers zu nehmen und mehreren Lehrern dieser Schulformen gemeinsam zu übertragen. Alles zu tun, um talentierten Kindern aus den unteren Bildungsschichten eine ihren Fähigkeiten entsprechende Ausbildung zu sichern.
5. Nur die besten Schulabsolventen zum Lehramtsstudium

zuzulassen, diese hart auszuwählen, ordentlich zu bezahlen, ihre Leistungen zu bewerten und ihre Karriere von dieser Leistung und nicht vom Dienstalter abhängig zu machen.

6. Direktoren nur mehr auf Zeit zu bestellen und ihnen dafür die Macht zu geben, über die Aufnahme ihrer Lehrer zu entscheiden, und ihnen auch Verantwortung für den Einsatz des pädagogischen Budgets an ihrer Schule zu überlassen.

7. Das Leistungs- und Wettbewerbsprinzip innerhalb der Schulen und auch zwischen den Schulen einzuführen und das Diktat der Mittelmäßigkeit mit allen Mitteln zu bekämpfen.

Das sind die wirklich heißen und gefährlichen Themen, die die Parteien dazu verleiten, sich weiterhin mit dem Scharmützel um die Gesamtschule an der Oberfläche der Schuldiskussion zu begnügen, ohne sich wirklich wehtun zu müssen oder gar ihre jeweilige Stammklientel ernsthaft zu verärgern.

»Die See ist aufgewühlt, der Sturm peitscht die Wellen auf und wütet lautstark an der Oberfläche. Ein bisschen tiefer im Ozean bekommt man von diesem Schauspiel an der Oberfläche aber fast gar nichts mit und die Meeresbewohner sind mit ihren täglichen Sorgen beschäftigt: Fressen und schauen, nicht gefressen zu werden.«[1]

Dieses Bild erinnert stark an die Art, wie die Politik Veränderungen im Schulsystem erzielen will. Ziele werden lautstark verkündet, Reformkommissionen eingerichtet, PISA-Ergebnisse für und gegen die Gesamtschule in Stellung gebracht. Der Einfluss all dieser Bewegungen und Erregungen an der politischen Oberfläche auf den Unterricht in den

Klassen ist aber mit jenem oben zitierten Sturm über dem Meer auf die Fische darin vergleichbar.

Fazit: Die Einführung der Gesamtschule in Österreich wäre mit Sicherheit nicht der Zusammenbruch des christlichen Abendlandes. Genauso ist es eine Illusion zu glauben, dass die Einführung der Gesamtschule die tatsächlichen, unübersehbaren Probleme unseres Schulsystems wie Lehrerauswahl, Gewerkschaftsdominanz und individuelle Begabungsfeindlichkeit lösen würde. Es wäre naiv zu meinen, dass sich die Qualität des Unterrichts dramatisch verbessert, nur weil wir die Struktur ändern, ohne aber die Tabuthemen des Schulsystems anzugreifen.

Unbestritten ist für mich die Notwendigkeit einer gemeinsamen Lehrerausbildung für alle weiterführenden Schulformen. Warum ein Gymnasiallehrer weniger in Pädagogik und in sozialer Kompetenz geschult werden sollte, und warum umgekehrt ein Hauptschullehrer fachlich nicht auf dem letzten Stand sein sollte, wird man wohl ohne Standesdünkel sachlich nicht ernsthaft begründen können. Vor allem nicht aus Sicht aller Schüler.

Die SPÖ muss über ihren Schatten springen und sich wesentlich mehr mit der individuellen Begabungsförderung gerade besonders begabter Kinder beschäftigen, wissend, dass das am Ende des Tages die Leistungsunterschiede zwischen den Kindern eher vergrößern wird. Die ÖVP muss das Problem, dass wir derzeit jährlich Tausende Kinder aus sozial benachteiligten Familien in Bildungssackgassen schicken, auf ihren Radarschirm der Wahrnehmung bringen und sich zu mehr als Lippenbekenntnissen durchringen.

Das Schulsystem wird sich weiter differenzieren, weil es nur so den individuellen Anforderungen der Schüler gerecht werden kann und weil immer mehr Eltern zu Recht eine möglichst große Wahlmöglichkeit fordern werden. Auch die zu Recht sehr gelobten Gesamtschulen in Finnland sind sehr begabungsorientiert und auch leistungsdifferenziert. Wie die einzelnen Schulformen dann heißen, ist eine semantische Frage. Entscheidend ist, wie gut die einzelne Schule ihre Aufgabe erfüllt und wie gut der tägliche Unterricht im Klassenzimmer ist. Davon wird der Ruf der Schule dann abhängen. Gute Schulen werden eine starke Nachfrage bei Eltern und den besten Lehrern auslösen. Der Druck auf schlechte Schulen wird immer größer werden.

Österreich ist seit vielen Jahren Weltklasse im alpinen Schilauf und Deutschland im Fußball. Niemand stellt im Sport in Frage, dass die Förderung des Breitensports erst das notwendige Klima schafft, damit sich Ausnahmebegabungen in diesen Sportarten herauskristallisieren können, die dann wieder in eigens spezialisierten Ausbildungsstätten an die Spitze geführt werden. Es wäre politischer Selbstmord für jede Partei, sich im Sport einseitig nur der Förderung des Spitzensports oder dem Breitensport zu verschreiben. In der Gesamtschulfrage begehen die beiden politischen Lager genau diese Todsünde und beharren auf einem Entweder-oder, statt ein Sowohl-als-auch zu ermöglichen.

Der Kampf für ein Schulsystem, das sowohl die individuelle Begabungsförderung als auch die soziale Durchlässigkeit ermöglicht, ist mit einer Kraftanstrengung sehr wohl möglich. Waffenstillstände wie der faule Kompromiss um die »Neue Mittelschule« in Österreich führen zu Demotivation in beiden Lagern und legen nur den Keim für weitere Kämpfe an dieser Nebenfront. Diese gehen wieder zu Lasten aller Schüler. Nur beide Großparteien gemeinsam können die notwendigen Reformen im Schulsystem umsetzen und die Macht der Lehrergewerkschaften brechen. Dass sie das können, haben sie seit dem 2. Weltkrieg schon mehrmals bewiesen, wenn sie beide erkannt haben, dass es um nationale Prioritäten gegangen ist.

Das völlige Umkrempeln der gesamten verstaatlichten Industrie in den neunziger Jahren, die durch Betriebsratskaisertum und Leistungsfeindlichkeit de facto bankrott war, ist ein vergleichbares Beispiel. Entgegen aller Voraussagen von Industriewüsten und Hunderttausender Arbeitsloser sind VOEST und Böhler-Uddeholm heute international wettbewerbsfähige Unternehmen, die Gewinne schreiben.

Einer ähnlichen Kraftanstrengung beider Parteien bedarf eine Schulreform, die wirklich etwas verändert. Das wissen die intelligenten Köpfe in beiden Parteien durchaus.

Anmerkungen:

1 Larry Cuban: How teachers taught: Constancy and change in American classrooms 1890-1980. Longman Group, Harlow, UK 1984.

Warum die PISA-Debatte den richtigen Stein ins Rollen gebracht hat, dieser aber in die falsche Richtung rollt

Die offiziellen Reaktionen Österreichs und Deutschlands auf das schlechte Abschneiden beim PISA-Test 2003 erinnerten an einen im Prinzip sehr begabten Schüler, der sich jahrelang gut durchgeschwindelt hat, dessen mangelnde Leistungen aber auf einmal bei einer großen Prüfung doch auffliegen. Sie reichten von Schuldzuweisungen, wilder Empörung, tiefer Zerknirschung bis zu dem Versprechen, jetzt ganz brav zu lernen, um es das nächste Mal besser zu machen. Die jeweils verantwortlichen Regierungspolitiker übernahmen die Rolle der aufgebrachten Eltern, die sich verärgert bei der Prüfungsbehörde über die für ihren Sprössling völlig ungeeigneten Aufgabenstellungen bis hin zu den Fehlern bei der Korrektur beschwerten.

Die Bürger in Österreich und Deutschland bewegte eine ganz andere Frage: Ist unser Schulsystem im Vergleich zu den anderen wirklich so mittelmäßig bis schlecht?

Vergleicht man den großen finanziellen Aufwand, den Österreich und Deutschland für ihre Schulen treiben, mit jenem der Siegerländer, dann kann man nur mit einem eindeutigen Ja antworten.

- Die durchschnittlichen Ausgaben pro Schüler betrugen in Österreich $ 9803, in Deutschland $ 8436 im Vergleich zum PISA-Siegerland Finnland mit $ 7798 und zum OECD- Durchschnitt von $ 7061.[1]

- Einige der von PISA besonders gut bewerteten Schulsysteme wie Korea (trotz seines Absturzes 2006 noch immer vor Deutschland und Österreich) und die Niederlande geben weniger für ihre Schulen aus als der OECD-Schnitt.

Es zeigt sich daher, wie ich schon anhand der McKinsey-Studie[2] ausführlich dargestellt habe, dass ein teures Schulsystem nicht automatisch auch ein gutes Schulsystem ist. Eine einfache Wahrheit, die wir alle aus der Wirtschaft kennen – eine teure Organisation ist noch lange kein Indiz für eine effiziente und kundenorientierte Organisation.

PISA – UNSERE »BEZAUBERNDE JEANNIE«

Mit PISA wurde der Geist des internationalen Wettbewerbs um Bildungskompetenz, der Transparenz und damit auch des verantwortungsvolleren Umgangs mit den Milliarden von Steuergeldern, die in unsere Schulsysteme gesteckt werden, aus der Flasche gelassen – und das ist gut so. Dieser Geist wird sich auch nicht mehr zurück in die Flasche verbannen lassen. Im Gegensatz zur »bezaubernden Jeannie« aus der berühmten, 1965 erstmals ausgestrahlten Fernsehserie gehorcht er auch nicht demjenigen, der die Flasche als Erster öffnet, ganz im Gegenteil – der PISA-Flaschengeist lässt sich nicht politisch missbrauchen. Diese schlimme Erfahrung mussten vor allem die österreichischen Bildungspolitiker machen.

Als Österreich bei der ersten PISA-Studie 2000 besser abschnitt als Deutschland, lebte der »Córdoba-Geist«, der seit dem historischen 3 : 2-Sieg Österreichs über Deutschland bei der Fußballweltmeisterschaft 1978 als nationaler Mythos gepflegt wird, bei den österreichischen Bildungspolitikern auf. Beide politischen Großparteien reklamierten auch sofort diesen großen Erfolg für sich. »Besonderen Dank« stattete die ÖVP-Politikerin Rauch-Kallat der ÖVP-Bildungsministerin Gehrer dafür ab, »dass Österreich nicht nur bei der PISA-Studie, sondern auch in der internationalen Bewertung der Schulen gemeinsam mit Finnland an erster Stelle liege. Dieser Dank gilt aber auch allen Lehrerinnen und Lehrern, die mitgeholfen haben.« Der ÖVP-Abgeordnete Werner Amon betonte: »Je komplizierter die Aufgabenstellungen in den jeweiligen Bereichen waren, desto besser waren die Leistungen der österreichischen Kinder. Das ist ein guter Beweis dafür, dass Österreichs Bildungspolitik mit Ministerin Gehrer auf einem guten, richtigen Weg sei.« Und auch die SPÖ-Stadtschulratspräsidentin von Wien Susanne Brandsteidl versuchte sich, bei aller oppositionellen Kritik, ein Stück vom Kuchen des Erfolgs abzuschneiden: »Keine Frage, dass die PISA-Studie ein Erfolg für das österreichische Schulwesen ist. Keine Frage auch, dass dieser Erfolg als Beleg für die hervorragende Arbeit unserer Lehrer gewertet werden muss.«

DIE TORHEIT DER REGIERENDEN

Die wesentlichen politischen Kräfte in Österreich empfanden PISA 2000 als Bestätigung ihrer Selbstzufriedenheit mit dem Bildungssystem. Umso nervöser wurde man daher, als erste Gerüchte von einem deutlichen Absinken der österreichischen Schüler beim PISA-Test 2003 nichts Gutes ahnen ließen. Die offizielle bittere Wahrheit folgte bald. Österreich landete bei den Naturwissenschaften und der Lesekompetenz im weit abgeschlagenen Mittelfeld. »Absturz«, »Katastrophe« und »Nationale Blamage« waren die Kommentare.

Lege dich mit keinen Geistern an, die du selbst gerufen hast. Die »bezaubernde Jeannie« aus der PISA-Flasche zeigte auf einmal ihr anderes, uncharmantes Antlitz. Und sie brachte damit erstmals einen Stein ins Rollen, der bis dahin gut einzementiert von Lehrergewerkschaftlern und ungefährdet von einer an der Schulfrage letztlich desinteressierten Öffentlichkeit anscheinend unbeweglich bis in die Ewigkeit zu verwittern drohte. Auf einmal war Schule ein Thema, das sich nicht nur auf die Frage, wann denn die beste Zeit im Jahr für die jeweiligen Schulferien sei und welches neue Besoldungssystem man für Lehrer erfinden könnte, begrenzte. Hatte sich der begabte, aber faule *Schüler Österreich* im Gegensatz zu Deutschland bei der PISA-Schularbeit 2000 noch einmal erfolgreich durchgeschummelt, brach mit dreijähriger Verspätung nach den Ergebnissen 2003 die Debatte voll aus. Fragen nach der Lesekompetenz, der Bedeutung der Naturwissenschaften und erste Leistungsvergleiche einzelner Schulen dominierten auf einmal die Medien und die Politik.

Hatte man 2000 bei dem für Österreich günstigen Befund keinerlei Kritik an den Erhebungsmethoden gehört, beauftragte das Unterrichtsministerium das Institut für Statistik der Universität Wien nach dem Absturz 2003 mit einer Überprüfung der Ergebnisse. Mit dem Resultat, dass den PISA-Statistikern tatsächlich ein Fehler passiert war, wie diese auch eingestanden. Allerdings ganz anders, als man sich das beim Auftraggeber erhofft hatte. Der tragikomische

Effekt der Nachuntersuchung ergab nämlich, dass der Absturz von PISA 2000 auf PISA 2003 gar keiner war, sondern durch einen Stichprobenfehler bei der Zurechnung der Berufsschüler verursacht wurde. Es stellte sich heraus, dass Österreich im Jahr 2000 schon fast so schlecht war wie 2003!

Deutschland, das 2003 ebenfalls schlecht abgeschnitten hatte, investierte seine nationalen Energien im Gegensatz zu Österreich nicht dazu, das Ergebnis im Nachhinein zu korrigieren zu versuchen, sondern eine Allianz aus Wirtschaft, Hochschulen und Forschungsverbänden investierte in eine Vielzahl von Programmen zur Steigerung der naturwissenschaftlichen Kompetenz der Schulen. Der Erfolg kann sich sehen lassen. Deutschland, das 2003 noch auf Rang 18 unter 40 Staaten dahindümpelte, konnte sich bei den Naturwissenschaften 2006 immerhin auf Platz 13 unter 57 Ländern nach vorne katapultieren. Dem Nachrichtenmagazin »Der Spiegel« war »die Neuentdeckung der Naturwissenschaften in der Schule« im Dezember 2007 sogar eine Titelgeschichte wert.

Um ihre PISA-Ergebnisse zu verbessern, griffen einige Länder zu teilweise sehr handfesten Strategien. Bis zu 50 Dollar bekamen junge US-Amerikaner, wenn sie länger in der Schule blieben, um die Fragebögen auszufüllen. In den Niederlanden erhielten Schüler Zehn-Euro-Gutscheine fürs Mitmachen, in Großbritannien Geld, wenn bestimmte Teilnehmerquoten erreicht wurden, in Slowenien kassierten die Lehrer Sonderprämien und die Schüler einen Tag schulfrei fürs Mitmachen. Derlei Gaben sollten offensichtlich lustlose Testkandidaten beflügeln, um gute Ergebnisse zu erzielen.[3] Die Regierungspolitiker dieser Länder schlüpften in die Rolle der ehrgeizigen Eltern, die ihre Kinder mit allen Mitteln zum Erfolg pushen wollten, um sich dann selbst im

Licht guter Ranglistenplätze zu sonnen. »A bisserl was geht immer«, hätte der von Helmut Fischer dargestellte Kriminalkommissar der legendären bayerischen Fernsehserie »Monaco Franze – Der ewige Stenz« dazu gesagt.

Den Initiatoren von PISA ist es jedenfalls schon mit ihrer ersten Studie 2000 gelungen, die Bildungspolitiker der OECD-Länder aus ihrer Bequemlichkeit zu reißen und sich endlich auch einem in der Wirtschaft völlig üblichen internationalen Vergleich zu stellen. Die OECD hat mit der PISA-Studie eine historisch ganz wichtige Tat gesetzt, und dafür gebührt ihr Achtung. Der »bezaubernden Jeannie« sei Dank.

Die für alle Kinder jenseits der nationalen Ranglisten weit wichtigere Erkenntnis von PISA betrifft die schon oft angesprochenen schichtspezifischen Begabungsunterschiede. PISA zeigt deutlich, dass sich diese am besten noch vor dem Schuleintritt ausgleichen lassen. Für die Förderung von Kindern gilt: Je früher ein Kind etwas lernt, desto leichter geht es. Es ist daher im Prinzip wesentlich unsozialer, teilweise sehr hohe Kindergartengebühren zu verlangen als Studiengebühren, weil Universitätsabsolventen nach wie vor deutlich höhere Lebenseinkommen haben. Es ist auch eine Verschwendung von Ressourcen, nicht alle Anstrengung darauf zu konzentrieren, die besten Kindergärten der Welt zu schaffen. Sowohl die Hirnforschung als auch die PISA-Studien zeigen eindeutig, dass der Grundschulbereich ganz entscheidend für die gesamte Schullaufbahn ist. In den ersten fünf Jahren werden die Fundamente für das Lernverhalten gelegt. Kindergärtner und Grundschullehrer sollten daher die bestmögliche Ausbildung erhalten. Plakativ formuliert: Kindergärtner sind wichtiger als Hochschullehrer. In den skandinavischen Ländern ist daher ein Hochschulabschluss

Voraussetzung für den Beruf des Kindergärtners.[4] Unser Schulsystem verteilt seine Mittel leider genau verkehrt und investiert unverhältnismäßig mehr Geld in die Mittel- und Oberstufe im Vergleich zur Volksschule.

Der Stein, den die PISA-Studie ins Rollen gebracht hatte, lässt sich von niemandem mehr stoppen. Es besteht nur die Gefahr, dass dieser durch PISA ausgelöste Stein mit immer größerer Geschwindigkeit in die falsche Richtung rollt und PISA auf einmal selbst zum Götzen wird, den alle anbeten.

Der Tanz um das Goldene Kalb PISA

Ganze Nationen zittern vor PISA wie vor einer Schularbeit. Gerüchte über katastrophale Ergebnisse bei der PISA-Studie 2006 wurden mit dem Österreich eigenen Masochismus aufgenommen, um sich darin in nationalen kollektiven Hochgefühlen – »PISA-Sensation: So klug sind wir« – zu entladen.[5] Die verhaltenen Kommentare des obersten PISA-Chefs bei der OECD Andreas Schleicher zum guten Abschneiden Deutschlands bei PISA 2006 führten sofort zu massiven Rücktrittsforderungen an ihn von deutschen Bildungsverantwortlichen. Nachdem in Österreich 2006 die angekündigte PISA-Katastrophe ausblieb und Deutschland sich sogar deutlich verbesserte, konnte man den Eindruck gewinnen, dass einige Bildungspolitiker den Stein, der 2000 ins Rollen gebracht wurde, wieder den Berg hinauf zurückrollen wollen, um ihn dann dort endgültig in Beton zu gießen.

Die PISA-Tests übertragen die Kluft zwischen der Fähigkeit, etwas innerhalb eines abstrakten Rahmens einordnen zu können und etwas tatsächlich verstanden zu haben, vom

Klassenzimmer auf ganze Nationen. Der Philosoph Konrad Paul Liessmann meint dazu, dass anstelle der Bildungsziele der Aufklärung wie Autonomie und Selbstbewusstsein, anstelle der Bildungsziele der Reformpädagogen wie Lebensnähe, soziale Kompetenz und Freude am Lernen ein einziges Bildungsziel getreten sei: PISA zu bestehen. So sage PISA mehr über den geistigen Zustand der Bildungsexperten eines Landes als über den Bildungsstand seiner Schüler aus. Denn warum fordere man plötzlich von unseren Schülern, allein ohne Computer komplexe Texte nicht nur zu lesen, sondern auch zu verstehen?[6], fragt Liessmann sarkastisch.

Nationale Rankings können das Verstehen ganzer Nationen offenkundig genauso wenig bewerten wie Schulnoten das Verständnis einzelner Schüler. Daraus sollte man aber keine falschen Schlüsse ziehen. Nur weil Noten oft subjektiv und ungerecht an einzelne Schüler vergeben werden, wäre es falsch, Noten als wichtige Orientierung und Leistungsmotivation für Schüler generell abzuschaffen. Und die unabhängige Evaluierung der nationalen Schulsysteme nach ihrer Fähigkeit, zumindest die Kulturtechniken Lesen, Schreiben und Rechnen sowie logisches Denken und naturwissenschaftliche Grundkenntnisse zu vermitteln, ist ein deutlicher Fortschritt gegenüber der Vor-PISA-Ära.

Die Schule der Zukunft und PISA

PISA zu bestehen, ist für zwei der reichsten Länder der Welt, Österreich und Deutschland, Pflicht. Die Kür um wirklich die besten Schulen der Welt zu schaffen, verlangt allerdings weit mehr. Meine Hauptkritik an PISA ist vor allem, dass – entgegen der Behauptung der Betreiber – klassisches

Schulwissen mit einer starken Betonung der logisch-kognitiven Komponente getestet wird. PISA ist tatsächlich nicht mehr als eine klassische Schularbeit, die vor allem nicht den Zuwachs der Fähigkeiten im Verlauf der Schulzeit, sondern allein den Ist-Zustand in einer bestimmten Altersgruppe an einem ganz bestimmten Tag misst. Aus den Leistungsdaten von PISA ist daher nicht zu erschließen, inwieweit die Leistungsfähigkeit der schulischen Ausbildung zu verdanken ist oder inwieweit sie auf unterschiedliche individuelle Anlagen und Umwelteinflüsse zurückgeht. PISA ist durchaus eine adäquate Technik, um die unterschiedliche nationale Leistungsfähigkeit bei der Erfüllung der Normen des industriellen Schulsystems zu vergleichen. PISA misst die Geschwindigkeit des Fließbands und bewertet die Präzision der Massenfertigung eines völlig veralteten Schulsystems, das auf dem Modell des 19. Jahrhunderts aufbaut.

Die Anforderungen an eine Schule der Zukunft können mit PISA genauso wenig gemessen werden, wie man die ungeheuren geistigen Leistungen eines Unternehmens wie Google mit den Methoden der industriellen Massenfertigung messen könnte. Die Anforderungen an die Schule der Zukunft, die anhand vieler wissenschaftlicher Studien und mithilfe der Aussagen der führenden Bildungsforscher der Welt in diesem Buch bisher dargestellt wurden, kommen in der PISA-Prüfung fast gar nicht vor. Einige Beispiele:

- *Sozialkompetenz, Teamkompetenz und Wertschätzung* sind ganz entscheidende Fähigkeiten, die junge Menschen in der Zukunft brauchen werden. Derartige »Befindlichkeiten« sind nicht Ziel der Fragestellungen bei PISA, da ausschließlich Lerninhalte in Richtung angewandtes Faktenwissen getestet werden.

- *Die Erfassung der individuellen Talente der Schüler:* Nicht die individuellen Potenziale der Kinder stehen im Mittelpunkt, ganz im Gegenteil, getestet wird ausschließlich das Erreichen eines allgemein postulierten vorgegebenen Lernziels, was sogar den offiziellen PISA-Zielen widerspricht.

- *Die Berücksichtigung aller Intelligenzen von Kindern – das sprachliche Verständnis, das logisch-mathematische Denken, das räumliche Vorstellungsvermögen, das musikalische Denken, die körperlichen Ausdrucksformen, das soziale Verständnis anderer Menschen und die Fähigkeit, uns selbst zu verstehen und zu begreifen:* PISA bevorzugt einseitig Kinder mit guter Sprachbegabung und dem Hang zu »normalen logischen« Denkmustern.

- *Ein Weltbild, das Zusammenhänge und Wandel als wesentliche Merkmale vermittelt:* PISA versucht die Fähigkeit, Zusammenhänge zu erkennen, zu testen, es geht aber immer mehr um das Erkennen der Auswirkungen als um das Begreifen der Gründe. Im Vordergrund steht die Interpretation von Grafiken. Die Frage nach einem tieferen Verständnis der Ursachen der unterschiedlichen Fakten und Statistiken kommt selten bis gar nicht vor. Die Welt von PISA ist linear und nicht systemisch.

- *Künstlerische, musische und soziale Begabungen* werden im PISA-Test mit seinen Schwerpunkten Mathematik, Muttersprache und Naturwissenschaften marginalisiert.

- *Die Quellen der Leistungsmotivation, die Fähigkeit, flow-Erlebnisse zu vermitteln, und die Lernfreude sind soft facts*, die heute bei keiner ernsthaften Organisationsuntersuchung vernachlässigt werden. Die innere Motivationslage der Schüler und ihre emotionale Zufriedenheit mit der Schule werden bei PISA völlig ausgeblendet. Das

Menschenbild hinter PISA ist ausschließlich der verstandesdominierte Schüler, der Fakten in einem vorgegebenen Rahmen gut einordnen kann, gegenüber der Schule gefühlsmäßig völlig neutral ist, das *Wie etwas geht* brav wiedergibt, aber nie nach dem *Warum* fragt.

Die PISA-Studie ist im Prinzip nichts anderes als das in der Wirtschaft schon lange bekannte Konzept des Benchmarkings, eine Methode, mit der ein Unternehmen seine eigene Situation mit den Best Practices seiner Branche vergleichen kann. Wenn man daher in einer Branche an die Spitze kommen und sich dort behaupten will, dann reicht Benchmarking nicht aus.

Mittelmäßige Manager versuchen mittels Benchmarking und Best Practices immer nur die Erfolgsmodelle der Konkurrenz aus der Vergangenheit für die Zukunft zu kopieren. Das ist die gleiche Falle, in die jetzt mittelmäßige Schulpolitiker tappen, wenn sie unzählige Delegationen in das PISA-Siegerland Finnland entsenden. Natürlich kann und soll man vom Besten immer lernen, aber das ist nur die Pflicht. Will man dagegen selbst einmal zu den Besten gehören, muss man sich eigene ehrgeizige Ziele setzen und vor allem jene Bereiche definieren, die in Zukunft über die Wettbewerbsfähigkeit entscheiden werden.

Singapur, das als Nicht-OECD-Land bisher auch nicht am PISA-Test teilnahm, zeigt uns, was das praktisch heißt. Ich frage Frau Lim Lai Cheng, die viele Jahre in leitender Position im dortigen Bildungsministerium tätig war und jetzt Direktorin des angesehenen Raffles Junior College ist. Obwohl Singapur ein so anerkannt gutes Schulsystem hat, findet gerade wieder eine große Neuorientierung statt. Während man in der Vergangenheit stark auf Mathematik und

Naturwissenschaften gesetzt hat, werden Kreativität, Kunst und der Umgang mit Komplexität in Zukunft eine wichtige Rolle spielen. Der Schwerpunkt wird auf holistisches Lernen gelegt, und vor allem Schulen mit einer sportlichen und künstlerischen Ausrichtung werden besondere Förderungen erhalten. Lim Lai Cheng betont ausdrücklich, welchen hohen Stellenwert die ständige evolutionäre Weiterentwicklung des gesamten Schulsystems für ihren noch so jungen Staat hat.

Die Chance für Österreich und Deutschland, die besten Schulen der Welt zu schaffen, liegt eindeutig darin, eigene nationale Bewertungskategorien aufzustellen, die weit ehrgeiziger sind als jene von PISA.

Nach diesem knappen Kapitel über die komplexe PISA-Problematik hoffe ich, dass Sie als Leser zumindest mit Überzeugung sagen können: »*I am still confused, but on a higher level.*«

Anmerkungen:

1 OECD Education at a Glance 2007
2 Michael Barber/Mona Mourshed: How the world's best-performing school systems come out on top, McKinsey & Company, September 2007.
3 Der Spiegel, 49/3, S. 90.
4 Brauchen wir einen Bildungs-TÜV?, in: GEO WISSEN 31.
5 Österreich, 30.11.2007.
6 Konrad Paul Liessmann: Theorie der Unbildung. Wien: Zsolnay 2006.

Die Schule der Zukunft
oder
Warum das Rad
schon lange erfunden ist

»Wir sehen die Welt nicht, wie sie ist;
wir sehen sie, wie wir sind!«

Talmud

Einen Eindruck über die innere Motivationsstruktur von
Schulen gewinnt man am besten, wenn man jeden Tag ab
13 Uhr beobachtet, wie die Kinder, die fluchtartig die Schul-
gebäude verlassen, nur noch von den Lehrern überholt werden, die nur ja keine Minute zu lange dort bleiben wollen.

Und der schönste Tag für viele Lehrer und Schüler im Jahr
ist nicht Weihnachten, sondern der Tag, an dem die Sommer-
ferien beginnen und mit ihnen die Aussicht, zwei Monate
lang endlich das tun zu können, was man gerne tut: Freunde
treffen, Reisen, Bücher lesen, Sport treiben und möglichst
viel Zeit gemeinsam mit interessanten Menschen verbringen – Dinge, die, wenn auch nicht offiziell verboten, in vielen Schulen nicht vorkommen.

Wenn wir es als Hauptaufgabe der Schule sehen, unsere
Kinder daran zu hindern, zwischen 8 und 14 Uhr ihre Zeit
auf der Straße oder vor dem Fernseher zu verbringen, dann
gibt es einfachere und vor allem weitaus billigere Möglich-
kciten, als sie in Gebäude zu stecken, die mehr Gefängnissen

und Disziplinierungsanstalten gleichen als Orten des Lernens und Wissens.

Wenn wir an oberste Stelle unseres Bildungssystems das Ziel setzen, unsere Kinder mit möglichst viel Information und Fachwissen vollzustopfen, dann schicken wir alle Lehrer nach Hause und kaufen allen Kindern einen Laptop und ein Online-Lernprogramm – das ist kostengünstiger.

Wenn wir unter Bildungspolitik verstehen, dass unser Land möglichst gut bei der PISA-Olympiade abschneidet, dann privatisieren wir unser Schulsystem und beauftragen die Nachhilfelehrer und Lerninstitute damit, unsere Kinder professionell auf das von PISA verlangte Multiple-Choice-Wissen zu trainieren. Die Nachhilfeindustrie hat genau die richtige Lerntechnologie, damit Schüler bei Entscheidungsprüfungen Wissen vortäuschen können – ihr flächendeckender Einsatz ist daher effizienter.

Wenn wir Schulen zu Orten machen wollen, wo unsere Kinder mit Freude lernen, die Welt zu verstehen, und ihre individuellen Talente entdeckt werden, dann müssen wir sehr viel sehr schnell ändern. Klingt nach einer Revolution?

Revolutionen beginnen immer mit der Suche nach Schuldigen, und deswegen enden sie auch meist blutig und enttäuschen die Hoffnungen aller Unterstützer. Die notwendigen Veränderungen in unserem Schulsystem sind nicht durch Revolutionen erreichbar. Allein die Debatten um die Gesamtschule in Österreich und in Deutschland erinnern an die Stellungskriege im 1. Weltkrieg: heute einen Kilometer Geländegewinn durch eine neue PISA-Studie, morgen zwei Kilometer verloren durch eine neue Umfrage unter Eltern.

Eine intelligente Schulreform beginnt nicht mit der Suche nach Schuldigen, sondern mit der Suche nach Verstehen und der Frage nach dem Warum. Denn das System Schule funktioniert nicht deshalb so schlecht, weil Lehrer und Direktoren im Durchschnitt unfähiger sind als Verkäufer, Manager, Ingenieure oder Ärzte, sondern weil sich Schule völlig von der Welt, in der wir leben, abgekoppelt hat oder eigentlich nie wirklich Teil unseres Lebens war. Und genau deshalb können schlechte Lehrer und Direktoren in der Schule weit besser ihre Macht verteidigen als unhöfliche Verkäufer, schlechte Manager, inkompetente Ingenieure oder unfähige Ärzte. In Zukunft brauchen die Schulen die Einbindung in unsere tägliche Welt, wenn sie nicht zu Museen einer längst vergangenen Zeit verkommen wollen. Und dazu müssen wir Wände niederreißen.

Die erste und wichtigste Handlung, um die Schule der Zukunft zu öffnen, wäre nicht nur eine neue Architektur, die Begegnung, Kommunikation und Licht innerhalb der Schulen ermöglicht, sondern das Niederreißen der meterdicken unsichtbaren Mauern, die heute die Lehrer, die Direktoren, die Schulbehörden, die Eltern und die Kinder voneinander trennen. Die Schule von morgen muss sich endlich als Teil unserer Gemeinschaft und die Gemeinschaft muss sich als wichtiger Ort des Lernens verstehen.

Es dauerte 44 Jahre, bis der Eiserne Vorhang fiel, der den Westen von den kommunistischen Ländern trennte. Ohne in ideologische Debatten einzusteigen, die Leistungsfähigkeit der Marktwirtschaft war dem Kolchosensystem des Kommunismus weit überlegen. Die Grenze zwischen unseren Schulen und unserem Leben ist selbstverständlich nicht mit dem Stacheldraht des Eisernen Vorhangs vergleichbar, sondern eher mit dem Palisadenzaun, den die Gallier Asterix und Obelix um ihr kleines gallisches Dorf errichtet haben, um es vor der Welt zu schützen. Die größte Sorge der Gallier, dass ihnen der Himmel einmal auf den Kopf fallen könnte, ist vergleichbar mit der Angst der Verantwortlichen unseres Schulsystems, dass die Welt sofort einstürzen würde, wenn sich unsere Schulen endlich öffnen.

Schulen dürfen nicht länger Festungen sein, die man gegen gefährliche Eindringlinge verteidigen muss. Die kleine gallische Dorfschule, geschützt von einem Palisadenzaun gegen die globalisierte Welt, ist eine wunderbare Comicgeschichte, auf der wir aber weder in Deutschland noch in Österreich ein überlebensfähiges Schulsystem aufbauen sollten. Denn dass der Kampf der Römer gegen die Gallier in der Geschichte etwas anders ausgegangen ist als in Albert Uderzos und René Goscinnys reizender Geschichte über Asterix und Obelix, ist bekannt.

Goethe hat geschrieben: »*Wenn du die Welt verstehen willst, dann musst du in dein Inneres gehen, wenn du dein Inneres verstehen willst, dann musst du in die Welt gehen.*«

Die Schule der Zukunft muss die Welt in ihr Inneres lassen und alles tun, um Teil der sie umgebenden Welt zu werden.

Die gute Nachricht: Der Kampf um die besten Schulen der Welt wird nicht in Parlamenten oder Schulbehörden entschieden, sondern in jeder einzelnen Schule und in jedem Klassenzimmer. Die Modelle von Schulen der Zukunft basieren auf drei Werten:

- *Leidenschaft:* Eine Schule, in der alle vom Direktor über die Lehrer und Eltern bis zu den Schülern leidenschaftlich gerne lernen, wird großartig werden.
- *Leistungsbereitschaft:* Der gesunde Ehrgeiz, auf dem Gebiet, auf dem jeder Einzelne innerhalb der Schule tätig ist, sein Bestes zu geben und mit Freude sein Potenzial zu nutzen.
- *Wertschätzung:* Das Gefühl, dass man Teil einer Gemein-

schaft ist, von der man geschätzt wird, und die innere Überzeugung, dass man Verantwortung für sich selbst und andere hat.

> *»Nichts ist mächtiger als eine Idee,*
> *deren Zeit gekommen ist.«*
>
> Victor Hugo

Je mehr sich ein System von der Umwelt abschottet, je rigider es auf seinen Regeln beharrt, umso anfälliger ist es, wie ein Kartenhaus zusammenzubrechen, wenn einmal ein wirklicher Sturm aufzieht. Mich stimmt optimistisch, dass sich immer weniger Eltern mit dem zufriedengeben, was ihre Kinder jeden Tag in der Schule erleben, und beginnen, Druck auf die Schulen auszuüben.

Ich bin immer wieder auf die gleichen Prinzipien gestoßen, wenn ich die Meinungen der führenden Wissenschaftler und Fachleute eingeholt habe, wenn ich mich durch Unmengen von Studien gearbeitet und wenn ich mir konkrete Modelle in der Praxis angeschaut habe. Zusammenfassend kann man sagen, dass sich jede Schulreform, die erfolgreich sein will, auf folgende Bereiche konzentrieren sollte:

1. Lehrer dürfen nur die Besten werden.

Die Qualität eines Schulsystems kann nie die Qualität seiner Lehrer übertreffen. Im Kapitel *Eine einfache Wahrheit* habe ich ausführlich dargestellt, dass es die mit Abstand wichtigste Aufgabe ist, die richtigen Menschen für den Beruf des Lehrers zu gewinnen, auszuwählen und diese dann ständig in ihren Fähigkeiten weiterzuentwickeln, um sie zu bestmöglichen Lehrern zu machen.

2. Das Entscheidende ist der Unterricht in der Klasse und nicht die Schulorganisation.

Da die Schüler in jeder Klasse so unterschiedlich sind, können alle Versuche, den Unterricht zentral in den Ministerien und Behörden vorzugeben, von vornherein nur zum Scheitern verurteilt sein. Einheitsgrößen können bei Sportsocken ganz praktisch sein, für die Ausbildung von talentierten Kindern ist das Einheitsgrößenkonzept völlig ungeeignet. Die hundertste mit großem Aufwand betriebene Lehrplanreform ist daher ziemlich sinnlos, weil sie ganz geringen Einfluss auf die Qualität des Unterrichts in der Klasse hat. Im Gegenteil: Mehr schlechter Naturwissenschaftsunterricht ist schlechter als weniger schlechter Naturwissenschaftsunterricht.

Die Motivation und das Leistungsniveau der Schüler hängen zu 100 Prozent vom Lehrer ab, und daher muss man alle Energie, aber auch die notwendigen finanziellen Mittel investieren, um ihn optimal auf diese Aufgabe vorzubereiten und in seinen Fähigkeiten ständig weiterzuentwickeln. Und bei der Ausbildung von Lehrern liegen Österreich und Deutschland weit hinter den führenden Ländern zurück. Verbesserungen der Qualität des Lehrers können natürlich nur durch Coaches im Klassenzimmer oder durch wechselseitige Unterrichtsbesuche von Lehrern stattfinden. Erst das vertrauliche Feedback-Gespräch unter vier Augen löst den Reflexionsprozess aus, der zu einer ständigen Verbesserung des Unterrichts führt.

Vom Niederreißen dieser Mauern werden Lehrer natürlich selbst am meisten und schnellsten profitieren. Weil sie dann nicht mehr 40 Jahre wie einsame Wölfe ihren Klassen ausgeliefert sind, sondern, wie heute in fast allen anderen Berufen, in Teams Probleme diskutieren, sich wechselseitig bestärken und auch ihre Methoden miteinander austauschen können. Dinge, die in fast allen anderen Zweigen der Erwachsenenbildung heute zum wechselseitigen Nutzen aller Beteiligten schon lange praktiziert werden. Die besten Lehrer zu »Meisterlehrern« zu machen, ihre Unterrichtszeiten zu reduzieren und sie als Coaches einzusetzen, würde auch neue Fortentwicklungs- und Aufstiegschancen für die besten Lehrer schaffen.

So wie wir Direktoren brauchen, die als Führungskräfte die wichtigen Entscheidungen an ihren Schulen selbst treffen und auch verantworten sollen, müssen wir den Lehrern die Macht über die Art, wie sie ihre Kinder unterrichten, zurückgeben. Wenn wir sie richtig auswählen, unterstützen und weiterentwickeln, dann werden sie sich als Vermittler zwischen der Neugier der Kinder und dem Wissen der Welt verstehen.

3. Das individuelle Talent jedes Schülers hat oberste Priorität.

Auch in der Schule der Zukunft wird es viele Interessenkonflikte zwischen Lehrern, Eltern und Schülern geben. Es werden heftige Diskussionen darüber geführt werden, welcher der vielen möglichen pädagogischen Wege der beste und klügste ist. Ob Kinder eher klare Vorgaben und Orientierung brauchen oder ob sie alles selbst entdecken können und Grenzen nur die Neugier behindern, ist eine fachlich nicht zu bewertende Frage, sondern ein Werturteil.

Nur eines haben alle Schulen der Zukunft gemeinsam: Wann immer unterschiedliche Meinungen in einer Grundsatzfrage aufeinanderprallen, dann gibt es ein oberstes Prinzip, dem sich alles unterzuordnen hat. Eine ganz einfache

Frage unterscheidet Schulen, die schon heute den Geist der Zukunft versprühen, von jenen, die vom Prinzip der Mittelmäßigkeit beherrscht werden: Ist das gut für die Schüler?

Wann immer Probleme, Herausforderungen und Konflikte an einer Schule aus der Perspektive des Schülers diskutiert werden, ist man auf dem richtigen Weg. In der Schule der Zukunft steht der Schüler mit seinen langfristigen Interessen im Mittelpunkt – alles andere ordnet sich diesen unter.

Wenn Sie in diesem Buch in bestimmten Punkten nicht meiner Meinung oder der eines von mir zitierten Experten sind – und ich hoffe, das ist oft der Fall, sonst habe ich etwas falsch gemacht –, versuchen Sie, das gestellte Problem aus der Sicht des Schülers zu beantworten: Ist das, so wie es jetzt ist, gut für die Schüler, dann sollten wir es so lassen. Ist es nur deshalb so, weil es von einer der vielen Lobbys im Schulwesen verteidigt wird, dann sollten wir es hinterfragen – und zu Gunsten der Schüler ändern.

Ich habe diese ganz einfache Frage von Alan Guma, dem langjährigen Direktor der hervorragenden Dalton School in New York, gelernt, die eine der Vorbilder der »Sir Karl Popper Schule« war. Alan Guma war der Stargast einer der vielen Podiumsdiskussionen, die Bernhard Görg und ich vor der Gründung der »Sir Karl Popper Schule« veranstaltet hatten, um öffentliches Interesse für unser Anliegen zu wecken. Fast 200 Teilnehmer, der Großteil davon Lehrer, waren gekommen und diskutierten heftig darüber, ob auch Österreich eine Schule für besonders begabte Kinder brauche oder ob man nicht wirklich dringendere Sorgen habe als eine »Sonderschule für Schwerstbegabte«, wie unsere Kritiker meinten.

Nachdem Alan Guma, der kein Wort Deutsch verstand, der hitzigen Debatte eine Stunde lang intensiv zugehört hatte, beugte er sich zu mir und flüsterte mir ins Ohr: »Andreas, ich kann in ihren Gesichtern genau lesen, was sie sagen. Es sind dieselben Gesichter wie bei mir in den USA. Stelle ihnen eine einzige Frage: Glaubt ihr, dass es gut für die begabten Schüler wäre, wenn es so eine Schule gäbe?«

»Ist das gut für die Schüler?« ist die Zauberformel, mit der sich viele Probleme zwar nicht sofort lösen lassen, aber die richtige Richtung aufzeigen. Die Schule der Zukunft folgt dieser Frage.

Das oberste Ziel der Schule der Zukunft wird die Wiederbelebung des Lernprozesses sein. Unser natürlicher Trieb, zu lernen, ist genauso stark wie unser Sexualtrieb. Er beginnt früher und dauert länger. Unsere Leidenschaft, Neues zu entdecken, erlaubt uns bis zu unserem dritten Lebensjahr, eine unglaubliche Fülle von Fähigkeiten zu erlernen. Für viele Kinder wird dieser Energiestrom genau dann abgeschnitten, wenn eigentlich die formelle Phase des Lernens in den Mittelpunkt ihres Lebens treten sollte – mit dem Eintritt in die Schule. Einige Merkmale einer Schule, die den natürlichen Lerntrieb der Kinder in den Mittelpunkt stellt:

- Die Interessen und die Neugier der Kinder stehen im Mittelpunkt und nicht das vom Lehrplan diktierte Wissen.
- Alle Intelligenzen von Kindern – das sprachliche Verständnis, das logisch-mathematische Denken, das räumliche Vorstellungsvermögen, das musikalische Denken, die körperlichen Ausdrucksformen, das soziale Verständnis anderer Menschen und die Fähigkeit, uns selbst zu verstehen und zu begreifen – werden gleichrangig im Lernprozess genutzt.
- Ein Verständnis der Welt, das Zusammenhänge und Wan-

del als wesentliche Merkmale vermittelt, und nicht das Wiedergeben vorgegebener Fakten und von einzig erlaubten Antworten.

- Ein Umfeld zu schaffen, das Lehrern ermöglicht, selbst gerne und mit Freude zu lernen.
- Die Öffnung und Wiedereingliederung der Schulen in unsere soziale Realität und die Berücksichtigung der wichtigen Rolle, die Freunde, Familien und Gemeinschaften für den Lernprozess spielen.

Wenn Sie meinen, das seien zwar durchaus idealistische und erstrebenswerte Ziele, die aber schwer durchzusetzen sein werden, dann zeigen Sie zu Recht auf den heiklen Punkt, warum die notwendigen Reformen in unserem Schulsystem, die noch dazu offensichtlich auf der Hand liegen, so schwer durchsetzbar sind:

Es gibt einen blinden Fleck in unserem Denken. Wir geben dem einzigen Menschen, der uns sagen könnte, was im System Schule funktioniert und was nicht, keine Stimme und keine Macht, mit der er uns zwingen könnte, seine Sicht zu berücksichtigen, um die Dinge sinnvoll zu verändern. Dieser Mensch ist der Schüler.

Der Schüler ist die einzige Person, die täglich den Unterricht erlebt, die ihren eigenen Stress, den ihrer Mitschüler und den ihrer Lehrer beurteilen kann und die die völlig unterschiedlichen Botschaften über unsere Welt, die sie in der Schule erfährt, und dem, was sie selbst von Freunden oder im Web erfährt, ausgleichen muss. Der Schüler hat keine Macht, seine Wünsche werden nicht berücksichtigt in einem System, das mit hohem Aufwand angeblich zu seinem Nutzen geschaffen wurde, in Wirklichkeit aber den Interessen aller anderen dient.

»Ich habe die große Hoffnung, dass die tief greifende und nachhaltige Veränderung unserer Schulen von den Schülern selbst ausgehen wird. Sie sind viel stärker mit der Zukunft verbunden als die Erwachsenen. Und sie begehren auf, wollen gehört werden und wollen selbst Verantwortung für ihre eigene Umwelt übernehmen.«[1]

DAS MICHELANGELO-PRINZIP

Die wichtigste Voraussetzung für den Aufbau jeder erfolgreichen Organisation ist das Setzen von hochgesteckten, ehrgeizigen Zielen.

Visionen ohne Ressourcen sind Halluzinationen. Hochgesteckte Ziele, deren Erreichung nicht durch den Einsatz der notwendigen finanziellen Mittel und durch volle politische Unterstützung glaubhaft angestrebt wird, enden in Zynismus und in Heuchelei.

Die österreichischen und deutschen Schulen sind nicht Weltklasse. Wir alle versündigen uns an den Talenten unserer Kinder, wenn wir uns weiter mit dem niedrigen Anspruchsniveau an unseren Schulen zufriedengeben – wider besseres Wissen.

Damit unsere Schulen Weltklasse werden können, muss das Schulthema höchste nationale Priorität bekommen. Die finanziellen Mittel sind in zwei der reichsten Länder der Welt vorhanden. Und wenn wir das Ziel, die besten Schulen der Welt zu schaffen, nicht erreichen, dann werden wir auch bald nicht mehr zu den reichsten Ländern der Welt gehören.

Das notwendige Wissen kann man von einigen großartigen Modellen im eigenen Land übertragen und sich von den besten Schulsystemen der Welt holen. Es gibt kein Konzeptdefizit, es besteht ein Handlungsdefizit. Und es herrscht viel Angst, Tabus anzugreifen.

Die in diesem Buch präsentierten wissenschaftlichen Erkenntnisse zeigen ganz klar, dass Lernen mit Freude und messbaren individuellen Erfolgen möglich ist. Es gibt nicht ein richtiges Modell der Schule der Zukunft, genauso wenig wie es nur eine optimale Art gibt, ein Unternehmen zu führen oder in einer Familie zu leben. Es existiert aber eine Vielzahl von ganz konkreten Beispielen von Schulen, die zeigen, wie man das vorhandene Wissen erfolgreich umsetzen kann, zum Nutzen der talentierten Schüler, der engagierten Lehrer und der verantwortungsvollen Eltern. Viele Wege führen zur Schule der Zukunft, eines haben diese Wege aber gemeinsam: Es geht um harte Arbeit, unermüdliche Verbesserungen und ständige Zukunftsinvestitionen über sehr lange Zeiträume. Auf diesem Weg finden sich weder Abkürzungen noch magische Erfolgsrezepte.

> *»Die größte Gefahr für die meisten von uns ist nicht, dass wir hohe Ziele anstreben und sie verfehlen, sondern dass wir uns zu niedrige setzen und sie erreichen.«*
>
> *Michelangelo*

Anmerkungen:

1   Peter Senge: Schools that learn. New York: Random House 2000.

Der Freund
des talentierten Schülers

Der talentierte Schüler braucht weder gute Schulen noch weise Schulpolitik. Er braucht einfach nur ein bisschen Glück. Wenn ihm dieses Glück – und sei es im schlechtesten Schulsystem der Welt – einen einzigen guten Lehrer beschert, dann wird aus dem talentierten Schüler ein fähiger Mensch und vielleicht auch ein glücklicher.

Natürlich reden wir hier von einem ausnehmend guten Lehrer, das Fach spielt keine Rolle. Es reicht für den Anfang ein einziger Lehrer in irgendeinem Gegenstand. Der gute Lehrer verwandelt das Talent des Schülers in eine Quelle des Selbstvertrauens. Er entzündet das Feuer von Neugier, Widerspruch und Ehrgeiz. Er vermittelt die Freude an der Freude und das Vergnügen an der Disziplin. Er reizt die Lust am »anders« und am »mehr«. Er lehrt die Befriedigung, die vom »besser« kommt. Er weckt den Wunsch im talentierten Schüler, selbst einmal ein ausnehmend guter Lehrer zu sein.

Es gibt keinen Mangel an Menschen, die ausnehmend gute Lehrer sind. Nur sind wenige von ihnen Lehrer von Beruf.

Dabei ist Lehrersein der natürlichste Beruf der Welt. Es ist ein Trieb. Der Muttertrieb kann – im besten Fall – knapp mehr als die Hälfte aller Menschen bewegen. Der Lehrer-Trieb steckt in jedem geistig gesunden Homo sapiens. Wissen und Fähigkeiten weiterzugeben, Verhalten zu formen,

Werte zu vermitteln, Anschauungen zu verbreiten – dieses triebhafte Handeln können wir bei jeder wachen Person jeden Alters beobachten.

Ständig lehren wir, ohne im Reisepass »Lehrer« stehen zu haben. Wir lehren unsere Kinder. Wenn wir keine haben, dann lehren wir Nichten und Neffen, Kollegen und Mitarbeiter. Wir lehren Freunde und, wenn wir keine haben, Fremde. Wir lehren Hunde das Vorstehen und Vögel das Nachsprechen. Kinder lehren Eltern den Umgang mit Handy und Computer. Taschendiebe und Hedgefonds-Manager, Bäuerinnen und Nagelstudio-Besitzerinnen, Eisläufer und Eisverkäufer, Germanisten und Klatschjournalisten, Schwindler und Equilibristen – jeder wird hin und wieder vom Drang befallen, zu lehren oder zumindest zu belehren.

Lehrer zu sein gehört zu den vier ewigen Berufen.

Die vier ewigen Berufe sind Lehrer, Führer, Heiler und Priester. In absteigender Reihenfolge. Der einzig unverzichtbare ist der Lehrer. Nur wenn die Lehrer versagen, braucht man Führer. Wenn die Führer versagen, braucht man Heiler. Wenn die Heiler versagen, ist die Stunde der Priester gekommen.

Der erste Lehrer in der jüdisch-christlich-moslemischen Überlieferung ist die Schlange im »Paradies«. Sie hat die Menschen Neugier, Widerspruch und Selbstverantwortung gelehrt. In der Überlieferung von drei der vier wichtigsten Religionen der Welt kommt der Beruf des Lehrers vor allen anderen. Über die Bedeutung des Lehrers in der vierten großen Weltreligion, dem Buddhismus, brauchen wir wohl nicht lange zu diskutieren.

Der kleine Inuk sitzt frierend am Wasserloch und beobachtet konzentriert seinen Vater, der einer Robbe das Fell abzieht. Stundenlang lauscht er seiner Mutter, die die Wahrheit über das Entstehen der Welt als Sage erzählt. Mit derselben Geduld bringt er selbst seiner 14 Monate alten Schwester die ersten Worte bei.

In einer Lehmhütte in Mali heftet eine Aushilfslehrerin das Bild des Eiffelturms an die Tafel. Sie erzählt von Plätzen, an denen Hunderte Familien leben, vielleicht sogar Tausende. Mit einer Quelle sauberen Wassers in jeder Hütte. Sie erzählt von Kindern, in deren Heimat seit mehr als einer Generation kein Krieg mehr war.

Ungeduldig zappeln Volksschulkinder im Bus auf dem Weg zurück in ihre Landgemeinde außerhalb von Wien. Sie können es nicht erwarten, zu Hause von dem verrückten Mann zu erzählen, der die Musik neu erfunden hat, mit zwölf statt acht Tönen. Sie werden wochenlang im Unterricht immer wieder betteln, Zwölftonmusik machen zu dürfen, und manchmal wird ihre Lehrerin zweifeln, ob es wirklich eine so gute Idee war, den Ausflug in das Arnold Schoenberg Center gemacht zu haben.

Ein Ghetto-Kind geht durch die Ghetto-Schule in Pittsburgh mit nichts im Kopf als dem Wunsch, die Schule hinter sich zu lassen. Denn das Ghetto scheint unentrinnbar. Dann bleibt der Teenager bei einer offenen Klassentür stehen, sieht einen Kunstlehrer bei der Arbeit, betritt die Klasse, verlässt die Hoffnungslosigkeit, und es beginnt das Märchen von einem Mann, der Schönheit als Grundlage für Hoffnung entdeckt und selbst eines Tages eine der ungewöhnlichsten Schulen der Welt errichtet und führt. Wer noch nicht zu alt für Märchen ist, »googelt« Bill Strickland und liest, wozu ich hier nicht abschweifen möchte.

Die ausnehmend guten Lehrer zeigen uns die Schönheit in der Grammatik. Sie nehmen uns auf Zeitreisen mit. Sie lassen uns die Musik in Bildern hören und schärfen unseren Blick für die unnachahmliche Eleganz guter Gesetze. Sie geben den Zahlen Farben und der Physik Poesie. Sie lassen Quanten springen und Hebel wirken. Sie machen uns empfindsam für den süßen Schmerz der Prüfung und sensibel für ernsthafte Ermutigung und angemessenes Lob. Sie machen uns vertraut mit der Liebe, die im Tadel liegt, und der Würde, die eine verdiente Auszeichnung adelt. Sie verlangen Antworten, um uns nach Fragen süchtig zu machen. Sie zeigen uns Zipfel der Wirklichkeit und der Fantasie, um die Sehnsucht nach mehr zu wecken. Sie öffnen die Fenster und Türen unseres Lebens für die Welt. Und sie tun das alles auch an schlechten Schulen, umgeben von weniger guten Lehrern, in morschen Systemen, behindert von sinnlosen Vorschriften und ahnungslosen Vorgesetzten. Ihr Einfluss reicht, damit sich der talentierte Schüler auch gegen ein widriges System durchsetzt.

Es gibt genug Menschen, die alle Qualitäten haben, die einen ausnehmend guten Lehrer ausmachen. Warum arbeiten so wenige von ihnen an Schulen? Weil jede Gesellschaft nicht nur die Regierung hat, die sie verdient, sondern auch die Lehrer.

Weder die große Zahl an ungeeigneten Menschen im Lehrberuf noch die vielen von religiöser und politischer Beschränktheit strangulierten Schulen, noch der Mangel an Geld und der Überfluss an Lehrplan-Müll sind die größten Gefahren für den talentierten Schüler. Sonst gäbe es nicht so viele erfolgreiche Menschen, die später von einer Schule berichten, der zu trotzen sie imstande waren. Der wirklich talentierte Schüler wird mit vielen Feinden fertig. Nur die völlige Abwesenheit von besonders guten Lehrern kann ein Leben in die Leere gehen lassen.

In Literatur und Film sind Lehrer oft die heimlichen Helden der Geschichten. Selbst in kommerzieller Populärkultur werden Lehrer oft ikonisiert. Während es sich beim gerne zitierten »Club der toten Dichter« eher um einen subtilen Erotikthriller als um einen Lehrerfilm handelt, gibt es unzählige Beispiele für Filme, in denen Lehrer-Schüler-Beziehungen die Handlung tragen. »Karate Kid« ist ein reiner Lehrerfilm. »Kill Bill« handelt in zwei blutigen Teilen von nichts anderem als der tödlichen Eifersucht des (Ersatz-)Vaters auf den (Kriegskunst-)Lehrer. »Gottes Werk und Teufels Beitrag« ist ein Lehrer-Schüler-Film. »Good Will Hunting«, »School of Rock«, »Dangerous Minds«, »The Man Without a Face«, »An Officer and a Gentleman«, »Harry Potter« und so weiter und so fort.

In unserem kollektiven Bewusstsein ist der Lehrer als gestaltende Kraft für das Individuum und für die Gesellschaft fest verankert. Gerne wird der Lehrer und Meister mystifiziert, vielleicht befördert durch den Umstand, dass viele Schreibende und Filmende sich selbst in der Rolle des Lehrers sehen. Dummerweise strahlt dieser belletristische Glanz nicht auf das Bild, das unsere Gesellschaft im alltäglichen Leben von jenen hat, die an Schulen als Lehrer arbeiten. Sieht man sich an, welcher Tanz in den USA seit 9/11 um Feuerwehrleute aufgeführt wird und welchen Stellenwert bei uns Fußballtrainer und Theaterdirektoren haben, und vergleicht das mit dem Ansehen der Lehrer, dann verdient man sich als Kultur-Optimist Schwerarbeiterzulage.

Wir haben viele hervorragende Ärzte, weil dieser Beruf zu einem guten Einkommen vor allem auch hohes Ansehen verspricht. Wenn wir von Ärzten reden, dann denken wir selten an den geldgierigen Primar, der betrunken operiert, sondern meistens an gebildete, hingebungsvolle Menschen, die helfen, wenn es einem schlecht geht. Wenn wir an Lehrer denken, dann dürfen wir nicht nur verschrobene Besserwisser mit pedantischem Hang zum Irrelevanten vor unserem geistigen Auge haben, sondern vor allem leidenschaftliche, gebildete Persönlichkeiten, die wissen, was man machen kann, damit es einem besser geht. Anständige Menschen werden von einem Leben in Anstand angezogen. Viele talentierte Schüler könnten eines Tages zu guten Lehrern statt zu gut bezahlten Managern, Anwälten oder Bankern ausgebildet werden. Das Geld fehlte ihnen nicht, würden sie mit Respekt bezahlt.

Wenn unsere Gesellschaft mehr Respekt für die Lehrer hätte, dann würden viel mehr unserer Besten Lehrer werden. Die guten Lehrer würden durch Anerkennung motiviert und hätten damit mehr und länger Kraft. Und dann bekämen alle Schüler die Lehrer, die sie verdienen, auch die talentierten.

Alexander Doepel   Wien, im März 2008

Persönliches
und
Dank des Autors

Schreiben ist ein kollektiver Prozess. Ich hatte das Glück, in den letzten Jahren Zugang zu den Herzen und Hirnen von vielen ungemein faszinierenden Menschen zu finden. Ihre Überzeugungen, Ideen und ihr Wissen haben mir ganz entscheidend geholfen, dieses Buch zu schreiben. Ich möchte ihnen allen an dieser Stelle herzlich danken, vor allem dafür, dass sie mir so viel von ihrem wertvollsten Gut, ihrer Zeit, geschenkt haben.

Beginnen möchte ich mit GÜNTER BLOBEL, der mir den großen Wunsch erfüllt hat, das Vorwort zu diesem Buch zu schreiben. Er ist einer der bedeutendsten Wissenschaftler der Welt und eine der großen moralischen Autoritäten unserer Zeit. Das Geld, das er für den Nobelpreis in Medizin erhalten hatte, spendete er für den Wiederaufbau der Frauenkirche und Neubau der jüdischen Synagoge in Dresden sowie für eine Moschee im Jemen. PAULO COELHO, der brasilianische Autor des »Alchimisten«, gab mir eine Vielzahl von Ratschlägen für mein neues Projekt und mein Buch mit, vor allem ist er von der wachsenden Bedeutung des Internets für das Lernen überzeugt. Er ist daher ein Anhänger der Idee von Nicolaus Negroponte, möglichst viele Kinder in der Dritten Welt mit 100-Dollar-Laptops auszustatten. ALAN M. WEBBER, der langjährige Chefredakteur der »Harvard Business Review«, schenkte mir ein ganzes Wochenende seiner Zeit in seinem Haus in Santa Fé. Alan ist ein brillanter Intellektueller und großer Humanist. Ich habe Santa Fé wie immer völlig bereichert und motiviert verlassen. BRUDER DAVID STEINDL-RAST, ein Benediktinermönch, der viele Jahre in einem Zen-Kloster gelebt hat, ist einer der weisesten Menschen, denen ich je begegnet bin. Bei einem langen Spaziergang durch Krems lehrte er mich die Schönheit des Augenblicks zu empfinden und wie wichtig eine *Schule des Herzens* für alle Kinder wäre.

Am Anfang dieses Buches stand nicht das Wort – sondern es waren vier Menschen:

BERNHARD GÖRG ist in den letzten Jahren von meinem politischen Mentor zu meinem persönlichen Freund und Ratgeber geworden. Er war mein erster und strengster Leser, der meine Argumente immer wieder nachdrücklich hinterfragt hat. Wann immer ich eine neue Idee habe, unterwerfe ich sie zuallererst dem kritischen Urteil von ERNST SCHOLDAN. Sein Feedback hat die Konzeption und Grundausrichtung dieses Buches entscheidend – zum Besseren – beeinflusst. Für das Schlusskapitel dieses Buches gab es nur einen brillanten Schreiber, den ich mir vorstellen konnte: ALEXANDER DOEPEL. Sein Beitrag *Der Freund des talentierten Schülers* eröffnet meinem so kritischen Buch am Ende eine optimistische Perspektive. Seine wunderbaren Worte zeigen auf, wo der Weg hinführen sollte. Alexander Doepel und Ernst Scholdan sind beide Partner im strategischen Denkzentrum Gehrer Ploetzeneder DDWS Corporate Advisors, das mich schon zum zweiten Mal in einem außergewöhnlichen Projekt begleitet hat und mir half, es auch in die Tat umzusetzen. Mit den Worten: »Die wichtigste Voraussetzung für ein erfolgreiches Buch haben Sie schon« überraschte mich Markus

Hengstschläger, als ich ihn das erste Mal kennenlernte: »Sie haben den besten Verleger!« Das kann ich nach der großartigen persönlichen Betreuung, die ich von meinem Verleger HANNES STEINER erfahren durfte, nur voll bestätigen.

Es sind vier große Wissenschaftler, deren Erkenntnisse ich als wesentliche Grundlage für dieses Buch genommen habe. Die intellektuelle Redlichkeit verlangt, deutlich an dieser Stelle zu sagen, dass es vor allem ihre Werke sind, auf denen ich meine Vorschläge für die Schulen der Zukunft aufgebaut habe. Der Entdecker des *flow* MIHALY CSIKSZENT-MIHALYI lud mich in sein Haus in Kalifornien ein und gab mir eine Vielzahl von Anregungen. Er ist ein großartiger Denker, und jedes seiner Bücher ist eine ungeheure intellektuelle Bereicherung. Das Buch »Die Fünfte Disziplin« von MIT-Professor PETER SENGE hat die Management-Welt nachhaltig verändert. Meine zwei persönlichen Begegnungen mit ihm in Washington D.C. und im Stift Melk haben mein Denken in Richtung des systemischen Ansatzes geprägt und dieses Buch stark beeinflusst. Der große Leadership-Experte WARREN BENNIS hat mir mit seiner reichen Erfahrung über Menschenführung sehr geholfen und mir auch den Kontakt zu HOWARD GARDNER eröffnet, der an der Harvard-Universität lehrt und dessen Konzept der multiplen Intelligenzen entscheidend für die Schulen der Zukunft sein wird. Von Howard Gardner stammten auch die Empfehlungen der Key School und von Reggio Emilia, die ich im anschließenden Serviceteil dargestellt habe. Besonders bedanken möchte ich mich auch bei der Unternehmensberatung MCKINSEY&COMPANY für ihr nachhaltiges Engagement für bessere Schulen und die vielen Unterlagen, die sie mir zur Verfügung gestellt hat. Vor allem die Erkenntnisse der umfassenden McKinsey-Studie von Michael Barber/Mona

Mourshed: »How the world's best-performing school systems come out an top« haben mir geholfen, die Grundthese meines Buches mit vielen Fakten zu untermauern.

Vier von meinen Freunden, BARBARA FELDMANN, AXEL NEUHUBER, THOMAS PLÖTZENEDER und GERHARD TÜCHLER, möchte ich vor allem für ihre Unterstützung in der für mich nicht ganz einfachen Zeit danken, in der ich dieses Buch geschrieben habe.

MICHAELA REICHEL danke ich für die umfangreichen Recherchen, die sie für dieses Buch gemacht hat, um meine Thesen durch Daten und Fakten auch wissenschaftlich zu stützen. Sie hat auch den kompletten Serviceteil erarbeitet. Ich danke meinem Lektor ARNOLD KLAFFENBÖCK für sein unbestechliches Urteil, mit dem er für Klarheit und Leserfreundlichkeit gekämpft hat.

An der Wiege der »Sir Karl Popper Schule«, die heuer ihr zehnjähriges Jubiläum feiert, standen Bernhard Görg und Walter Strobl gemeinsam mit mir. Ohne das enorme Fachwissen und die exzellente Kenntnis des Schulsystems von WALTER STROBL und ohne die politische Durchschlagskraft von BERNHARD GÖRG hätte die Idee der »Sir Karl Popper Schule« nie verwirklicht werden können. Mit GÜNTER SCHMID haben wir den bestmöglichen Direktor gefunden, der sich seinen Platz als österreichischer Schulreformer in der Geschichte gesichert hat. Mit KURT SCHOLZ hatten wir von Beginn an einen kreativen Ideengeber und vor allem Schutzherrn gefunden, der das Projekt gegen alle Anfeindungen verteidigt hat.

Ich möchte folgenden Autoren des Ecowin Verlages danken, die mich sofort in ihre Gemeinschaft aufgenommen und mir in langen Gesprächen mit ihrem Fachwissen sehr geholfen haben: RONALD BARAZON, CHRISTINE BAUER-JELINEK, WERNER GRUBER, REINHARD HALLER, MARKUS HENGST-

SCHLÄGER, THOMAS MÜLLER, HEINZ OBERHUMMER UND RUDOLF TASCHNER.

Unter den vielen Gesprächspartnern, die mir ihre Zeit geopfert haben, möchte ich mich besonders bei CONNY BISCHOFBERGER, ERNST GEHMACHER, ANGELIKA HAGEN, TATJANA HALEK-SCHRÖDER, HELMUT HEIDEGGER, BORIS KUSCHNIR, MARTINA LEIBOVICI-MÜHLBERGER, CHRISTOPH LEITL, PETER MICHAEL LINGENS, ALEX LONYAY, HANS-JÖRGEN MANSTEIN, SIEGFRIED MERYN, GERHARD RIEMER, MARTIN ROTHENEDER, PETER SIMONISCHEK und RENATE WUSTINGER bedanken.

Einen entscheidenden Einfluss auf die Endfassung dieses Buches hatten WOLFGANG EIGNER, VANJA HAAS, ASTRID KLEINHANNS, TANJA MACHACEK, MICHAEL MEYER, GÜNTER RATTAY, CLAUDIA und WITOLD SZYMANSKI und OLIVER ZENZ.

Danken möchte ich auch allen Freunden der Zukunft, die mich in den letzten Jahren bei meinen Projekten unterstützt haben…

Ihre Meinung ist mir wichtig.

Für alle, die ihre Meinung zu diesem Buch austauschen wollen, habe ich auf meiner Website www.andreassalcher. com auch einen Blog eingerichtet.

Bessere Schulen für die Zukunft zu schaffen, ist mir ein Herzensanliegen. Ich arbeite an einer Initiative mit dem Arbeitstitel THE CURRICULUM PROJECT – Creating the Schools of Tomorrow. Das Ziel dieses Projekts ist, zusammen mit den besten Köpfen der Welt die Schule von morgen neu zu erfinden.

Andreas Salcher   Wien, im März 2008

Wo die Talente Ihres Kindes entdeckt und gefördert werden

Beispiele von Schulen in Österreich und Deutschland, die sich bemühen, es besser zu machen

Eine Landkarte ist nicht das Gebiet. Ein beeindruckendes Ranking
oder eine tolle Homepage entsprechen oft nicht der sozialen Realität
einer dargestellten Schule.

Ausschlaggebend, welche Schule Sie für Ihr Kind wählen, sollten
nicht Rankings, deren Auswahl-Kriterien meist nur schwer nachvoll-
ziehbar sind, sein, sondern Ihr eigener Eindruck. Wenn Sie das erste
Mal eine Schule betreten, dann spüren Sie sofort die Atmosphäre, die
dort herrscht – im Positiven wie im Negativen. Gespräche mit Eltern
und Schülern (!) helfen Ihnen, sich schnell ein Bild von der Schule zu
machen. Fragen Sie sich, was Ihr Kind braucht, was Ihnen wichtig ist
und beurteilen Sie danach die Schule und deren Angebot. Es ist wahrscheinlich die wichtigste Entscheidung, die Sie für die Zukunft Ihres
Kindes zu treffen haben.

Dieser Serviceteil kann schon aus Platzgründen nicht den Anspruch erfüllen, ein Schulführer zu sein. Sie finden hier daher auch
nicht die »besten« Schulen, sondern Schulen, die es anders machen,
neue Wege gehen. Schulen, die sich intensiv mit den Kindern, dem
Umfeld, aus dem sie stammen, den unterschiedlichen Begabungen
und Arten des Lernens auseinandersetzen. Ich erlaube mir, mit meinen persönlichen Favoriten zu beginnen – mit sechs Modellen, die
unser traditionelles Verständnis von Schule radikal in Frage stellen:

Die Key School in Indianapolis   www.keyschool.org

Die Key School war die erste Schule der Welt, die mit dem Ziel ge-
gründet wurde, die Prinzipien der multiplen Intelligenz von Howard
Gardner und das *flow*-Modell von Mihaly Csikszentmihalyi in der
schulischen Realität umzusetzen. Dementsprechend groß war von
Anfang an das öffentliche Interesse an diesem Projekt. Als die Key
School im Herbst 1987 eröffnet wurde, gab es Beiträge in führenden

US-Fernsehsendern wie ABC News oder CBS und in den meinungs-
bildenden Zeitungen wie der »New York Times« oder dem »Life
Magazine«.
Die Schule fühlt sich den Werten der Zusammenarbeit und der Gemeinschaft verpflichtet. Die Schüler lernen, einen Standpunkt mit Elo-
quenz, Deutlichkeit und Selbstvertrauen darzulegen. Eines der vielen
Beispiele dafür, was die Key School anders macht, ist das »Pod«-Fach,
das die Schüler an vier Tagen pro Woche belegen und in dem sie sich
für einen Bereich entscheiden können, der sie interessieren würde.
Jedes Mitglied des Lehrerteams an der Key School gestaltet dann jenen Teil des Unterrichts in einem Pod-Fach, der seinem eigenen persönlichen Interesse entspricht. So wurde beschlossen, unter dem Titel
»Planet Fitness« für die Teilnahme am Minimarathon von 21 Kilometern in Indianapolis zu trainieren. Auch wenn anscheinend das Hauptaugenmerk dieses Pods auf der körperlichen Intelligenz hinsichtlich
der Bewegungsempfindung lag, so bildete die logisch-mathematische
Intelligenz einen weiteren beträchtlichen Anteil, indem die Schüler
lernten, die Herzfrequenz zu messen, die zurückgelegte Strecke und
die dafür benötigte Zeit aufzuzeichnen sowie die ermittelten Daten in
einer Grafik darzustellen. Außerdem waren noch sprachliche und zwischenmenschliche Intelligenz gefordert, da die Schüler das Führen
eines tiefgehenden Tagebuchs und die stets charakterbildende Erfahrung eines strapaziösen Trainingspensums zu bewältigen hatten. Die
Schüler, die nach dem Minimarathon die Ziellinie erreichten, wiesen
nicht nur körperliche Kraft und Ausdauer auf, sondern verfügten auch
über beträchtliches Wissen über Trainingsphysiologie sowie über einen
starken Gemeinschaftssinn, da sie eine Erfahrung mit den 25 000 anderen Läufern dieses Rennens teilten. »Während viele andere öffentliche Schulen danach streben, den Lehrplan um Fächer zu erweitern, die
ausdrücklich die Verbesserung der standardisierten Prüfungsergebnisse
zur Aufgabe haben, bemüht sich die Key School, die Arbeit durch das
Studium des ›Verstehens‹ und durch sachgerechte Beurteilung zu verbessern«, sagt die Direktorin Christine Kunkel.

Die Vorschulen in Reggio Emilia
             www.reggiopädagogik.at; http: // zerosei.comune.re.it
Das Erziehungskonzept, das in der norditalienischen Stadt Reggio Emilia ab den späten sechziger Jahren entwickelt und ausgebaut

wurde, versteht Erziehung als Gemeinschaftsaufgabe. Die Reggio-Pädagogik ist eine optimistische Pädagogik, die weltweit Anerkennung findet. Sie geht davon aus, dass das Kind mit seiner Energie, seiner Wissbegierde, seiner Kreativität Schöpfer seiner eigenen Entwicklung ist. Im Mittelpunkt stehen wahrnehmende, forschende und lernende Kinder, deren Erfahrungen und Ausdrucksvielfalt sich in »100 Sprachen« äußern. Besonderes Augenmerk gilt dem, was die Kinder hervorbringen, sei es selbstständig, sei es mithilfe der Atelierista, der Kunsterzieherin, die zu jedem Pädagogenteam gehört. In unseren Kindergärten sind Basteleien und Gemälde meist nicht viel mehr als liebenswerte Abfallprodukte der täglichen Erziehungsarbeit, gelten allenfalls als Tätigkeitsnachweise gegenüber den Eltern. Die Reggio-Pädagogen sehen in diesen Dingen dagegen Studienobjekte, Mitteilungen in einer der 100 Sprachen, die es zu entschlüsseln gilt. Viele der Kinder-Kunstwerke landen als Ausstellungsstücke an den Wänden rund um die Piazza, wo sie regelmäßig Besucher zum Staunen bringen: Kaum zu glauben, dass Vorschulkinder derart fantasievolle und handwerklich ausgefeilte Arbeiten zustande bringen. Die Themen der Projekte gehen von alltäglichen Erfahrungen der Kinder aus, z. B. Schatten, Regen, Stadt. Der Austausch der Kinder untereinander und die Ergebnisse ihres Forschens werden dabei nicht nur gefördert, sondern auch in Wort und Bild dokumentiert. Damit eine ganzheitliche Entwicklung des Kindes gewährleistet ist, braucht es eine vorbereitete »schöpferische Umgebung«. In Reggio Emilia ist der Kindergarten selbst eine kleine Stadt für sich, mit einer Piazza in der Mitte, um die sich – durch lichte Glaswände abgeteilt – Ateliers, Werkstätten, Bühnen, Bewegungsräume, Verkleidungs-, Forscher- und »Denkecken« verschiedener Größen gruppieren. In unseren Kindergärten gibt es meist »kindgerechtes« Spielzeug, welches aber für das Kind weitgehend uninteressant ist. In Reggio Emilia gibt es vor allem Material und Werkzeug: Draht, Lehm, Holz, Gips, Ton, Farben und Papier verschiedenster Art, unterschiedlichstes Abfallmaterial, dazu Schrauben, Feilen, Sägen, Pinsel, Scheren, einfach alles, was ein Kind brauchen könnte, um sich mitzuteilen und zu lernen. Denn Kinder haben 100 Sprachen, in denen sie denken, fühlen, entdecken, erzählen…

Die Sir Karl Popper Schule in Wien

www.popperschule.at

Die Schule wurde 1998 mit dem Ziel gegründet, besonders begabte Lehrer mit besonders begabten Schülern zusammenzubringen. Um den Ansprüchen ihres Schirmherrn und Namensgebers, des großen Philosophen und Humanisten Sir Karl Popper, zumindest nahe zu kommen, verstand sich die Popper-Schule von Anfang an als lernendes System, das Fehler macht, diese zugibt, reflektiert und im »trial and error«-Prinzip zu verbessern sucht. Zusätzlich zur permanenten internen Qualitätskontrolle begleitete eine von der Schule völlig unabhängige wissenschaftliche Evaluierung die Schule von Beginn an. Den Schülern wird vermittelt, dass hohe Begabung auch immer hohe soziale Verantwortung bedeutet. Einzigartig an der Schule ist das an der Schule selbst entwickelte Pflichtfach »KoSo« (Kommunikation und Sozialkompetenz), das die Grundprinzipien der emotionalen Intelligenz praktisch erfahrbar und erlernbar macht. So können Schüler zum Beispiel auf eigenen Wunsch als Tutoren die neu eingetretenen Popper-Schüler betreuen (»learning by teaching«). Im Rahmen eines sogenannten »Universitätspraktikums« können unter der Leitung bestimmter Lehrer jeweils ganztägige Hospitationen in verschiedenen universitären Settings nach eigener Wahl durchgeführt werden. Unter der Bezeichnung »Uni goes Popper« wird Schülern der letzten beiden Jahrgänge eine Serie von Vorlesungen und Workshops von Universitätsprofessoren verschiedener Fachrichtungen an der Schule angeboten. Die individuellen Lernziele für jedes Jahr werden im Rahmen des »Contracting« zwischen Lehrern und Schüler gemeinsam festgelegt. Ein regelmäßiges Feedback der Schüler an die Lehrer ist mittlerweile ebenfalls akzeptierter Standard. Ihre tatsächliche Wirksamkeit erfahren aber alle diese strukturellen Unterschiede zum Regelschulsystem erst durch eine ganz spezifische pädagogische Haltung seitens der Lehrer, die jene begabungsfreundliche Kultur schaffen, die die Schule mittlerweile auch international zu einer der angesehensten auf dem Gebiet der Begabungsförderung gemacht hat. Das Besondere an der Popper-Schule ist nach Aussagen der Schüler vor allem die menschliche Qualität zwischen den Lehrern und den Schülern. Das lässt darauf schließen, und die Evaluierung bestätigt dies, dass der positive Effekt nicht in erster Linie den begabungsfördernden Strukturen und Methoden, sondern vielmehr der Besonderheit der Popper-Lehrer zu verdanken ist.

Das Deutschhaus-Gymnasium in Würzburg
www.deutschhaus.de

Das Deutschhaus-Gymnasium führt seit dem Schuljahr 2001/02 eigene Klassen für besonders begabte oder hochbegabte Schüler, die neben ihren intellektuellen Fähigkeiten auch erhöht Lernbereitschaft und Kreativität bei der Lösung von Problemen zeigen. Voraussetzung für die Aufnahme ist ein Aufnahmetest. Durch beschleunigte Darbietung der Lerninhalte werden Stunden »eingespart«, die den Schülern dann für zusätzliche Fächer zu Verfügung stehen. In freien Lernphasen vertiefen sie selbstständig ihr Wissen. Gemeinsam mit externen Experten erarbeiten die Schüler in Wochen- oder Gestaltprojekten fächerübergreifend ein Thema, das sie dann auch öffentlich präsentieren. Im Rahmen des verpflichtenden »Additums« haben alle Schüler die Möglichkeit, an »Werkhauskursen« in den Bereichen Mathematik, Physik /Technik, Chemie/Biologie, Geschichte/Politik, Robotik, Schach, Rudern, Holzbildhauerei teilzunehmen. Das Ziel der Kurse ist die Vorbereitung und Betreuung von Wettbewerbsarbeiten. Neben dem Erwerb von Wissen bemüht sich das Deutschhaus-Gymnasium, die soziale Kompetenz und Kreativität seiner Schüler zu fördern. Philosophie und Kulturgeschichte spielen ebenfalls eine wesentliche Rolle. Die Schule erwartet von den Eltern intensives Interesse an dem Schulleben der Kinder und hohe Bereitschaft zur Zusammenarbeit. Mehrere Kontaktlehrer kümmern sich innerhalb einer Klasse intensiv um die einzelnen Schüler und stehen ständig mit deren Eltern in Verbindung. Darüber hinaus werden die Klassen von Lehrerteams betreut, die sich gemeinsam um die Schüler kümmern und die Lehrinhalte fächerübergreifend absprechen. Es gibt in allen Bereichen eine intensive Zusammenarbeit mit der Universität Würzburg.

Die Bielefelder Laborschule
www.uni-bielefeld.de/LS/laborschule_neu

Die Bielefelder Laborschule ist eine staatliche Versuchsschule und der Universität Bielefeld angegliedert. Sie arbeitet daher daran, neue Formen des Lehrens und des Lernens theoretisch zu entwickeln und praktisch umzusetzen. Die Ergebnisse ihrer Projekte stehen der Öffentlichkeit zur Verfügung. Diese Schule will ein Ort sein, wo Kinder und Jugendliche gerne leben und lernen. Der Unterricht folgt dem Prinzip, Lernen an und aus der Erfahrung – und nicht primär aus Belehrung – zu ermöglichen. Die Schule bejaht bewusst die Unterschiede zwischen den Kindern und versteht sie als Bereicherung. Der Unterricht orientiert sich an den unterschiedlichen Bedürfnissen, dem Lerntempo und Begabungen der Kinder. Laborschüler leben und lernen gemeinsam in leistungs-, teilweise auch altersheterogenen Gruppen. Die Lehrer bemühen sich um intensiven Austausch und Kontakt zu den Eltern, um die Alltagswelt der Kinder möglichst gut in die Schulwelt einzubinden.

Die Schule ermuntert die Kinder, sich gemeinsam sozial zu engagieren: So existiert seit 2004 die Schülerfirma »Shining Shoes«, die die Schüler selbst gründeten und für die sie als Schuhputzer arbeiten. Das verdiente Geld kommt Sozialprojekten zugute. Gleichzeitig machen sie durch Aufsehen erregende öffentliche Auftritte auf Missstände in der Welt wie Kinderarbeit aufmerksam.

Teach for America   **www.teachforamerica.org**
Teach for America wurde von Wendy Kopp, einer damals 21-jährigen Studentin der angesehenen US-Universität Princeton, gegründet. Sie hatte die Idee, das Konzept der Peace Corps, die in den sechziger Jahren idealistische junge Amerikaner in die Entwicklungsländer schickten, als Modell zur Verbesserung des maroden öffentlichen Schulsystems einzusetzen. Die Absolventen der besten US-Universitäten sollten mit ihrer Kompetenz, aber auch ihrem Idealismus in den schwierigsten und härtesten Schulen jeweils zwei Jahre als Lehrer arbeiten. Es gelang Wendy Kopp, gegen eine Unzahl von Widerständen im Startjahr 1990 2,5 Millionen Dollar aufzutreiben und 500 engagierte Universitätsabsolventen aus den ganzen USA auszuwählen, sie in einem Sommercamp auf ihre pädagogische Herausforderung vorzubereiten und sechs sozial sehr schwierige Schulbezirke zu finden, die auch bereit waren, sie als Lehrer anzustellen. Heute gehören dem Netzwerk von Teach for America 17 000 Menschen an. Die Organisation hat sich zum wichtigsten Nachwuchspool für Führungsnachwuchs für die herausfordernden Aufgaben an amerikanischen öffentlichen Schulen mit sozial benachteiligten Schülern entwickelt. Viele der nach sehr selektiven Kriterien ausgewählten Kandidaten, die sich entscheiden, ihre Karriere nicht in einer Rechtsanwaltskanzlei oder in einer Investmentbank zu beginnen, sondern zwei Jahre lang in einer der härtesten Schulen von Amerika als Lehrer zu unterrichten, ge-

hen danach in die Wirtschaft oder in Non-Profit-Organisationen, wo sie sehr von ihren Erfahrungen profitieren. Manche entscheiden sich aber auch für die Lehrerlaufbahn und gehören aufgrund von Evaluierungen zu den besten Lehrern Amerikas. Die meisten der anderen Alumni von Teach for America engagieren sich weiter für eine Verbesserung des Schulsystems und erhöhen den Reformdruck auf die Schulbehörden und die Politik. Teach for America ist für mich ein weiteres Beispiel dafür, dass engagierte Einzelpersonen wie Wendy Kopp großen Einfluss auf das verkrustete Schulsystem ausüben können, und dass die dringend notwendigen Innovationen und Reformen oft von »Schulfremden« kommen werden.

SCHULEN IN ÖSTERREICH

Volksschulen

Volksschule Deutschkreutz/Burgenland
                          www.vs-deutschkreutz.schulweb.at
Im Rahmen der Begabtenförderung wird den Schülern auf freiwilliger Basis Unterricht in Mathematik, Physik und Chemie geboten.

Volksschule St. Kanzian/Kärnten   www.vs-st-kanzian.ksn.at
Die Unterrichtssprache ist Deutsch, zusätzlich zu Englisch wird Slowenisch und Italienisch angeboten. Schulpartnerschaften mit slowenischen Schulen und gemeinsamen Aktivitäten im Rahmen des Unterrichts unterstützen die Kinder beim Erlernen der Sprache.

Volksschule 24 – Klagenfurt/Kärnten
                          www.vs-klagenfurt24.ksn.at
Die zweisprachige Volksschule wurde 1989 auf Betreiben engagierter Eltern gegründet und 1991 eröffnet. Sie steht deutsch- und slowenischsprachigen Kindern gleichermaßen offen. In der Anfangsphase werden Deutsch und Slowenisch als Unterrichtssprachen schrittweise eingeführt. Danach wird wöchentlich wechselnd auf Slowenisch und Deutsch unterrichtet.

International School St. Pölten/Niederösterreich
www.international-school.at
Fremdsprachliche Erziehung und interkulturelles Lernen stellen einen besonderen Schwerpunkt der Volksschule dar. Pro Woche werden mindestens 6,5 Stunden in der Unterrichtssprache Englisch durch Native Speaker unterrichtet. Das Ablegen des Cambridge Certificate ist in jeder Klasse verpflichtend.

Da-Vinci-Schule – Hartberg/Steiermark www.davincischule.at
Der Lehrplan entspricht jenem der allgemeinen Volks- und Hauptschulen, ergänzt um das Fach Bionik, in dem biologische Strukturen und ihre technische Umsetzung genauer erklärt werden. Der Unterricht findet in Lerngruppen statt, und als Leistungsbeurteilung wird die Erreichung des Lernziels herangezogen. Ab der 5. Schulstufe ist Informatikunterricht verpflichtend, und es besteht die Möglichkeit, den Computer-Führerschein zu machen. Ebenso gehören für Jugendliche berufspraktische Tage, die ihnen Einblick in die Arbeitswelt gehen, zum Unterricht.

Bunte Schule Volksschule Treustraße/Wien
www.schulen.wien.at/schulen/920031/bunteschule.htm
Aufgrund der vielen Nationen, die an der Schule vertreten sind, findet eine Internationale Elternschule statt, um die interkulturelle Verständigung zwischen den Eltern, aber auch zwischen Eltern und Schule zu fördern.

Volksschule Pfeilgasse/Wien 80.64.143.74 / pfeilgasse
Die Schule spezialisiert sich auf integrative Begabungsförderung und bietet dazu ein breites Spektrum an Maßnahmen wie Enrichment, Pull-out-Programme, Drehtürmodell, Lernwerkstatt, Tutoren, integratives Überspringen von Klassen, Kleingruppenförderung und Projektarbeit. An der Schule arbeiten mehrere diplomierte Begabtenförderlehrer. Es besteht auch die Möglichkeit, Fünfjährige einzuschulen.

Hauptschulen

Europahauptschule Grünbach am Schneeberg/Niederösterreich
www.hauptschule.gruenbach.com
Die Schule konzentriert sich darauf, ihre Schüler auf das »neue Europa« vorzubereiten. Sie bietet neben Englisch Italienisch und Ungarisch als Fremdsprachen an. Native Speaker unterrichten »European Studies«. Das pädagogische Konzept basiert auf dem Klippert-Modell.

Hauptschule Böheimkirchen/Niederösterreich
www.hsboeheimkirchen.ac.at
An der Klippert-Pilotschule mit Schwerpunkt Sporterziehung gibt es für hochbegabte und besonders interessierte Schüler, die sich im Normalunterricht langweilen und deshalb stören – »Underachiever«, Enrichment-Maßnahmen mit Projektarbeiten, Erstellen und Präsentieren von Portfolios. Leistungsschwächere Schüler werden in eigenen Lernprogrammen (FORDER-FÖRDER-MODELL) gefördert, damit sie die Grundkompetenzen Lesen, Schreiben und Rechnen erlernen, die für einen selbstständigen Wissenserwerb unumgänglich sind.

Kopernikusschule Hauptschule für Informationstechnologie –
Steyr/ Oberösterreich   schulen.eduhi.at/hs1ennsleite_steyr
In der 1. Klasse ist das Fach »Soziales Lernen«, das Konfliktlösungsmechanismen und Lerntechniken vermittelt, Pflicht. Inhaltlich liegt der Schwerpunkt bei Informationstechnologien, als Vorbereitung der Schüler für den HTL- oder HAK-Besuch. In Wiederholungs- und Übungsphasen wird Englisch als Arbeitssprache eingesetzt.

Musikhauptschule 1 Schärding/Oberösterreich
www.hs1-schaerding.eduhi.at
Die Schule bietet mit dem Erlernen eines Instruments, Singen, Tanzen und Musizieren eine umfassende Ausbildung auf dem musikalischen Sektor. Pro Tag steht mindestens eine Stunde Musik auf dem Stundenplan.

Hauptschule Lebring/Steiermark www.hs-lebring.at
Neben fächerübergreifendem Unterricht, Freiarbeit und Team-
teaching bietet die Schule verstärkten Fremdsprachenunterricht und
Informatik (Pflichtfach). Schüler mit speziellen Begabungen werden
bei Projekten als Peer Teachers eingesetzt und organisieren ihr Lernen und Präsentationen ihrer Arbeiten eigenverantwortlich.

Bilinguale Mittelschule Wendstattgasse/Wien www.first-vbs.at
Alle Klassen der Schule werden zweisprachig – Englisch und
Deutsch – geführt. Die beiden Sprachen werden im Unterricht und
im Schulalltag abwechselnd verwendet. Ab der dritten Klasse kommt
Französisch, Italienisch oder Spanisch als Wahlpflichtfach dazu. Der
bilinguale Bereich wird durch das Education Department der Universität Bath evaluiert.

Europäische Mittelschule Neustiftgasse/Wien
                                        www.emsneustiftgasse.at
Der Schwerpunkt der Schule liegt auf dem Sprachunterricht. Als
Erstsprachen werden Deutsch, Slowakisch, Tschechisch und Ungarisch, als Zweitsprache Englisch unterrichtet. Französisch, Italienisch, Serbokroatisch, Türkisch, Spanisch stehen zusätzlich zur Wahl.
Die Zeugnisse der Schule werden in Ungarn, Tschechien und der Slo-
wakei anerkannt, da in den Erstsprachen die nationalen Lehrplanfor-
derungen im Rahmen der nationalen Studien erfüllt werden.

Höhere Schulen

BORG Eisenstadt/Burgenland www.bgym-ei.asn-bgld.ac.at
Die Schule reagierte auf die Klagen, dass es an Nachwuchs in naturwissenschaftlichen Disziplinen mangle, und schuf schulautonom das
Fach »Naturwissenschaftliches Arbeiten« (NaWi), bei dem Labor-
arbeiten, Experimente und Präsentationen zum Unterricht gehören.
Ab der 4. Klasse lernen die Schüler Prinzipien und Arbeitsweisen, die
in der naturwissenschaftlichen Forschung Anwendung finden, kennen. Jüngeren Kindern gibt das Projekt »Einstein Junior« Gelegenheit, Mathematik und Physik intensiv zu erfahren.

Zweisprachiges Bundesgymnasium Oberwart/Burgenland
                                              www.bg-oberwart.at
Die Schüler lernen ab der 1. Klasse Ungarisch oder Kroatisch. In den Fächern Geografie, Biologie, Physik, Chemie, Philosophie, Geschichte, Religion, Leibesübungen, Bildnerische Erziehung, Musikerziehung und Werkerziehung wird zweisprachig unterrichtet.

BG und BRG für Slowenen – Klagenfurt/Kärnten   www.bgslo.at
Die Schule bietet neben Deutsch und Slowenisch sechs weitere Fremdsprachen und führt zusätzlich ein Realgymnasium mit Schwerpunkt Ökologie.

LISA – Linz International School Auhof/Oberösterreich
                                              www.auhof.eduhi.at
Deutsch und Englisch werden als gleichwertige Unterrichtssprachen verwendet. Auf der Grundlage des AHS-Lehrplans werden allgemeinbildende Inhalte projektorientiert und fächerübergreifend vermittelt und interkulturelles Lernen gefördert. Die Schüler schließen mit der AHS-Matura und dem Internationalen Bakkalaureat ab.

Werkschulheim Felbertal Ebenau/Salzburg
                                              www.werkschulheim.at
Der Unterricht erfolgt auf der Basis des Lehrplans eines Gymnasiums, dazu erhalten die Schüler eine vollwertige Handwerksausbildung in Mechatronik, Tischlerei oder Elektronik. Sie schließen ihre Ausbildung mit einer Gesellenprüfung und der AHS-Matura ab und sind damit zu jedem Universitätsstudium und zum Ablegen der Meisterprüfung berechtigt.

BG/BRG Judenburg/Steiermark   www.brg-judenburg.ac.at
Ab der 3. Klasse steht neben Informatik in allen Schulzweigen »Soziales Lernen« auf dem Stundenplan. Für die Oberstufe finden Seminare für Persönlichkeitsbildung, Präsentations- und Kommunikationstraining statt. Teilnahme an Olympiaden in Fremdsprachen, Mathematik und Physik, der Erwerb von international anerkannten Zertifikaten (DELF, Cambridge Certificate) und Teilnahme am BEE-Course (Biological and Environmental Experiences in English) dienen der Begabtenförderung.

BRG Leibnitz/Steiermark   **www.bgbrgleibnitz.at**
Das Realgymnasium bietet das Unterrichtsfach »Naturwissenschaftliches Labor«, das an der Schule selbst von den Lehrern entwickelt wurde. Ein durchgehendes Konzept führt zu einer intensiven Vernetzung des Unterrichts in den Fächern Physik, Biologie und Chemie. Der spielerische Einstieg erleichtert den Schülern den Zugang zu den komplexen Themen. Praktisches und experimentelles Arbeiten spielt bei der Ausbildung eine große Rolle. In der 4. und ab der 6. Klasse findet fächerübergreifender Unterricht in den Naturwissenschaften statt.

Reithmann-Gymnasium Innsbruck/Tirol
                               www2.bg-reithmann.tsn.at
Als einziges Gymnasium Tirols bietet das Europagymnasium drei lebende Fremdsprachen und praxisorientierten Umgang mit Englisch als Arbeitssprache. Latein erhält als Basis für das Erlernen romanischer Sprachen einen besonderen Stellenwert im Unterricht.

BORG Schoren – Dornbirn/Vorarlberg   **www.brg-schoren.ac.at**
Die Schule setzt ihren Schwerpunkt bei IT und Naturwissenschaften. Sie nimmt am Projekt IMST3 zur Verbesserung des mathematisch-naturwissenschaftlichen Unterrichts teil. Im Informatikrealgymnasium erwerben die Schüler eine fundierte technische Ausbildung und gleichzeitig umfassend humanwissenschaftliche Kenntnisse. Im Naturwissenschaftlichen Realgymnasium werden die Naturwissenschaften zu Praktika zusammengefasst und fächerübergreifend unterrichtet. Im BORG Kunst erhalten die Schüler eine umfangreiche, stark praxisorientierte Ausbildung.

Gymnasium Feldkirch/Vorarlberg   **www.bgfeldkirch.at**
Um die soziale Kompetenz der Schüler zu fördern, wurde für die Schüler der 6. Klasse ein »Für-einander-Projekt« initiiert, das sie zur Mitarbeit an einem Sozialprojekt oder Verein verpflichtet. Das »Drehtürmodell« wendet sich an Schüler mit besonderen Begabungen, die mit einem Mentor-Lehrer selbstständig an einem Projekt arbeiten, dessen Rahmenbedingungen und Ziele in einem Lernvertrag festgeschrieben werden.

Evangelisches Gymnasium/Wien
www.evangelischesgymnasium.at
Die Schule bietet neben einem neusprachlichen Gymnasium mit dia-
konisch-sozialem Schwerpunkt auch ein Realgymnasium mit hand-
werklicher Ausbildung. Der Schulneubau bei den Gasometern verei-
nigt Schule und drei Hausgemeinschaften für Senioren unter einem
Dach und bildet eine in Österreich einzigartige Kooperation von
Schule und sozialer Einrichtung. Die Schüler des Realgymnasiums
beenden ihre Ausbildung mit der AHS-Matura und einem Lehr-
abschluss.

Lise Meitner RG »Schottenbastei«/Wien   www.lise-meitner.at
Ab der Unterstufe werden in naturwissenschaftlichen Praktika
(NWP) verschiedene Themen fächerübergreifend behandelt. Die
Schüler arbeiten in Kleingruppen zusammen. Lehrausgänge bilden
einen wesentlichen Bestandteil des Unterrichts. In der Oberstufe setzen sich die Schüler ab der 6. Klasse individuelle Schwerpunkte in
technischen und/oder naturwissenschaftlichen Fächern.

w@lz/Wien   www.walz.at
Die w@lz wendet sich an Jugendliche der 9. bis 13. Schulstufe. Der
Unterricht orientiert sich am Lehrplan des Oberstufenrealgymnasi-
ums mit Bildnerischem Gestalten und Werkerziehung und schließt
mit Matura (Externistenreifeprüfung) ab. Die Schwerpunkte der
w@lz sind Höhere Bildung, Persönlichkeitsentwicklung und Pra-
xiserfahrung.

**Öffentliches Gymnasium der Stiftung Theresianische Akademie/
Wien**   www.theresianum.ac.at
Das Theresianum bietet einen vielfältigen Sprachunterricht, wie eine
Europaklasse Französisch mit einem verstärkten Europa-Schwer-
punkt und Französisch als Arbeitssprache in einzelnen Fächern,
Italienisch und Spanisch ab der 6. Klasse als Wahlpflichtfach und
Zusatzkurse in Polnisch, Portugiesisch, Chinesisch, Japanisch und Ungarisch. In fast allen Sprachen können international anerkannte Zer-
tifikate erworben werden. Einen besonderen Schwerpunkt am Theresianum bildet die Begabtenförderung. Für besondere Leistungen
auf verschiedenen Gebieten und die Teilnahme an außerordentlichen

Kursen werden Urkunden verliehen, die im »theresianischen Portfolio« zusammengefasst werden. Zusätzlich dazu gibt es einen theresianischen Leistungspass. Um die soziale Kompetenz der Halb- bzw. Vollinternatsschüler zu fördern, gibt es Kurse zum Konfliktmanagement, für Schülermediation und »PEER-Education«. Das Sozialprojekt SOS – Social skills – ist im Ausmaß von zehn Stunden für die Oberstufe verbindlich.

Montessori Zentrum   **www.montessori.at**
Einführung in die Grundlagen der Montessori-Pädagogik und Übersicht der Montessori-Gruppen, geordnet nach Bundesländern.

Waldorfschulen   www.waldorfschule.info; www.waldorfschule.at
Unabhängig von sozialer Herkunft, Begabung und späterem Beruf erhalten junge Menschen eine gemeinsame Bildung. Als erste Gesamtschule haben die Waldorfschulen das mit dem vertikalen Schulsystem verbundene Prinzip der Auslese durch eine Pädagogik der Förderung ersetzt. Alle Schüler durchlaufen ohne Sitzenbleiben zwölf Schuljahre. Der Lehrplan der Waldorfschulen ist auf die Weite der in den Kindern liegenden seelischen und geistigen Veranlagungen und Begabungen ausgerichtet. Deshalb tritt vom 1. Schuljahr an neben die mehr sachbezogenen Unterrichtsgebiete ein vielseitiger künstlerischer Unterricht.

Schulen in Deutschland

Hans-Georg-Karg-Grundschule – Braunschweig/Niedersachsen
     braunschweig.cjd.de/public/unser_angebot/grundschule
Die vom Christlichen Jugenddorfwerk getragene Schule konzentriert sich auf die Förderung der intellektuellen Begabung der Kinder – besonders jener, die ihrer Altersklasse weit voraus sind. Emotionale und soziale Entwicklung sowie praktische und kreative Fähigkeiten spielen ebenso eine bedeutende Rolle. Die Stammgruppe der Kinder ist eine jahrgangsgemischte Gruppe von Schülern der 1. bis 4. Jahrgangsstufe. Es ist für alle selbstverständlich, dass Kinder verschieden sind und diese Unterschiedlichkeit nicht zu Wertunterschieden, sondern zu gegenseitiger Akzeptanz von Stärken und Schwächen führen

muss. Das Miteinander von leistungsstarken und leistungsschwachen Schülern ist ein wichtiger Konzeptbestandteil. Die Kinder lernen daher vorwiegend durch Freiarbeit. Fachunterricht findet weitgehend in Jahrgangsgruppen statt. Ab dem zweiten Jahr wird Fremdsprachenunterricht erteilt. Jede Woche gibt es einen »Lebenspraktischen Tag«, bei dem die Entwicklung praktischer Fähigkeiten, die das Kind zur Organisation und Bewältigung des eigenen Lebens benötigt, im Mittelpunkt steht. Die Schule ist als Ganztagsschule konzipiert, wobei am Nachmittag Werkstattkurse angesetzt sind.

Friedrich-Schiller-Gymnasium – Marbach/Baden-Württemberg
www.fsg-marbach.de

Das Gymnasium setzt seine Schwerpunkte bei Naturwissenschaften und Sprachen: Das Fach »Naturwissenschaft und Technik« – NwT wurde am FSG erfunden und wird ab dem Schuljahr 2007/08 landesweit an allen Gymnasien verpflichtend eingeführt. Außerdem wird das Fach »Naturphänomene« nach einem eigens an der Schule entwickelten Unterrichtskonzept gelehrt. Neben Englisch, Französisch, Spanisch, Latein, Italienisch wird Chinesisch als Fremdsprache angeboten. Eine Hochbegabten-Klasse und eine Internationale Begegnungsklasse (Unterrichtssprache Englisch) ergänzen das Angebot.

Grundschule Kleine Kielstraße – Dortmund/
Nordrhein-Westfalen   www.grundschule-kleinekielstrasse.de

Aufgrund eines hohen Anteils von Kindern mit Migrationshintergrund gehört das Miteinanderleben von Menschen unterschiedlicher kultureller und religiöser Herkunft sowie unterschiedlicher Muttersprache für Lehrer und Schüler zum Alltag. Die Integration erfolgt durch muttersprachlichen Unterricht, methodisch und inhaltlich mit dem Regelunterricht abgestimmt, interkulturelle Projekte, die die Verbindung von Ich-Identität mit der Begegnung unterschiedlicher Kulturen fördern, islamische Unterweisung in deutscher Sprache und fundierte Förderung der deutschen Sprache als Medium und Gegenstand des schulischen Lernprozesses.

Helene-Lange-Schule–Wiesbaden/Hessen
helene-lange-schule.templ2.evision.net

Zum pädagogischen Konzept der Helene-Lange-Schule gehört, dass nachdrücklich »andere Formen des Lernens« praktiziert werden und Selbstständigkeit unterstützt wird. Die Schule wird als Lebensraum verstanden und auch so organisiert. Es wird grundsätzlich in Doppelstunden unterrichtet, und fächerübergreifende Projekte, offenes Lernen und Praktika spielen eine wesentliche Rolle. Von Beginn an werden Schüler aufgefordert, ihren Mitschülern Rückmeldung über die vorgestellten Präsentationen, die ausgelegten Hefte und die vorgetragenen Leistungen zu geben.

Integrierte Gesamtschule Franzsches Feld –
Braunschweig/Niedersachsen   www.igs-ff.de

Die Schule zeichnet sich durch die hohe Zahl sehr hochwertiger Abschlüsse und eine geringe Drop-out-Quote aus. Der Unterricht erfolgt anhand verbindlicher, evaluierter Jahresarbeitspläne, in die das Feedback der Schüler einfließt. Zur Erreichung der Lernziele werden auch offene Unterrichtsformen wie Lerntagebücher und Freiarbeit herangezogen. Die Beurteilung erfolgt nach einem erweiterten Leistungsbegriff, in dem Lernprozess, Zusammenarbeit und Präsentation eine wesentliche Rolle spielen.

Jean-Piaget-Schule – Berlin Marzahn-Hellersdorf
www.jean-piaget-oberschule-berlin.de

Das Hauptaugenmerk der Lernarbeit liegt im erfolgreichen Abschluss der Hauptschule mit einem einfachen bzw. erweiterten Hauptschulabschluss. Es ist auf Grundlage der gesetzlichen Richtlinien auch möglich, den mittleren Bildungsabschluss zu erreichen. Für integrierte Schüler mit dem Förderbedarf Lernen wird der berufsorientierende Schulabschluss angestrebt. Verkürzte Schulstunden, Klassenteilung, hoher Grad an individueller Betreuung und Praxisorientierung helfen Schülern, die mit dem traditionellen Schulsystem nicht zurechtkommen, trotzdem einen Abschluss zu machen. Das Projekt »Coole Schule« wendet sich an drop-out-gefährdete Jugendliche, um sie zum Verbleib an einer Schule zu motivieren. Der Schule ist die Schulfirma »Happy Food« angeschlossen, die von den Jugendlichen selbstständig betrieben wird.

Jenaplan-Schule – Jena/Thüringen   www.jenaplan-schule-jena.de
Anstelle der traditionellen inhaltlichen Gliederung durch Fächer und
der organisatorischen Gliederung nach Jahrgangsklassen und Kurz-
stundeneinheiten von 45 Minuten werden offene Lernsituationen
möglich gemacht, die Spielräume für individuelle Lern- und Arbeits-
rhythmen der Schüler im Tages- und Wochenablauf gewähren. Der
Unterricht erfolgt in altersgemischten Stammgruppen, behinderte
Kinder sind in die Gruppen integriert. Das soziale Umfeld und die
individuellen Stärken des Kindes spielen im Unterricht und bei der
Beurteilung eine wesentliche Rolle. Die Beurteilung der Leistungen
und Fortschritte erfolgt bis zur 6. Schulstufe nur verbal und wird
durch die Selbsteinschätzung des Schülers ergänzt.

Max-Brauer-Schule – Hamburg   www.maxbrauerschule.de
Von Beginn an lernen die Kinder fächerübergreifend, ab der 5. Schulstufe kommen Lernbüros, Werkstätten und Projekte, später fächer-
verbindendes Lernen in Profilen dazu. Offener Anfang und offene
Pausen lassen flexibles Arbeiten zu. Der Unterricht basiert auf einem
Wochenplan, auf individualisierten Unterrichtsmaterialien und Projektarbeiten. Die Schule legt Wert darauf, das Demokratieverständnis
und die Eigenständigkeit der Schüler zu fördern.

Montessori Dachverband Deutschland
                        www.montessori-deutschland.de

Offene Schule Waldau – Kassel/Hessen   www.osw-online.de
Die Versuchsschule des Landes Hessen ist eine integrierte Gesamtschule der Sekundarstufe I, die als Ganztagsschule geführt wird. Ein
Lehrerteam von ca. zwölf Personen unterrichtet überwiegend in
einem Jahrgang und begleitet die Schüler über die sechsjährige Schulzeit. Die Lehrerteams übernehmen für wesentliche Teile ihres All-
tags selbstverantwortlich die organisatorische und inhaltliche Pla-
nung. Die Fächer Sozialkunde, Geschichte und Erdkunde sind im
Lernbereich »Gesellschaftslehre« zusammengefasst, Physik, Chemie
und Biologie im Lernbereich »Naturwissenschaften«. In den Klassen
9 und 10 spielt die Berufs- und Abschlussorientierung inklusive obli-
gatorischem Betriebspraktikum eine große Rolle.

Robert-Bosch-Gesamtschule – Hildesheim/Niedersachsen
www.robert-bosch-gesamtschule.de

Die Robert-Bosch-Gesamtschule in Hildesheim ist eine integrierte Gesamtschule mit gymnasialer Oberstufe. Der Unterricht möchte die Schüler zu Selbstständigkeit, selbstständigem Wissenserwerb und sozialer Kompetenz erziehen, fördert Leistung und fordert Leistungsbereitschaft. Es handelt sich um eine Ganztagsschule, die mit vielseitiger Projekt- und Gruppenarbeit die Teamfähigkeit der Schüler forciert. Die Schule versteht sich als »lernende Organisation«, die in einem ständigen Prozess der Reflexion von Unterrichtsinhalten und Methoden sowie in kritischer Distanz zur traditionellen Lehrerrolle sich den verändernden gesellschaftlichen Anforderungen stellt.

Freie Schule PrinzHöfte Bassum/Niedersachsen
www.prinzhoefte-schule.de

Die PrinzHöfte-Schule arbeitet nach den Prinzipien der Freinet-Pädagogik und der systemischen Pädagogik. Die Kinder lernen in Projekten, die sich über wenige Wochen oder über mehrere Jahre erstrecken können. Dabei suchen sie Antworten auf ihre eigenen Fragen und Probleme. Das Klassen-Prinzip wurde zugunsten gemischter Altersgruppen aufgegeben.

Sächsisches Landesgymnasium Sankt Afra – Meißen/Sachsen
www.sankt-afra.de

Die Schule konzentriert sich auf die Förderung hochbegabter Kinder und Jugendlicher. Fachunterricht, fächerübergreifender und -verbindender Unterricht greifen als didaktische Modelle ineinander. Im Rahmen des Fundamentum erfolgt die Vermittlung des Grundlagenwissens auf Basis der sächsischen Lehrpläne, die Addita geben den Schülern die Freiheit, sich ihren Begabungen und Interessen entsprechend mit bestimmten Themen vertiefend auseinanderzusetzen.

Waldorfpädagogik Deutschland   www.waldorfschule.info

ALLGEMEINE INFORMATIONEN UND NETZWERKE

Akademie des Deutschen Schulpreises
                                    schulpreis.bosch-stiftung.de
Stellt Erfahrungen, Konzepte und Materialien der Preisträgerschulen
anderen Schulen zur Verfügung, setzt deutschlandweit Standards der
Schulentwicklung.

Austria4Kids   **www.austria4kids.at**
Bietet u. a. eine kurz kommentierte Schuldatenbank für Österreich.

education highway
            www.eduhi.at/index.php?url=themen&top_id=1037
Größter Bildungsserver Österreichs; Lehrer und Schüler finden
Informationen für den Unterricht und einen geführten Zugang zu In-
formationsquellen im weltweiten Netz.

EFFE – Österreich   **www.effe.at**
Vertretung der nicht konfessionellen Schulen in freier Trägerschaft

Eurydice   **www.eurydice.org**
Informationsnetz zum Bildungswesen in Europa, der EU und der
Mitgliedsstaaten

Karg-Stiftung   **www.kargstiftung.org**
Beschäftigt sich mit der Förderung von Hochbegabten und initi-
iert Projekte zur Begabtenförderung; bietet Schulführer, an welchen
Schulen entsprechende Projekte laufen.

klasse:zukunft   **www.klassezukunft.at**
Informationsplattform des Bundesministeriums für Unterricht,
Kunst und Kultur

Netzwerke innovativer Schulen und Schulsysteme/Deutschland
                www.inis.stiftung.bertelsmann.de/ set.htm

Netzwerk – Bundesdachverband für selbstbestimmtes
Lernen/Österreich   www.mein.net / netzwerk

özbf – Österreichisches Zentrum für Begabtenförderung
und Begabungsforschung   www.begabtenzentrum.at

Herzlich willkommen im Club. Sie gehören zu jenen 17 Prozent Menschen, die gleich am Anfang wissen wollen, wie eine Geschichte ausgeht. Sie beginnen daher ein Buch von hinten zu lesen. Ihre Lieblingstheaterkritik war jene in der »Times«, die das vier Stunden dauernde Bühnenstück »Die Mausefalle« von Agatha Christie in einem Satz auf den Punkt brachte: *»Der Mörder ist der Inspektor.«*

Meine Zusammenfassung dieses Buches für Sie in drei Sätzen:

Es geht um die Lehrer – und nur um die Lehrer.
Der größte Feind des talentierten Schülers sind wir alle.
Die Verantwortung für die Talente unserer Kinder
liegt bei uns selbst.

Kann das schon alles gewesen sein?

Andreas Salcher
„MEINE LETZTE STUNDE"
255 Seiten, EUR 21,90
ISBN: 978-3-902404-96-1
Ecowin Verlag

Dies ist kein Buch über den Tod, dies ist ein Buch über das Leben. Über jeden einzelnen der Tage, die noch vor uns liegen. Über unsere Träume und Wünsche, denen wir oftmals keine Chance auf Erfüllung geben. Über unsere Liebe zu anderen Menschen, die wir vielfach nicht auszusprechen wagen. Über die für viele schwierigste Liebe: die Liebe zu sich selbst. Über Möglichkeiten, die uns das Leben eröffnet, die wir aus Angst nicht ergreifen oder aus Unachtsamkeit nicht erkennen. Über das Leuchten in unseren Augen, das sich allmählich verliert.
Vor allem geht es aber um die Frage, warum wir unser eigenes Leben wider jede Vernunft so wenig schätzen, so lange wir es nicht bedroht sehen. Dieses Buch ist ein Begleiter für die vielen noch ungeschriebenen, weißen Seiten Ihres Lebens.

Spannend.